Kohlhammer

Religionspädagogik innovativ

Herausgegeben von

Rita Burrichter
Bernhard Grümme
Hans Mendl
Manfred L. Pirner
Martin Rothgangel
Thomas Schlag

Band 47

Die Reihe „Religionspädagogik innovativ" umfasst sowohl Lehr-, Studien- und Arbeitsbücher als auch besonders qualifizierte Forschungsarbeiten. Sie versteht sich als Forum für die Vernetzung von religionspädagogischer Theorie und religionsunterrichtlicher Praxis, bezieht konfessions- und religionsübergreifende sowie internationale Perspektiven ein und berücksichtigt die unterschiedlichen Phasen der Lehrerbildung. „Religionspädagogik innovativ" greift zentrale Entwicklungen im gesellschaftlichen und bildungspolitischen Bereich sowie im wissenschaftstheoretischen Selbstverständnis der Religionspädagogik der jüngsten Zeit auf und setzt Akzente für eine zukunftsfähige religionspädagogische Forschung und Lehre.

Ulrich Riegel/Mirjam Zimmermann

Studium und Religionsunterricht

Eine bundesweite empirische Untersuchung
unter Studierenden der Theologie

Verlag W. Kohlhammer

Gefördert durch:

 Evangelische Kirche
in Deutschland

1. Auflage 2022

Print:
ISBN 978-3-17-042104-2

E-Book-Format:
pdf: 978-3-17-042105-9

Vorwort

Sowohl das Studium der Theologie als auch der Religionsunterricht stehen gesellschaftlich unter Druck. Bezogen auf die gesamtgesellschaftliche Situation schlagen sich die vielfachen Säkularisierungsprozesse u.a. auf die Zahlen der Mitglieder der beiden großen christlichen Kirchen nieder. Gehört im Moment noch knapp die Hälfte der deutschen Bevölkerung entweder der evangelischen Landeskirche oder der römisch-katholischen Kirche an, werden es im Jahr 2060 wahrscheinlich nur noch ein Drittel sein (Gutmann & Peters, 2020). Zusätzlich unterläuft der Umgang vor allem der katholischen Kirche mit dem sogenannten „Missbrauchsskandal" die Glaubwürdigkeit beider kirchlicher Institutionen (Riegel & Faix, 2019). Gleichzeitig wird vor allem die Präsenz muslimischer Mitbürger*innen stark unter sicherheitspolitischen Aspekten diskutiert, obwohl die tatsächliche Lebensgestaltung dieser Menschen ähnlich vielfältig ist wie die ihrer christlichen Geschwister (Göle, 2016; Roy, 2006).

Während Religion also gesamtgesellschaftlich nach wie vor ein Thema ist, schwindet das Verständnis für ihre institutionelle und konfessionelle Gestalt zunehmend. Ist schon die historisch gewachsene Anzahl theologischer Hochschulstandorte angesichts sinkender Mitglieder- und Studierendenzahlen kaum noch zu begründen, erscheint vor allem ihre Doppelstruktur als evangelische und katholische Theologie als aus der Zeit gefallen. Die Frage, warum es zwei Theologien geben müsse, wird nicht nur von den Hochschulleitungen immer häufiger gestellt.

Analog dazu verliert der konfessionelle Religionsunterricht in der öffentlichen Wahrnehmung zunehmend seine Schlüssigkeit. Auch hier fragen immer mehr Menschen an, warum man die Schüler*innen nach Konfessionen trennt, wo es heute doch gerade darum geht, über religiöse Grenzen hinweg miteinander ins Gespräch zu kommen. Zudem wird faktisch in vielen Regionen ein substanzieller Teil des Religionsunterrichts im Widerspruch zur gesetzlichen Regelung bereits im Klassenverband erteilt (Hütte et al., 2003; Kießling et al., 2018; Riegel & Zimmermann, 2021, S. 12). Angesichts des geplanten „christlichen Religionsunterrichts" in Niedersachsen wird hier eine klare Richtung eingeschlagen: Dieser wird von evangelischer und katholischer Kirche gemeinsam verantwortet und sieht einen gemeinsamen Religionsunterricht ohne (konfessionellen) Lehrkraftwechsel und auch eine gemeinsame Ausbildung der Referendar*innen in den Studienseminaren vor (Positionspapier, 2021). Verwiesen wird hierbei darauf, dass einerseits nach religionsdemographischen Modellrechnungen die Kirchenmitglieder und damit die Anzahl der getauften Kinder und Jugendlichen um rund 40 % abnehmen wird, andererseits darauf, dass viele nicht getaufte Schüler*innen dennoch am Religionsunterricht teilnehmen (werden) (Positionspapier, 2021, S. 7–8).

Die aufgezeigten Entwicklungen haben natürlich auch Auswirkungen auf das Studium der Theologie: Wer wählt angesichts dieser Situation (noch) das Lehramtsstudienfach evangelische oder katholische Theologie, wer will Pfarrer*in werden? Welche Einschätzung zur Bedeutung von Konfessionalität bringen diese Personen mit, was ist ihre Position zum (konfessionellen) Religionsunterricht? Sind diese Einstellungen an der Universität anschlussfähig?

Mit der vorliegenden Studie wenden wir den Blick denjenigen zu, die sich auf den Weg gemacht haben, in der Gemeinde oder in der Schule das Christentum zu thematisieren, und aktuell das Studium der evangelischen oder katholischen Theologie absolvieren. Dabei leiten vor allem zwei Fragen unser Erkenntnisinteresse: Zum einen wollen wir wissen, wie die aktuelle Studierendengeneration ihr Studium erlebt. Es geht somit nicht ausschließlich um die konfessionelle Struktur dieser Studiengänge, sondern auch um die Motivation, dieses Studium aufzunehmen, und um die Erwartungen, die von dieser Generation an das Theologie-Studium gerichtet werden. Zum anderen fragen wir nach den Vorstellungen dieser Studierenden zum Religionsunterricht, den sie einmal erteilen werden. Hierbei geht es um die Bildungsziele, die dieser anstreben soll, die Rollenbilder, die für Religionslehrpersonen als angemessen erachtet werden, oder um die Organisationsform, in der Religion an der öffentlichen Schule idealerweise erteilt wird. Da dieser Unterricht auch zum beruflichen Portfolio derjenigen gehört, die in der Gemeinde arbeiten wollen, erlauben diese Fragen zugleich die Einsicht in mögliche unterschiedliche Einschätzungen dieses religiösen Lernorts der Studierenden auf Lehramt Religion und Studierenden auf Magister/Magistra Theologiae.

Uns ist bewusst, dass sich aus den Befunden dieser Studie keine unmittelbaren Konsequenzen für die Organisation von Theologiestudium und Religionsunterricht ableiten lassen. Dazu wären zusätzlich vielfältige normative Aspekte zu klären. Allerdings geben die Befunde Aufschluss darüber, wie die Subjekte dieses Studiums ihr gegenwärtiges und ihr zukünftiges Tun wahrnehmen und einschätzen. Damit liefern die vorliegenden Befunde die lebensweltlichen Eckpunkte einer wesentlichen Bezugsgruppe für eine mögliche Weiterentwicklung von Theologiestudium und Religionsunterricht.

Dieser Band hätte ohne die Hilfe vieler Menschen nicht entstehen können. Zuerst bedanken wir uns bei den Studierenden, die sich die Zeit genommen haben, den Fragebogen auszufüllen. Außerdem geht unser Dank an die Kolleg*innen und wissenschaftlichen Mitarbeiter*innen, die vor Ort dafür gesorgt haben, den Link zur Umfrage unter den Studierenden publik zu machen, und evtl. sogar wertvolle Zeit ihrer Veranstaltungen für das Ausfüllen des Fragebogens zur Verfügung gestellt haben. Wir bedanken uns ferner herzlich für die Unterstützung durch die beiden Fakultätentage, namentlich von Johanna Rahner und Hermut Löhr bzw. Bernd Schröder, die unser Anliegen sofort aufgegriffen und nachhaltig beworben haben. Benedict Totsche war an vielen Stellen in der Erstellung des Manuskripts einbezogen und hat mit kritisch-konstruktiven Beobachtungen zu dessen Gelingen beigetragen. Weiterhin haben Eva Lamm, Malte Brügge-Feldhake, Sarah Delling, Steffi Fabricius, Oliver Hohenschue und Winnie-Lotta Weghaus uns an unterschiedlichen Stellen unterstützt und teilweise Korrektur gelesen. Für alle diese Zuarbeiten bedanken wir uns herzlich.

Sebastian Weigert und Daniel Wünsch vom Verlag Kohlhammer und den Herausgeber*innen der Reihe „Religionspädagogik innovativ" gilt unser Dank für die Möglichkeit, diesen Band hier veröffentlichen zu dürfen. Schließlich bedanken wir uns bei der EKD, namentlich bei Matthias Otte, für die finanzielle Unterstützung der Drucklegung dieses Bandes. Nun bleibt uns nur noch der Wunsch, dass die vorliegenden Befunde die Diskussion um die Weiterentwicklung von Theologiestudium und Religionsunterricht konstruktiv stimulieren.

Ulrich Riegel & Mirjam Zimmermann am 6. Januar 2022

Inhaltsverzeichnis

1.   Theologie studieren

„Es ist zweifellos einer der erstaunlichen Sachverhalte der Reform der Lehrer/innen(aus)bildung, dass diese weitgehend ohne Bezug auf empirische Daten vorangetrieben wird." (Grethlein, 2015, S. 23) Seit Ende der 1990er-Jahre gab es mehrere strukturelle Umstellungen, „zuerst die Einführung des Stufenlehramtes, dann der Wechsel zu schulformbezogenen Lehrämtern, im Rahmen eines Modellversuchs die Einführung der Bachelor-/Masterstufung, seit Februar 2015 die Einführung des Praxissemesters in den Master-Studiengängen und aktuell die Vorbereitung einer inklusionspädagogischen Erweiterung [...]. Gemeinsam haben diese vor allem politisch begründeten (und durchgesetzten) Reformen eines: Ihnen gingen keine Evaluationen der bisherigen Ausbildungsform voraus. Die nächste Reform erfolgte regelmäßig, bevor ein oder zwei Studenten-Kohorten den ‚neuen' und dann schon wieder überholten Studiengang, geschweige denn das anschließende Referendariat durchlaufen hatten. Allerdings betrifft diese Reformwut lediglich die Struktur der Ausbildung. Vermutlich hat sich in den tatsächlichen Lehrveranstaltungen manchmal nichts oder nur wenig verändert." (Ebd.)

Was Christian Grethlein hier konstatiert, stimmt dahingehend, dass z.B. im Sinne kompetenzorientierten Lernens bisher in kaum einer Studie erfasst wurde, was Studierende tatsächlich können. Auch inwiefern das Studium einen kumulativen Kompetenzfortschritt bewirkt und wie sich dieser gegebenenfalls im Rahmen des Studiums gestaltet, stellt nach wie vor ein Forschungsdesiderat dar. Andererseits liegt aus der von Grethlein angesprochenen Spanne der letzten 30 Jahre, besonders aus den Jahren zwischen 2000 und 2011, eine Fülle an qualitativen und quantitativen Befragungen Studierender der evangelischen und/oder katholischen Theologie vor. Sie beziehen sich auf verschiedene Aspekte wie die Studienmotive, die Studienerwartungen oder die Beurteilung des Studiums. Ebenso erhoben einige Studien die Einschätzung des Religionsunterrichts aus der Sicht der Studierenden oder die Rollenbilder, welche die Studierenden für Religionslehrpersonen als angemessen erachten. Dabei wurden sowohl Befragte aus dem theologischen Vollstudium, wie auch aus den verschiedenen Lehramtsstudiengängen erfasst.

Die vorliegende Befragung schließt an diese Tradition an, findet dabei aber innerhalb des aktuellen Studienumfelds mit seinen spezifischen Strukturen und Herausforderungen statt. Deshalb wird in diesem Kapitel zuerst die aktuelle Situation des Studiums der Theologie beschrieben, um anschließend den Forschungsstand zur Befragung Theologiestudierender darzustellen. Da in diesen Befragungen der Religionsunterricht immer wieder eine besondere Rolle einnimmt, wird anschließend knapp über die aktuelle einschlägige Diskussion informiert. Das Kapitel mündet in ein knappes Fazit und die Formulierung der Forschungsfragen der vorliegenden Untersuchung.

1.1 Zur Situation des Studiums der Theologie

Das Studium der Theologie in Deutschland erweist sich als vielgestaltig, denn es orientiert sich inhaltlich nicht nur an verschiedenen religiösen Traditionen, sondern verläuft auch in unterschiedlichen Studiengängen und an diversen Hochschultypen. Im Folgenden werden zuerst das Selbstverständnis und die Struktur der wissenschaftlichen Theologie skizziert, dann ein Überblick sowohl über die Studienstandorte als auch die Studiengänge dieser Disziplin gegeben, um abschließend aktuelle Studierendenzahlen und Herausforderungen des Studiums der Theologie zu bilanzieren.

1.1.1 Theologie als Wissenschaft

Grundsätzlich versteht sich die Theologie als Reflexion religiöser Praxis (Schwöbel, 2005, S. 255–259). Dabei setzt sie den Glauben der zugehörigen religiösen Gemeinschaft voraus, ist also konstitutiv auf die Glaubenserfahrung einer Gruppe von Menschen bezogen. Im Unterschied zur Religionswissenschaft, die sich von außen ihrem Erkenntnisgegenstand nähert, identifiziert sich die Theologie somit mit dem gläubigen Einverständnis der zugehörigen Gemeinschaft in diesen Erkenntnisgegenstand. Theologie ist damit immer zugleich christliche, jüdische oder muslimische Theologie und beim genaueren Blick auf das Spektrum christlicher Bekenntnisse evangelische Theologie, römisch-katholische Theologie oder christlich-orthodoxe Theologie. Weitere Differenzierungen, wie z.B. die Unterteilung evangelischer Lesarten des Christentums in eine lutherische Theologie, eine reformierte Theologie etc. haben sich in Deutschland institutionell ebenso wenig niedergeschlagen wie eine Unterteilung der muslimischen Theologie in die verschiedenen Strömungen des Islam.

In allen diesen Theologien wird der zugrunde liegende Glaube mit den Mitteln der Vernunft erschlossen. Dabei wurde und wird das Verhältnis zwischen Glaube und Vernunft unterschiedlich bestimmt (Plasger & Pemsel-Maier, 2016, S. 2–4). Nach Thomas von Aquin reflektiert die Theologie die in Bibel und im Leben der Kirche bezeugte Offenbarung Gottes und steht damit ganz im Dienst des geoffenbarten Glaubens. Für Friedrich Schleiermacher setzt die Vernunft dagegen bei einer individuellen religiösen Erfahrung des Menschen an und reflektiert diese. Karl Barth wiederum begreift die Theologie als Reflexionsinstanz kirchlicher Praxis, die das eigene Tun stets kritisch an der biblischen Norm misst, in der allein sich Gottes Offenbarung ausdrückt. Die Vernunft stellt damit die Vermittlungsinstanz zwischen der in der Bibel dokumentierten Offenbarung und kirchlicher Praxis dar. In jüngeren katholischen Ansätzen wird das Primat des durch Gott gestifteten Glaubens betont; dieser Glaube bleibt jedoch konstitutiv an die Vernunft rückgekoppelt, insofern kein widervernünftiger Glaube durch Gott geoffenbart worden sein könne. Gemeinsam ist diesen Verhältnisbestimmungen, dass sich die Theologie als die an der Vernunft orientierten Bearbeitung des Glaubens versteht. Sie entspricht damit der „intellectual dimension" in der Religionssystematik Charles Glocks (Glock & Stark, 1965).

Mit der Zeit hat sich die christliche Theologie in verschiedene Subdisziplinen ausdifferenziert. Gemeinhin wird zwischen einer biblischen, einer historischen, einer systematischen und einer praktischen Theologie unterschieden. Analysiert die biblische Theologie die schriftlichen Quellen des christlichen Glaubens, reflektiert die historische das geschichtliche Gewordensein dieses Glaubens von seinen Anfängen bis in die Gegenwart hinein. Die systematische Theologie sucht diesen Glauben immer wieder neu mit den rationalen Selbstverständlichkeiten der jeweiligen Gegenwart zu vermitteln, und die praktische Theologie reflektiert und evaluiert die zugehörige Praxis in den verschiedenen religiösen und kirchlichen Handlungsfeldern. Allen diesen vier theologischen Grunddisziplinen ist eine eigene wissenschaftliche Rationalität zu eigen.

Jenseits dieses grundlegenden Konsenses finden sich unterschiedliche Einteilungen dieser vier theologischen Subdisziplinen (z.B. Göcke & Ohler, 2019; Jung, 2004, S. 29–38). So gliedert sich die biblische Theologie zwar stets in die Exegese des Alten und des Neuen Testaments, manchmal wird beiden Zugängen aber noch die biblische Einleitungswissenschaft an die Seite gestellt. Auch wird die christliche Sozialwissenschaft bzw. Ethik in manchen Übersichten der systematischen Theologie zugeordnet, in anderen der praktischen. Und was in der katholischen Theologie als Pastoraltheologie firmiert, wird in der evangelischen Theologie oft als Gemeindepädagogik bezeichnet, ohne dass sich die Gegenstandsbereiche beider Fächer in allen Details decken. Die theologischen Fächer wiederum stehen teilweise in engem Dialog mit der Geschichtswissenschaft, der Philosophie, der Psychologie, der Pädagogik usw. Damit erweist sich die Theologie nicht nur als in sich vielgestaltig, sondern auch als interdisziplinäres Fach. Nicht umsonst wird immer wieder die Frage nach der Einheit der Theologie gestellt (z.B. Krieger, 2017).

1.1.2 Studienstandorte für evangelische und katholische Theologie

Die konkrete Konstellation dieser theologischen Fächer ist u.a. durch den Standort bedingt, an dem Theologie studiert wird. Dieser kann nach Trägerschaft, Hochschultyp und Organisationstyp unterschieden werden (Jung, 2004, S. 127–134).

Träger der Studienstandorte sind entweder der Staat oder eine religiöse Gemeinschaft. Studienstandorte in staatlicher Trägerschaft sind als theologische Fakultät, theologischer Fachbereich oder als theologisches Institut Bestandteil staatlicher Universitäten oder pädagogischer Hochschulen mit einem breiten wissenschaftlichen Angebot. Sie sind Gegenstand staatskirchlicher Verträge auf Länderebene und ihre Existenz wurde erst in jüngerer Vergangenheit höchstrichterlich bestätigt (1 BvR 462/06 vom 28. Oktober 2008). Faktisch tritt in diesen Fällen der Staat als Sachaufwandsträger auf, während die Inhalte des theologischen Studiums und die Qualifikation der Lehrenden durch die jeweilige religiöse Gemeinschaft bzw. ihre staatskirchenrechtlich legitimierte Vertretung bestimmt wird. Studienstandorte in kirchlicher Trägerschaft haben zwar in der Regel ebenfalls eine fakultäre Struktur, stehen aber meistens als Solitär in der wissenschaftlichen Landschaft (z.B. Theologische Fakultät Paderborn). Nur in wenigen Fällen finden sich an derartigen Studienstandorten neben der Theologie noch weitere Fakultäten oder Fachbereiche (z.B. katholische Universität Eichstätt-Ingolstadt). Die Finanzierung dieser Studienstandorte liegt zuerst bei den religiösen Gemeinschaften. Staatliche Zuschüsse fließen nur in dem Rahmen, als die Studienstandorte öffentliche Aufgaben, etwa in der Lehrerbildung, übernehmen. Neben katholischen (z.B. Kölner Hochschule für Katholische Theologie) und evangelischen (z.B. Kirchliche Hochschule Bethel) Hochschulen unterhalten vor allem die evangelischen Freikirchen entsprechende Studienstandorte (z.B. Theologische Hochschule Ewersbach).

Hinsichtlich des Hochschultyps lässt sich zwischen Studienstandorten an Universitäten und solchen an Fachhochschulen bzw. Hochschulen für angewandte Wissenschaften unterscheiden. Auch wenn sich die Unterschiede zwischen beiden Institutionstypen langsam verwischen, sind universitäre Studienstandorte stärker der theologischen Grundlagenforschung verpflichtet, während sich Studienstandorte an Fachhochschulen eher den theologischen Anwendungsfeldern widmen. So bietet etwa die CVJM-Hochschule in Kassel, die dem Typ Fachhochschule zuzuordnen ist, die Bachelor-Studiengänge „Religions- und Gemeindepädagogik / Soziale Arbeit", „Soziale Arbeit (berufsbegleitend)" und „Soziale Arbeit für Erzieherinnen und Erzieher" an, sowie den Masterstudiengang „Transformationsstudien: Öffentliche Theologie & Soziale Arbeit". Unter den 21 angebotenen Studiengängen der Katholischen Hochschule Nordrheinwestfalen finden sich klassische wie „Soziale Arbeit" oder „Heilpädagogik", aber auch innovative wie „Angewandte Hebammenwissenschaft/Midwifery" oder „Interreligiöse Dialogkompetenz".

Beim Organisationstyp dominieren die beiden Formen der theologischen Fakultät bzw. des Fachbereichs und des theologischen Instituts. Fakultäten bieten in der Regel ein theologisches Vollprogramm, das sich am Studienangebot des Magister Theologiae orientiert. Sie decken die vier Grunddisziplinen der Theologie jeweils durch mehrere Lehrstühle ab, d.h. halten mindestens zehn Lehrstühle und ein entsprechend differenziertes Studienangebot vor. Die evangelisch-theologische Fakultät in Tübingen besteht z.B. aus 16 Lehrstühlen. Theologische Institute sind dagegen in die Lehrerbildung integriert und bieten deshalb vor allem eine theologische Grundversorgung an. Das kann an Studienstandorten, die kein höheres Lehramt bedienen, bedeuten, dass zwei Professuren die gesamte Theologie abdecken müssen (z.B. Pädagogische Hochschule Ludwigsburg). Sofern das höhere Lehramt ebenfalls bedient wird, findet sich zumindest für jede theologische Grunddisziplin eine eigene Professur (z.B. Universität Siegen). Gegenwärtig bieten auf katholischer Seite 17 Fakultäten und 29 Institute bzw. Abteilungen ein Theologiestudium an (vgl. Katholisch-Theologischer Fakultätentag). Auf evangelischer Seite sind es 22 Fakultäten (vgl. Evangelisch-Theologischer Fakultätentag) und 34 Institute (vgl. Konferenz der Institute für evangelische Theologie). Darüber hinaus gibt es in Deutschland im freikirchlichen Bereich mindestens 33 Bibelschulen und 19 theologische Seminare.

1.1.3 Studiengänge für evangelische und katholische Theologie

Die Studiengänge in Theologie lassen sich grob in den Magister Theologiae, das Staatsexamen und Bachelor- und Masterstudiengänge einteilen.[1] Alle diese Studiengänge bedürfen sowohl der Zustimmung kirchlicher als auch staatlicher Stellen auf Landesebene (KMK, 2007).

Der Magister Theologiae entspricht dem theologischen Vollstudium, das seine Absolvent*innen auf das Pfarramt, das Priesteramt und den Beruf der Pastoralreferentin bzw. des Pastoralreferenten qualifiziert. Es umfasst eine Regelstudienzeit von 10 Semestern und ist gemäß dem Grundgedanken der Bologna-Reform modularisiert und mit ECTS-Punkten versehen. Die Details dieser Umsetzung sind in kirchlichen Dokumenten definiert (Die Deutschen Bischöfe, 2016a). Deren Ziele im katholischen Bereich sind „eine theologische Grundlegung in den ersten Semestern des Studiums, die Einführung des Grundsatzes des

---

[1] Die verschiedenen kanonischen Studiengänge im Bereich der katholischen Theologie werden hier ebenso wenig berücksichtigt wie die Studiengänge, die zu einer theologischen Promotion führen. Beide richten sich in Deutschland nur an wenige Studierende und wurden deshalb in der vorliegenden Befragung nicht berücksichtigt.

aufbauenden Lernens in allen Studienabschnitten, das Studium der Theologie in den vier Bereichen biblische, historische, systematische und praktische Theologie sowie der Philosophie während des gesamten Studiums, die Modularisierung und Einführung von Leistungspunkten [und] die stärkere interdisziplinäre Ausrichtung des Studiums bei gleichzeitiger Wahrung der Fächerstruktur" (Sajak, 2018, S. 5). Letzteres ist insofern nicht trivial, weil viele Fakultäten diese Modularisierung genutzt haben, um Veranstaltungen aus verschiedenen theologischen Subdisziplinen in einem Modul aufeinander zu beziehen, um die Studierenden zu befähigen, Zusammenhänge zwischen den disziplinspezifischen Zugängen zu erkennen (Karle, 2005). Das Vollstudium der evangelischen Theologie folgt ähnlichen Prämissen (Klinge & Vos, 2020, S. 4).

Das Studium auf das Staatsexamen in Theologie, das vor der Bologna-Reform in allen Bundesländern Usus war, bereitet auf das Lehramt in den verschiedenen Schulformen vor. Es mündet ins Erste Staatsexamen, d.h. eine zentrale Prüfung, die von staatlicher Seite gestellt wird und z.B. in Bayern zentral allen Absolvent*innen des betreffenden Semesters unabhängig vom Standort, an dem sie studiert haben, vorgelegt wird. Abhängig von der Schulform reicht die Regelstudienzeit von sieben Semestern im Grundschullehramt bis zu zehn Semestern im Gymnasiallehramt. Die Studieninhalte decken das gesamte Spektrum schulischer Lehrtätigkeit ab, beinhalten also neben fachwissenschaftlichen Aspekten auch fachdidaktische, pädagogische und schulpraktische. Die konkrete Konstellation dieser Aspekte hängt vom angestrebten Lehramt ab. Vereinfacht kann festgehalten werden, dass mit dem Niveau des Bildungsabschlusses, den eine Schulform anbietet, der Anteil fachwissenschaftlicher Aspekte im entsprechenden Lehramtsstudium steigt. In der Folge bildet das Gymnasialstudium in Theologie oft das Theologie-Vollstudium in reduzierter Form ab, während im Grundschullehramt oft nur exemplarische Einblicke in die verschiedenen theologischen Subdisziplinen eröffnet werden können (Sajak, 2018, S. 8–10). Im Gefolge der Umstellung der Lehramtsstudiengänge Theologie auf das Bologna-System verabschiedeten sich einige Bundesländer vom Ersten Staatsexamen, das durch einen universitären Masterabschluss ersetzt wurde. Gegenwärtig halten Bayern, Hessen, Mecklenburg-Vorpommern, das Saarland, Sachsen und Sachsen-Anhalt am Staatsexamen fest, wobei es immer wieder Universitäten gibt, die entgegen den landesüblichen Regelungen entsprechende Bachelor- und Mastergrade verleihen (in Sachsen-Anhalt z.B. Magdeburg). Aber auch die Staatsexamensstudiengänge wurden im Sinne des Bologna-Systems modularisiert.

In den Ländern, in denen das Erste Staatsexamen auf einen universitären Masterabschluss umgestellt wurde, gliedert sich das Lehramtsstudium in eine Bachelor- und eine Masterphase. Das bedeutet zum einen, dass die Regelstudienzeit für alle studierten Lehrämter zehn Semester beträgt. Teilweise dominieren mit Ausnahme des Grundschullehramts im Bachelor die fachwissenschaftlichen Anteile, und dann liegt im Master der Schwerpunkt auf der Pädagogik, der Fachdidaktik und der Schulpraxis. So münden die Bachelorstudiengänge im

Lehramt noch häufig in einen Fachbachelor (z.B. B.A. oder B.Sc.), während der Masterstudiengang einen pädagogischen Masterabschluss (M.Ed.) bescheinigen. Die in diesen Studiengängen zu erwerbenden Kompetenzen werden durch die Länder durch eigene Lehramtszugangsverordnungen definiert, da die inhaltliche Verantwortung für die Studiengänge ausschließlich bei den Universitäten liegt. Allerdings weisen die Studiengänge im Bereich der Theologie innerhalb der jeweiligen Konfession eine große inhaltliche Nähe auf, weil diese Inhalte durch kirchliche Vorgaben (Die Deutschen Bischöfe, 2011; Kirchenamt der EKD, 2015) und kultusministerielle Absprachen (KMK, 2008) geregelt sind.

1.1.4 Studierendenzahlen und aktuelle Herausforderungen

In die eben beschriebenen Studiengänge waren im Wintersemester 2018/19 in Deutschland in der katholischen Theologie 15.754 Studierende eingeschrieben (vgl. Katholisch-Theologischer Fakultätentag). Davon studierten 4.397 Personen auf Magister Theologiae und 11.357 auf Lehramt. Die evangelische Theologie verzeichnete im Wintersemester 2021/22 insgesamt 23.056 Studierende, wovon 5.991 einen Magister Theologiae anstrebten und 12.659 einen Lehramtsabschluss (interne EKD-Quelle).

Für die Studienstandorte erweist sich dabei vor allem der über die Jahre stetige Rückgang der Studierenden im sog. Vollstudium des Magister Theologiae als problematisch, denn ohne eine entsprechende Auslastung ist die große Anzahl theologischer Fakultäten kaum noch zu rechtfertigen. Seit längerer Zeit weisen die ländereigenen Rechnungshöfe bereits darauf hin, dass eine Reduzierung des theologischen Lehrangebots möglich wäre, ohne die staatskirchenrechtlichen Verpflichtungen des Staates gegenüber den Kirchen zu verletzen (z.B. Rechnungshof Baden-Württemberg, 2005). In jüngster Zeit setzte der Plan der katholischen Kirche, die Priesterbildung an drei staatlichen Universitäten zu konzentrieren, die katholischen Fakultäten nochmals unter Druck (KThF, 2021).

Ein systematischer Überblick über die institutionelle Lage der Lehramtsstudiengänge liegt bislang lediglich für die evangelische Theologie vor (Zimmermann, 2020a). Insofern an dieser Befragung 15 von 18 Fakultäten und 31 von 34 Instituten teilgenommen haben, können die Befunde als repräsentativ angesehen werden. Demnach entstanden knapp 40 % der gültigen Studienordnungen vor 2012, was im Umkehrschluss bedeutet, dass an vielen Studienstandorten noch Lehrangebote im Sinne des traditionellen Inhaltskanons vorgehalten werden. Die Befragten fordern aber: „Veranstaltungen zu Säkularität und Traditionsbrüchen, Atheismus und Indifferenz, wissenschaftlich-technischen Denk- und Handlungsparadigmen und der Dialektik der Aufklärung, zu drohenden globalen Katastrophen und Gefährdungen des Lebens durch Gewalt, Krieg und Unrecht, Klimawandel, Umweltzerstörung und Wirtschaftssystem, zur Krise der Demokratien und zu Ambivalenzen des digitalen Zeitalters müssten obligatorisch in die Studiengänge der künftigen Lehrkräfte integriert werden, wenn der Religionsunterricht sich als religiös profiliertes Orientierungsfach für die Lernenden erweisen und behaupten will. Ausweislich der wiedergegebenen Konkretisierungen in den Freifeldern besteht im Blick auf die genannten Herausforderungen noch erheblicher Studien- und Handlungsbedarf" (ebd., S. 318), der auch eine Überarbeitung zentraler Dokumente (z.B. EKD, 2008 zur religionspädagogischen Kompetenz) notwendig macht. Kooperationen mit den katholischen Geschwisterfakultäten und -instituten und den akademischen Einrichtungen anderer Religionen finden dagegen an der Mehrzahl evangelischer Studienstandorte statt.

1.2 Forschungsstand zur Befragung Theologiestudierender

Die vorliegende Befragung bietet nicht den ersten Blick auf die Studierenden mit evangelischer oder katholischer Theologie, sondern schließt an eine lange Tradition derartiger Befragungen an. Um diesen Forschungsstand zu bilanzieren, wird im Folgenden zuerst ein zusammenfassender Überblick nach Forschungsziel, -methodik, Probandengruppe u.a. gegeben, um dann einzelne, besonders wichtige Studien aus dieser Tradition im Detail vorzustellen.

1.2.1 Zusammenschau vorliegender Forschung

Im Zeitraum zwischen 1975 und 2021 wurden 33 Studien publiziert, deren Erkenntnisinteresse sich – wenigstens zum Teil – auf das Studium der evangelischen oder katholischen Theologie bezieht (vgl. Tab. 1).[2]

---

[2]   Wir haben darüber hinaus Kenntnis von einer Studie von Gert Pickel mit Theologiestudierenden an der Universität Leipzig mit Daten aus den Jahren 2011 und 2015, die u.a. ergeben hat, dass rund 10 % der Studierenden eine evangelikale Prägung aufweisen. Diese Studie ist jedoch unveröffentlicht (Schulz & Plüss, 2019, S. 115).

Tab. 1:   *Überblick über Studien zum Studium der Theologie*

Nr.	Studie	Sample	Studien-standort	Design	Erkenntnisinteresse
1	Schmidt-chen (1975)	Priesteramts-kandidaten (n = 1726)	Deutschland	Frage-bogen	Studien- und Lebenssituation – Amtsverständnis – Berufsmotive – Einstellung zu Kirche und Ge-sellschaft
2	Lukatis & Lukatis (1985)	Ev. und kath. Studierende zu Studienbe-ginn (n = 496), Studienmitte (n = 260) und Studienende (n = ?)	„drei Univer-sitäten"	Längs-schnitt	Zusammenhang zwischen Dog-matismus, Angst, Relativismus, Anomie – Pfarrerbild – Kirchen-bild – Praxiserwartungen
3	Riess (1986)	Ev. Studie-rende im ers-ten Semester (n = 160)	Erlangen, Marburg, Tübingen, Bethel	Frage-bogen	Motivation zu Theologiestudium und Pfarrberuf
4	Traupe (1990)	Ev. Studie-rende zu Stu-dienbeginn (n_{t1} = 507 – n_{t2} = 253 – n_{t3} = 155)	Göttingen, Bethel, Wuppertal, Erlangen	Panel-studie	Studienerwartungen und -erfahrungen
5	Bucher (1990)	Kath. Studie-rende (n = 208)	Mainz, Fribourg, Luzern	Frage-bogen	Bibelwissen zu alttestamentli-chen Geschichten
6	Köhler & Schwai-ger (1996)	Kath. Studie-rende zu Stu-dienbeginn (n_{t1} = 629 – n_{t2} = 225)	Salzburg	Längs-schnitt (1980 bis 1989)	Studienbeweggründe und Ziel-vorstellungen für das Studium

Nr.	Studie	Sample	Studien-standort	Design	Erkenntnisinteresse
7	Bucher & Arzt (1999)	Ev. und kath. Studierende zu Studienbeginn (n = 755)	Deutschland & Österreich	Frage-bogen	Studienmotive und -erwartungen – religiöse Sozialisation
8	Wolfes (2000)	Pfarrerinnen und Pfarrer (n = 86)	Berlin-Brandenburg	Frage-bogen	Bewertung von universitärer Theologenausbildung – persönliche Entwicklung und religiöse Sozialisation – Studienerwartung und Studiengestaltung – Übergangserfahrung und Selbstwahrnehmung im Pfarramt
9	Güth (2000)	Ev. Studierende am Ende des Studiums	k. A.	Qualitative Interviews	Motivation zum Theologiestudium – Entwicklung Berufsvorstellungen – Entwicklungen im Studium
10	Ziebertz et al. (2001)	Kath. Studierende (n = 923)	Bonn, Münster, Tübingen, Würzburg	Frage-bogen	Individuelle Religiosität
11	Orth (2002)	Ev. Studierende zu Studienbeginn (n = 41)	Braunschweig	Selbstverfasste Glaubensbekenntnisse	Orientierung an Apostolikum – wesentliche Inhalte – häufige Wörter – problematische Aussagen – Geschlechter-differenzen
12	Harmsen (2002)[3]	Ev. Studierende (n = 118)	München	Frage-bogen	Herkunft – Studienmotivation – Studieninteresse

---

[3] Die hier referierten Ergebnisse stammen von Ulrich Schwab.

Nr.	Studie	Sample	Studien-standort	Design	Erkenntnisinteresse
13	Quaing et al. (2003)	Kath. Stud-ierende (n = unbekannt)	Vechta	Frage-bogen	Studienmotivationen – Studien-erwartungen – Einstellungen zur Amtskirche – religiöse Praxis
14	Möller (2005)	Ev. Studie-rende der Re-ligionspäd-a-gogik (n_{t1} = 12 – n_{t2} = 13)	Kassel	Leitfa-den-inter-views	Kenntnis biblischer Geschichten – Voraussetzungen, Bedingungen und Wege der Aneignung bibli-scher Tradition – Beteiligung am Überlieferungsprozess
15	Lach-mann (2006)	Ev. Studie-rende auf Lehramt (n = 147)	Bamberg	Tex-tana-lyse	Berufsmotivation
16	Schulte & Wermke (2006)	Ev. Studier-ende zu Stu-dienbeginn (n = 50)	Erfurt, Jena	Inter-views	Studienmotive und -erwartungen
17	Feige et al. (2007)	Ev. und kath. Studierende auf Lehramt (n = 730)	Baden-Würt-temberg	Frage-bogen	Studienmotivation – Ausbil-dungsinteressen – Lernakzente – unterrichtliche Zielvorstellungen & Gestaltungsmöglichkeiten – Verhältnis Kirche-Schule – kirch-liche Aufgaben in der Gesell-schaft – Profilelemente christli-chen Glaubens – Evaluation von Modellen konfessioneller Koope-ration
18	Gramzow (2008)	Ev. Studie-rende (n = 344)	Leipzig	Frage-bogen	Eigener RU – guter RU – zentrale Themen des RU – RU in neuen Ländern – Argumente gegen RU an Schule
19	Albrecht et al. (2008)	Ev. Studie-rende zu Stu-dienbeginn (n = 6)	Bayreuth	Bild-ana-lyse	Ideal einer Religionslehrperson

Nr.	Studie	Sample	Studien-standort	Design	Erkenntnisinteresse
20	Heller (2009)	Ev. Studie-rende zu Stu-dienbeginn (n = 544)	Deutschland	Panel-studie	Individuelle Religiosität
21	Weiß et al. (2010)	Kath. Studie-rende (n = 153)	München, Passau	Längs-schnitt	Studien- und Berufswahlmotive – Studienerwartungen – Hand-lungsfeldvorstellungen – Kompe-tenzen und Selbstkonzept
22	Heller (2011)	Ev. Studie-rende (n_{t1} = 538 – n_{t2} = 405)	Deutschland	Panel-studie	Bedingungsfaktoren des Studien-erfolgs – Studienfinanzierung – Prüfungsangst – Religiosität und religiöse Sozialisation – schuli-sches Selbstkonzept – Sprachen-kenntnisse – Informiertheit über das Studium der evangelischen Theologie – Vorwissen und Be-herrschung von zentralen Ar-beitstechniken
23	Pemsel-Maier et al. (2011)	Studierende auf Lehramt (n = 86)	Karlsruhe	Frage-bogen	konfessionelle Einstellung und konfessionelles Wissen
24	Riegel & Mendl (2011)	Ev. und kath. Studierende (n = 1.348)	Deutschland	Frage-bogen	Studienmotive
25	Lück (2012)	Ev. und kath. Studierende (n = 1.603)	Deutschland	Frage-bogen	Studienmotivation – Evaluation von Studiengang und -situation – Unterrichtserfahrungen – erleb-ter RU – Zielpräferenz für RU – Verhältnis zum Gebet im RU und zur Bibel –Religiosität
26	Barz (2013)	Ev. und kath. Studierende (n = 50) und Philosophie (n = 25)	Bochum	Frage-bogen	Einstellung zu Religion und RU

Nr.	Studie	Sample	Studien-standort	Design	Erkenntnisinteresse
27	Cramer (2013)	Lehramts-studierende am Studienbeginn ($n_1 = 510$), im dritten Semester ($n_2 = 415$) und nach erstem Examen ($n_3 = 227$)	Baden-Württemberg	Mixed Methods	Individuelle Religiosität – Zufriedenheit mit dem Unterrichtsfach Religion – Offenheit ggü. konfessioneller Kooperation und interreligiösem Lernen
28	Fuchs (2013)	Ev. Studierende auf Lehramt am Studienbeginn ($n = 30$)	Göttingen	Qualitative Befragung	Studienmotive
29	Riegel & Mendl (2013)	Ev. Studierende am Studienbeginn ($n = 513$)	Deutschland	Fragebogen	Inhaltliches und didaktisches Profil eines idealen RUs
30	Schröder (2013)	Ev. und kath. Studierende am Studienbeginn ($n = 19$)	Göttingen	Fragebogen	Einflussfaktoren und Motive bei der Wahl des Studiengangs – Motive für Wahl des Studienorts
31	Brieden (2018)	Ev. und kath. Studierende ($n = 557$)	Münster, Wuppertal, Passau, Aachen, Paderborn, St. Augustin, München, Augsburg, Vechta, Trier, St. Georgen	Fragebogen (v. a. offene Fragen)	Studienzweck – präferierte Inhalte des Studiums – Motive für Wahl des Studienorts

Nr.	Studie	Sample	Studien-standort	Design	Erkenntnisinteresse
32	Caruso (2019)	Kath. Studie-rende (n = 63)	Ausbildungs-region Pader-born	Mixed Me-thods	Effekte des Praxissemesters
33	Baden (2021)	Ev. Pfarr-amtsstudie-rende (n = 595, n_{t1} = 307– n_{t2} = 288	25 deutsch-sprachige Standorte	Frage-bogen	Studienmotivation – Einschät-zung von Studium und Pfarrberuf – Berufung

In einer ersten Bilanz dieses Überblicks zeigt sich ein breites Spektrum an „dis-paraten Fragestellungen bzw. methodischen Zugängen" (Heller, 2011, S. 21) zum Forschungsfeld, gleichzeitig werden aber auch strukturelle Grundmuster sicht-bar. Beide Facetten werden im Folgenden in der Reihenfolge der Spalten, an de-nen sich Tab. 1 orientiert, ausgewertet.

Einige der vorliegenden empirischen Studien sind mehr als 20 Jahre alt (Güth, 2000; Wolfes, 2000; Bucher & Arzt, 1999; Köhler & Schwaiger, 1996; Bu-cher, 1990; Traupe, 1990; Riess, 1986; Lukatis & Lukatis, 1985; Schmidtchen, 1975) und damit eigentlich nur noch in vergleichender historischer Perspektive von Bedeutung. Allerdings zeigt die zeitliche Anordnung auch, dass es offensichtlich bestimmte Zeiträume gab, in denen die Untersuchung von Studierenden der Theologie eine gewisse Konjunktur hatte. So entstanden in den zehn Jahren zwi-schen 1985 und 1996 fünf Studien, in den vier Jahren zwischen 1999 und 2002 jedoch sieben und in den zwölf Jahren zwischen 2005 und 2013 sogar 17 Veröf-fentlichungen in diesem Forschungsfeld. Seit 2013 sind dagegen nur drei Studien erschienen (Baden, 2021; Caruso, 2019; Brieden, 2018). Für die Studien um die Jahrtausendwende herum kann ein generelles Interesse zur Bilanzierung der Lage angenommen werden, das diese markante zeitliche Signatur in vielen Be-reichen ausgelöst hat. Die Jahre zwischen 2005 und 2013 markieren in etwa den Zeitraum, innerhalb dessen die Modularisierung der Studiengänge im Gefolge der Bologna-Beschlüsse in der Theologie umgesetzt wurde (Ahme & Beintker, 2005; Beintker & Wöller, 2014).

Einen gewissen Einfluss scheint die Entstehungszeit auf die Zusammenset-zung des Samples zu haben, denn gerade die älteren Studien beziehen sich (fast) ausschließlich auf Studierende mit dem Ziel des kirchlichen Examens bzw. des Priesteramtes (Wolfes, 2000; Riess, 1986; Schmidtchen, 1975; Ausnahme: Baden, 2021), während die restlichen Studien sämtliche Studierende der Theologie oder sogar ausschließlich Lehramtsstudierende in den Blick nehmen. In dieser Verschiebung der Befragungsgruppe spiegelt sich wahrscheinlich auch die veränderte Bedeutung der verschiedenen Studiengänge für das Studium der Theologie wider. Ferner fällt auf, dass evangelische Studierende stärker untersucht wurden als katholische. Beide Konfessionen gleichzeitig werden in zehn Studien in den Blick genommen (z.B. Schröder, 2013; Riegel & Mendl, 2011; Feige et al., 2007). Auch scheint es ein gewisses Interesse an den Studierenden zu Studienbeginn zu geben (z.B. Baden, 2021; Fuchs, 2013; Schulte & Wermke, 2006; Köhler & Schwaiger, 1996; Riess, 1986).

Die Größe der Samples unterscheidet sich sowohl bei den quantitativen als auch bei den qualitativen Studien sehr stark. So analysierten Albrecht et al. (2008) sechs Bilder einer gemalten Lehrperson, Möller (2005) rekonstruierte die Glaubensbiografien von 13 Studierenden, und Orth (2002) untersuchte die Glaubensinhalte und Gottesvorstellungen von 41 Studierenden. Da alle diese Studien mit qualitativen Designs arbeiteten, lassen sich diese Samplegrößen begründen. Auch bei quantitativen Studien z.B. über die Studienmotivation und die Vorstellung über die zukünftige Berufspraxis zeigt sich eine Datengrundlage von sehr unterschiedlicher Breite, die von n = 50 (Schulte & Wermke, 2006) bis zu n = 1.603 (Lück 2013) reicht. In der Regel werden diese Samplegrößen nicht zuletzt durch forschungsökonomische Aspekte bedingt sein. Faktisch handelt es sich in den Untersuchungen weitgehend um Gelegenheitssamples. Solange die Auswertungsverfahren für die Samplegröße angemessen gewählt wurden, entsteht daraus kein technischer Schaden. Verallgemeinerbare Einsichten in das, was Studierende denken und wie sie das Studium der Theologie erleben, sind hier nur sehr begrenzt möglich.

Letzteres liegt auch darin begründet, dass es sich vor allem um regionale Studien handelt. Nur acht Studien erstrecken sich über ganz Deutschland (und Österreich) (Baden, 2021; Lück, 2012; Riegel & Mendl, 2011, 2013; Heller, 2009; 2011; Bucher & Arzt, 1999; Schmidtchen, 1975). Sehr oft wird nur an einem Studienstandort untersucht (z.B. Schröder, 2013; Lachmann, 2006; Quaing et al., 2003; Harmsen, 2002). Für das spezifische Erkenntnisinteresse der jeweiligen Studie kann diese regionale bzw. örtliche Beschränkung sinnvoll sein. Entsprechend vorsichtig sind jedoch die Erkenntnisse der Studien zu verhandeln.

Bezüglich des Forschungsdesigns arbeitet die Mehrzahl der vorliegenden Studien mit einem quantitativen Querschnitt, der anhand eines Fragebogens mit fast ausschließlich geschlossenen Fragen gezogen wird (z.B. Baden, 2021; Lück, 2012; Mendl & Riegel, 2011; Feige et al., 2007, Schmidtchen, 1975). In wenigen Fällen finden sich Längsschnittstudien, die denselben Fragebogen zu mehreren Messzeitpunkten einsetzen (Weiß et al., 2010; Lukatis & Lukatis, 1985) oder Panelstudien, die denselben Fragebogen denselben Personen zu mehreren Messzeitpunkten vorlegen (Heller, 2009, 2011; Traupe, 1990). Erlauben Längsschnitte Aussagen über Veränderungen von Studienkohorte zu Studienkohorte oder innerhalb einer Studienkohorte zu verschiedenen Zeitpunkten ihres Studiums, können Panelstudien Veränderungen auf Individualebene nachzeichnen. Einige wenige Studien beziehen eine vom Umfang angemessene Vergleichsgruppe aus anderen Studiengängen mit ein wie Psychologie und Jura bzw. Germanistik (Ziebertz et al., 2001; Köhler & Schwaiger, 1996; Bucher, 1990). Derart quantitative Designs werden in 25 von 33 Studien im Untersuchungszeitraum eingesetzt und kommen damit auf einen Anteil von 76 %. Die Auswertung der so gewonnenen Daten geschieht mittels quantitativer Statistik, wobei die eingesetzten Routinen von schlichten Häufigkeitsauszählungen bis zu komplexeren Faktoranalysen (z.B. Lück, 2012) reichen. Allerdings bleibt zu konstatieren, dass das Gros der Studien mit einfachen statistischen Routinen arbeitet. Selten werden Fragebögen mit weitgehend offenen Fragen eingesetzt (Brieden, 2018; Gramzow, 2008), die damit den qualitativen Forschungsdesigns zuzurechnen sind. Weiterhin gehören in diese Gruppe qualitative Interviews (Möller, 2005) oder die Auswertung von Artefakten wie selbst geschriebenen Texten (Orth, 2002) oder Zeichnungen (Albrecht et al., 2008). Die Auswertungsverfahren sind meist inhaltsanalytisch orientiert, in einem Fall kommt aber auch die objektive Hermeneutik zum Einsatz (Brieden, 2018). Zusammenfassend kann festgehalten werden, dass sich die Mehrzahl der vorliegenden Studien eines quantitativen Querschnittsdesigns bedient.

Schließlich variiert auch das Erkenntnisinteresse der einzelnen Studien stark. Wenige konzentrieren sich auf einzelne Inhalte wie die Bibelkenntnisse Theologiestudierender (Bucher, 1990), konfessionelle Einstellung (Pemsel-Maier et al., 2011), das Verhältnis von universitärer Theologenausbildung und pfarramtlicher Berufstätigkeit (Wolfes, 2000) oder mögliche Einstellungen zur Weitergabe christlicher Überlieferung (Möller, 2005). Allerdings lassen sich auch stets wiederkehrende Erkenntnisgegenstände erkennen, namentlich die Studien- und Berufsmotivation (Baden, 2021; Brieden, 2018; Fuchs, 2013; Schröder, 2013, Lück, 2012; Riegel & Mendl, 2011; Weiß et al., 2010; Lachmann, 2006; Schulte & Wermke, 2006; Quaing et al., 2003; Harmsen, 2002; Bucher & Arzt, 1999; Köhler & Schwaiger, 1996; Riess, 1986), die Studienerfahrungen und -erwartungen (z.B. Baden, 2021; Brieden, 2018; Weiß et al., 2010; Schulte & Wermke, 2006; Traupe, 1990; Güth, 2000) oder die individuelle Religiosität (Baden, 2021; Cramer, 2013; Barz, 2013; Heller, 2009; Ziebertz et al., 2001). Neben diesen Fragen zum Studium finden sich immer wieder Fragen zum Religionsunterricht in den Studien, insofern dieser ein zukünftiges Arbeitsfeld der Studierenden darstellt. So wird nach den präferierten Zielen für diesen Unterricht gefragt (Gramzow, 2008), was gute oder schlechte Religionslehrkräfte kennzeichnet (Albrecht et al., 2008) oder was den idealen Religionsunterricht ausmacht (Riegel & Mendl, 2013). In der Summe bilden damit Untersuchungsgegenstände den Kern der meisten Studien, die eigentlich allen Studierenden vorgelegt werden können (z.B. Studienmotivation, -erwartungen oder -erfahrungen, Motive für die Wahl des Studienortes), wobei im Detail auffällt, dass alle diese Instrumente auch Items enthalten, die sich spezifisch auf das Theologiestudium beziehen (z.B. „weil ich später einmal den christlichen Glauben weitergeben will" als Studienmotiv). In der Regel werden diese Instrumente ergänzt um Variablen, die sich durch den spezifischen Untersuchungskontext Theologiestudium begründen lassen, z.B. die Erfassung der Konfessionszugehörigkeit.

1.2.2 Einsicht in exemplarische Studien

Neben dieser generalisierenden Übersicht über die Studienlage sollen im Folgenden ausgewählte Studien im Detail porträtiert werden, die durch ihre regionale Ausrichtung, ihr besonderes Design oder aufgrund von zentralen Ergebnissen bedeutsam sind. Angezielt ist dabei nicht eine repräsentative Auswahl, sondern das Abstecken der Analysemöglichkeiten durch exemplarische Einzelfälle. Konkret beschrieben werden in abnehmender Chronologie die Studien

- von Christhard Lück (2012), die als erste das Themenfeld Theologiestudium sehr breit erfasst, deutschlandweit angelegt ist und auch komplexere statistische Routinen in der Auswertung verwendet;
- von Thomas Heller (2009, 2011), die neben der individuellen Religiosität von Theologiestudierenden auch die Frage nach den Prädiktoren für einen Studienerfolg in einem deutschlandweiten Zugriff untersucht;
- von Matthias Wolfes (2000), die retrospektiv auf der Grundlage erster Erfahrungen im Beruf (hier: Pfarramt) das Studium der Theologie in den Blick nimmt;
- von Theodor Köhler und Bernhard Schwaiger (1996), insofern diese einen Längsschnitt mit einer Vergleichsgruppe (Psychologie- und Jurastudierende) bietet.

Religion studieren (Lück, 2012)

Christhard Lück stellt in diesem Band die Ergebnisse der ersten bundesweiten, im Jahr 2009 durchgeführten, empirischen Untersuchung über Motive, Erwartungen, Belastungen und Ziele von Studierenden der evangelischen und katholischen Theologie vor. Die Studie wurde nach einer explorativen Vorbefragung an 16 Universitäten in Deutschland überwiegend an theologischen Instituten philosophischer Fakultäten durchgeführt. An der Befragung nahmen 1.603 Studierende teil, die den 14-seitigen Fragebogen mit 312 Items bearbeiteten. Der Bogen deckt neben soziodemographischen und studienspezifischen Charakteristika ein großes inhaltliches Spektrum ab: Studienzufriedenheit, Studienmotivation, Urteil über Studiengang und -situation, Studienerwartungen, Lernmotivation und -strategien, studien- und arbeitsbezogenes Verhalten und Erleben als Erhebung der Ressourcen, Studienbelastungen, Reformwünsche, Einschätzungen des Religionsunterrichts, Einstellungen zu Gebet und Bibel. Die Auswertung bietet neben den Mittelwerten und Standardabweichungen umfangreiche Faktoranalysen, die Einzelaspekte zu größeren Dimensionen zusammenfassen. Außerdem werden die Zusammenhänge zwischen diesen Faktoren per Korrelationsanalyse bestimmt.

Das Sample besteht zu 90 % aus Studierenden auf Lehramt, zu 80 % aus jungen Menschen im Alter zwischen 20 und 24 Jahren und zu 79 % aus weiblichen Befragten (Lück, 2012, S. 31). Die Studiensemester sind etwa gleichmäßig über die Stichprobe verteilt, bei der Konfessionszugehörigkeit weisen sich 44 % als römisch-katholisch und 49 % als evangelisch aus (ebd., S. 33). In regionaler Hinsicht kommen 29 % der Teilnehmenden aus dem Süden, 39 % aus der Mitte bzw. dem Westen der Bundesrepublik, 19 % aus dem Norden und 13 % aus dem Osten. Schließlich streben mit je 36 % der Befragten die meisten ein Lehramt an einer Grundschule oder an einem Gymnasium an (ebd., S. 35).

Insgesamt erweisen sich die Befragten als tendenziell zufrieden mit dem Theologiestudium (M = 2,41 bei schulischer Notenskala) und 92 % würden noch einmal Theologie studieren (ebd., S. 45). Als Gründe werden die Freude am Studium, die als interessant und anspruchsvoll erlebten theologischen Inhalte und die zwischenmenschlichen Beziehungen genannt (Lück, 2012, S. 63, 202–203). Ferner gaben 92 % der Befragten an, dass sie mit ihrer Entscheidung zum Theologiestudium zum jetzigen Zeitpunkt sehr sicher sind.

Ihre Studienwahl begründen die Studierenden eher selten damit, dass sie ein leichtes Studium erwarten (6 %), ihnen kein anderes Fach eingefallen ist (10 %) oder sie sich bessere Berufschancen ausrechnen (43 %). Leitend waren vor allem das Interesse für theologische Fragen (81 %), das Interesse an Theologie als Wissenschaft (71,8 %) und der Wille, Schüler*innen den christlichen Glauben näherzubringen (85 %). Es ist vor allem der eigene christliche Glaube, der die Befragten zum Studium motiviert, gefolgt vom selbst erlebten Religionsunterricht und den kirchlichen Prägungen in der Kindheit (Lück, 2012, S. 69–78). Vom Studium erwarten sich die Befragten demnach die Klärung theologischer Grundfragen (97 %), eine Erweiterung ihres Fachwissens (96 %), die Vermittlung von Unterrichtspraxis (95 %), methodische Hilfen für den Religionsunterricht (95 %), grundlegende Bibelkenntnisse (93 %), eine Einführung in die theologischen Wissenschaften (92 %), eine Klärung von Lebens- und Glaubensfragen (88 %), eine intensive Auseinandersetzung mit fremden Religionen (84 %) und die Möglichkeit, Religion auch praktisch zu erleben (83 %) (ebd., S. 82–83). Nur zwei Items werden von den Befragten mehrheitlich nicht bejaht: „die Vertiefung meiner Kirchenbindung" (39 %) und „vertiefte Kenntnisse alter Sprachen" (29 %; ebd., S. 84). Deutlich wird, dass es den Studierenden sowohl um ihr intrinsisches Interesse am Fach geht, aber auch um Persönlichkeitsbildung und Berufsvorbereitung. Frauen und Grundschulstudierende erwarten etwas häufiger die Ausbildung von unterrichtspraktischen Tätigkeiten und eine Vergewisserung und Vertiefung des persönlichen Glaubens. Studienanfänger*innen artikulieren eher pragmatisch-utilitaristische Erwartungen, katholische Studierende wünschen etwas häufiger eine kritische Auseinandersetzung mit der Kirche, evangelische Studierende etwas häufiger eine Einführung in andere Religionen und Weltanschauungen (ebd., S. 91).

Bezüglich der Lernmotivation dokumentieren Lücks Ergebnisse einerseits hohe Motivation und Arbeitsbereitschaft bei den allermeisten Studierenden. Diese wollen nach eigenen Angaben „den Stoff selbst beherrschen" (96 %) und „sich für die Verwirklichung ihrer selbst gesteckten Ziele" (94 %) anstrengen. Über drei Viertel der Befragten setzen sich bei diesem Vorhaben „selbst unter Druck", um im Studium „alles möglichst richtig zu machen" (76 %). Dazu steht im Widerspruch, dass mehr als ein Drittel angibt (37 %), im Studium nur das zu lernen, was ausdrücklich von ihnen verlangt werde, und fast ein Viertel (24 %) „ohne Druck von außen nichts" arbeitet. 17 % der Befragten versucht, sich im Theologiestudium sogar dauerhaft zu „drücken" (Lück, 2012, S. 96). Als Studienbelastungen kann die Studie vor allem die hohe Anzahl an Prüfungen und den hohen fachlichen Anspruch der Abschlussprüfungen identifizieren. Auf dem dritten Rangplatz folgen die Studiengebühren mit der Notwendigkeit, neben dem Studium Geld verdienen zu müssen (ebd., S. 110–111). Weit dahinter rangieren lehrveranstaltungs-, kirchen-, glaubens- und umfeldbezogene Belastungen im Studium. Katholische Studierende fühlen sich durch mögliche Konflikte mit der Amtskirche, durch das negative Ansehen der Kirche in der Öffentlichkeit und durch kirchliche Entscheidungen, hinter denen sie nicht stehen, erheblich stärker belastet (ebd., S. 118–119).

Bezüglich der Einschätzung des Religionsunterrichts vertreten die Befragten ein breites Spektrum an Zielsetzungen (Lück, 2012, S. 135). 67 % beurteilten den selbst erlebten Religionsunterricht als (sehr) positiv, weil er lebensnah, ermutigend, praktisch und abwechslungsreich stattfand und anspruchsvoll und wissenschaftlich war. Dieser soll auch zukünftig ihrer Ansicht nach „über Themen sprechen, die Kinder / Jugendliche wirklich etwas angehen" (98 %), Toleranz gegenüber Andersdenkenden und -gläubigen fördern (98 %), ihnen die eigene Herkunftsreligion nahebringen und Orientierung zur Identitätsfindung anbieten (ebd., S. 137–138). Weit abgeschlagen liegen performative Ziele wie „meditieren lernen" (35 %) und „die weiblichen Seiten Gottes entdecken" (38 %). Wie auch bei den Studienmotiven erhält damit eine pädagogisch-adressatenspezifische Akzentuierung des Religionsunterrichts die höchste Zustimmung, gefolgt von der Förderung von Offenheit und Toleranz und Zielen aus dem Bereich der Persönlichkeits- und Identitätsbildung (ebd., S. 140–141).

Als priorisierte Organisationsform des Religionsunterrichts wollen vier Fünftel der Befragten den konfessionellen Charakter beibehalten (81 %) (Lück, 2012, S. 146–147). Eine Verstärkung der ökumenischen und der interreligiösen Dimension wünschen sich je ca. 84 %, womit aber noch keine klare Organisationsform verbunden ist. Eigene Unterrichtserfahrungen bringen viele der befragten Studierenden schon mit ins Studium: 55 % mit gehaltenem Religionsunterricht, 24 % mit Kindergottesdienst, 10 % mit Konfirmandenunterricht, 4 % mit Kommunionsunterricht, 3 % mit Christenlehre (ebd., S. 36).

Lück bündelt seine Ergebnisse, indem er die hohe Studienzufriedenheit sowohl in fachlicher als auch in sozialer Hinsicht darstellt und Verbesserungsbedarf vor allem bei der organisatorischen Struktur des Studiums, bei Prüfungen und der Gestaltung von Lehrveranstaltungen sieht (Lück, 2012, S. 201–203). Er betont den Wunsch nach einer stärkeren Praxis und Berufsfeldorientierung; Studienmotive und Studienerwartung würden nicht nur in diesem Aspekt eng zusammenhängen (ebd., S. 205–206). Die Grundhaltung der Theologiestudierenden lässt sich nach Lück in deren Selbstverständnis als religiös und weltanschaulich tolerant beschreiben. Die Verbindung der Studierenden zu ihren jeweiligen Herkunftskirchen ist als stark zu klassifizieren, vielleicht auch deshalb sind sie mehrheitlich für die Beibehaltung des Konfessionalitätsprinzips im Religionsunterricht. Als Konsequenzen werden diese Aspekte noch einmal aufgegriffen und die Deskription in Präskription gewandelt, sodass Lück z.B. fordert, die Wissenschaftsorientierung nicht gegen die Berufsfeldorientierung auszuspielen (ebd., S. 223), die heterogene Zusammensetzung der Studierenden stärker zu berücksichtigen und interreligiöse und interkonfessionelle Kooperations- und Dialogkompetenz stärker anzubahnen (ebd., S. 229).

Wie oben erwähnt, liegt der besondere Charakter dieser Studie in ihrem umfassenden Ansatz in der Evaluation des Theologiestudiums. Christhard Lück zieht nicht nur eine über Deutschland verteilte Stichprobe, sondern erfasst auch unterschiedliche Facetten des Theologiestudiums, die er zusätzlich mit einer größeren Anzahl möglicher Bedingungsfaktoren dieses Studiums in Beziehung setzen kann. Weiterhin überzeugt diese Studie durch ihre differenzierten Erhebungsinstrumente, sodass Lück durch Faktoranalysen die latenten Variablen, die das Theologiestudium prägen, rekonstruieren kann.

Studienerfolg im Theologiestudium (Heller, 2011)

Die Monographie stellt die Ergebnisse einer fragebogengestützten, studienbegleitenden Panelstudie an 15 Hochschulorten vor. Aus zwei Erhebungswellen Ende 2007 (n = 538) und Ende 2009 (n = 405) konnten 382 Antworten gematcht werden, um die „Bedingungsfaktoren des Studienerfolgs bei Studierenden der evangelischen Theologie in den Pfarr- und Lehramtsstudiengängen" zu identifizieren und quantifizieren (Heller, 2011, S. 59). Nach Heller liegt ein Studienerfolg dann vor,

> „wenn ein Studierender ein ursprünglich begonnenes Studium weiterhin fortsetzt; wobei darüber hinaus der Grad seines Studienerfolgs zu gleichen Teilen im Blick auf die von ihm bereits erlangten Noten, im Blick auf seine Zufriedenheit mit den äußeren Bedingungen des Studiums sowie im Blick auf seine Zufriedenheit mit der individuellen Bewältigung der Studienanforderungen variiert." (Heller, 2011, S. 31)

Als Bedingungsfaktoren eines derartigen Erfolgs werden in der Studie Taufe und Kirchenzugehörigkeit, Religiosität, religiöse Sozialisation, Sprachenkenntnisse, Abiturfachnoten, Informiertheit über das Studium der evangelischen Theologie, Vorwissen und Beherrschung von zentralen Arbeitstechniken sowie familiäre und kirchengemeindliche Delegation berücksichtigt.

Thomas Heller diagnostiziert (2011, S. 139–140) eine Studienabbruchquote von 18 %. Während die Mehrheit der Pfarramtsstudierenden ihr Studium im dritten oder vierten Semester abbricht (61 %), geschieht das bei den Lehramtsstudierenden mehrheitlich im ersten oder zweiten Semester (55 %). Als Gründe für den Abbruch werden genannt, dass man einen anderen Studiengang attraktiver fand (33 % im Pfarramt [PA] und 46 % im Lehramt [LA]), dass man Schwierigkeiten beim Erlernen der alten Sprachen hatte (PA: 27 %, LA: 39 %), dass man eine neue Vorstellung vom zukünftigen Beruf entwickelt habe (PA: 43 %, LA: 20 %), dass man andere Ziele für sein Leben gefunden habe (PA: 43 %, LA: 20 %) und dass sich das Studium nicht mit der eigenen Religiosität vereinbaren lasse (PA: 20 %, LA: 27 %) (ebd., S. 150).

Weiterhin arbeitet Heller (2011, S. 250–256) verschiedene Prädiktoren für einen Studienerfolg heraus. Wie in anderen Studienfächern auch korreliert die Abiturgesamtnote mit der Wahrscheinlichkeit eines erfolgreichen Studiums. Außerdem begünstigt eine nicht-fundamentalistische Religiosität den Studienerfolg, während bei einer fundamentalistischen Ausprägung eine gegenläufige Tendenz zu beobachten ist. Besonders gewichtig als Gelingensbedingung sind die Kenntnisse der alten Sprachen: „So brachen 21,7 % derjenigen Probanden, die zu Beginn ihres Studiums noch keine entsprechende Sprachprüfung absolviert hatten, ihr begonnenes Pfarramtsstudium [...] wieder ab." (Heller, 2011, S. 253) Nur eine recht kleine Zahl der Befragten gibt „beeinträchtigende Krankheit" an; auch bei ihnen liegt der Studienabbruch signifikant höher. Keine signifikante Korrelation lässt sich dagegen zwischen Studienerfolg und der Herkunft nach Stadt/Land, der Herkunft aus den alten/neuen Bundesländern, der erfassten familiäre Situation, der Studienfinanzierung und des Bildungsabschlusses der Eltern feststellen (ebd., S. 161–172).

Heller (2011, S. 257–271) schließt aus diesen Daten, dass die Belastung durch Krankheit von Studierenden ernst zu nehmen und Nachteilsausgleichsregelungen einzuführen bzw. anzuwenden seien. Außerdem müsse die Heterogenität der Studienanfänger*innen als hochschuldidaktische Herausforderung produktiv aufgenommen werden. Diese solle zu entsprechenden Differenzierungen im Lehrangebot führen. Auch das Erlernen der alten Sprachen sei zumindest didaktisch neu zu strukturieren und in diesem Rahmen seien Verbindungen des Sprachenunterrichts zu theologischen Inhalten zu schaffen. Außerdem sollten Studienberatung und Hochschulseelsorge gestärkt werden.

Das besondere Merkmal dieser Studie ist ihr Panel-Design. Heller gelingt es, die Daten von 382 Befragten aus den beiden Erhebungswellen aufeinander zu beziehen, sodass Veränderungen auf Individualebene nachgezeichnet werden können. Gelingt es, ein solches Design auch auf andere Aspekte des Studiums als den Studienerfolg anzuwenden, eröffnen sich reichhaltige Möglichkeiten, die Effekte der verschiedenen Angebote im Studium minutiös nachzuzeichnen.

Zwischen Kirchbank und Hörsaal (Heller, 2009)

Die Kernfrage dieser Studie lautet, wie „sich das Konstrukt Religiosität [...] bei Studienanfängern der Ev. Theologie im Pfarr- bzw. Lehramtsstudium [...] erfassen und darstellen [lässt]" (Heller, 2009, S. 12). Daneben wird geprüft, ob die Religiosität der Befragten abhängig vom Geschlecht, der Herkunft aus den alten oder neuen Bundesländern, dem Studiengang (Pfarramts- oder Lehramtsstudiengang) und spezifischen Lernorten ist, sowie ob sich die Befragten religiösen Typen zuordnen lassen (ebd., S. 13–14). Um diese Fragen zu beantworten, wurden 544 Probanden aus 23 deutschen Hochschulen und Universitäten befragt, die sich sowohl im Lehr- (55 %) als auch im Pfarramtsstudium (45 %) in den ersten vier Semestern befinden, überwiegend weiblich (70 %) und zumeist zwischen 18 und 24 Jahren alt sind (ebd., S. 31–32). Die Daten sind die gleichen wie in der oben vorgestellten Panelstudie (Heller, 2011).

Theoretisch wird Religiosität verstanden als „subjektive Annahme, Verarbeitung und Darstellung, aber auch [als] subjektive Produktion der christlichen Religion in ihrer ev. Konfession" (Heller, 2009, S. 23), wobei die fünf Dimensionen Charles Glocks erkenntnisleitend waren. Entlang der rituellen Dimension wurde dabei festgestellt, dass 72 % der Befragten mindestens einmal pro Woche beten und 66 % regelmäßig den Gottesdienst besuchen, wobei männliche Studierende dies jeweils öfter tun als weibliche und Pfarramtsstudierende jeweils häufiger als Lehramtsstudierende (ebd., S. 47–50). Auf der kognitiven Dimension, die als theologisches Grundwissen operationalisiert wurde, schnitten männliche Studierende signifikant besser ab als weibliche und Befragte mit Ziel Pfarramt signifikant besser als Befragte mit Studienziel Lehramt (ebd., S. 54–55). Bzgl. der affektiven Dimension erfahren von den Befragten die Nähe Gottes 72 % beim Gebet, 68 % beim Lesen der Bibel, 55 % im Gottesdienst und 45 % beim Abendmahl (ebd., S. 57–60). Wiederum empfinden Studierende auf Pfarramt die Nähe Gottes etwas stärker als Lehramtsstudierende.

Die beiden letzten Dimensionen Glocks, die ideologische und die konsequentialistische, wurden von Heller so operationalisiert, dass diese Umsetzung der Theorie in die Praxis uns als diskussionswürdig erscheint. So versteht Heller Zustimmung zu zentralen Glaubensaussagen des Apostolicums als Ausdruck der ideologischen Dimension, wobei er eine Skala benutzt, die von „orthodox" bis „liberal" reicht. Allerdings wurden für den orthodoxen Pol häufig problematische Extrempositionen herangezogen: Z.B. gilt den Studienautoren bei der Frage nach Gott als Schöpfer eine kreationistische Position, die von einer Schöpfung in sechs Tagen ausgeht, als „orthodoxe" Auslegung (Heller, 2009, S. 67). Man kann u.E. berechtigt fragen, ob eine derartige Identifikation nicht einer fundamentalistischen Lesart von Orthodoxie Vorschub leistet. Dies gilt es bei den folgenden Ergebnissen zu beachten (ebd., S. 63–70). So stellt Heller sowohl bei der Frage nach Jesus als Sohn Gottes als auch bei der Frage nach der Historizität der Bibel eine „spiegelgleiche Aufteilung" (ebd., S. 63) in „orthodox" und „liberal" fest. Bei der Auferstehung Jesu sind „orthodoxe" Positionen in der Mehrheit (49 % vs. 20 %), bei der allgemeinen Totenauferstehung (44 % vs. 25 %) bei Gott als Schöpfer (43 % vs. 14 %) und der Autorität der Bibel (49 % vs. 8 %) hingegen eher „liberale" (ebd., S. 64–65). Männliche Probanden neigen insgesamt stärker zu einer „orthodoxen" Position.

In der konsequentialistischen Dimension wurde untersucht, inwiefern die Studierenden aus ihrer Religiosität Konsequenzen für ihr tägliches Leben ziehen. Allerdings muss auch hier kritisch angemerkt werden, ob die in der Studie benutzte Frage nach Orientierung in verschiedenen Lebensbereichen an den Geboten und Ratschlägen der Bibel wirklich zu sinnvollen Ergebnissen führt, da zunächst jeweils geklärt werden müsste, was unter den Geboten der Bibel zu verstehen und wie die Befragten selbst diese auslegen und anwenden würden. Unter diesen Voraussetzungen kommt Heller (2009, S. 72–73) zu dem Ergebnis, dass sich laut Selbstverständnis 81 % der befragten Studierenden bei der Erziehung eigener Kinder an der Bibel orientieren würden, 63 % in einem möglichen politischen Amt, 53 % im Rahmen einer eigenen Ehe und 48 % dies im Alltag tun. Erneut sind es die männlichen Studenten, die hier eine stärker an der Bibel orientierte Position einnehmen, und es geben mehr Pfarramts- als Lehramtsstudierende eine entschiedenere Orientierung an der Bibel an (ebd., S. 74–75).

Neben der Religiosität der Befragten hat Heller auch erhoben, wie stark sich die verschiedenen Lernorte des Glaubens auf die individuelle Religiosität auswirken. Dabei schreiben die Befragten der Bibel (M = 2,6) die größte Bedeutung zu, gefolgt vom „Pfarrer*in" (M = 2,8) und den Eltern (M = 2,8), dem Religionsunterricht (M = 2,9) und Gottesdiensten (M = 2,9). Im Hinblick auf Geschlechterdifferenzen werden von Männern häufiger „Bibel" und „Pfarrer*in" genannt. Pfarramtsstudierende bewerten den Großbereich Gemeinde deutlich positiver. Mit Blick auf die neuen Bundesländer sind dort bei der religiösen Sozialisation v.a. diejenigen Lernorte weniger zentral, die von der staatlichen Religionspolitik der DDR beeinträchtigt waren (Heller, 2009, S. 41–44).

In der Zusammenschau des Datenmaterials wurden fünf religiöse Typen unter den befragten Studierenden herausgearbeitet (Heller, 2009, S. 82–84). Dabei rekonstruiert Heller zwei ‚orthodoxe' Typen, zwei ‚in Glaubensfragen unentschiedene' und einen ‚liberalen'. Der ‚liberale Typ' ist rituell kaum aktiv, verfügt über eher geringes Wissen über die eigene Religion und findet sich hauptsächlich unter Lehramtsstudierenden und Frauen. Die beiden ‚orthodoxen Typen' sind dagegen rituell sehr aktiv. Sie unterscheiden sich dahingehend, wie viel die Befragten über ihre eigene Religion wissen. Verfügt eine orthodoxe Person über hohes Wissen über die eigene Religion, handelt es sich mit hoher Wahrscheinlichkeit um einen Studierenden auf Pfarramt. Liegt dagegen nur wenig Wissen über die eigene Religion vor, stammt die betreffende Person eher aus der Gruppe der Lehramtsstudierenden oder/und der Frauen. Schließlich rekonstruiert Heller noch zwei ‚in Glaubensfragen unentschiedene‘ Typen, die die Mittelposition zwischen orthodox und liberal einnehmen. Beide Typen erweisen sich als rituell sehr aktiv, wiederum macht das Wissen über die eigene Religion den Unterschied aus. Diejenigen ‚Unentschiedenen‘, die mehr über ihre eigene Religion wissen, sind in der Regel – wie bereits bei den orthodoxen – Studierende auf Pfarramt, während sich ‚Unentschiedene‘, die eher wenig über die eigene Religion wissen, stärker unter den weiblichen Befragten finden.

Abschließend resümiert Heller (2009, S. 86), dass die größten Unterschiede im Sample durch den Studiengang bedingt sind, denn Studierende im Pfarramtsstudiengang beten häufiger, gehen häufiger zum Gottesdienst, erfahren stärker die Nähe Gottes, verfügen über größeres Wissen und orientieren sich in ihrem Leben stärker an der Bibel als Studierende der Lehramtsstudiengänge. Daraus leitet Heller (2009, S. 86–87) die These ab, dass die Kirche offensichtlich nur bedingt als attraktives Arbeitsfeld für Menschen mit geringer ausgeprägter Religiosität gesehen wird und im Gegensatz Schule solche Menschen eher anzieht. Beides könnte zu jeweils spezifischen Problemen führen, im Pfarramt etwa zu einer binnenkirchlichen Selbstreferenzialität und im Lehramt zu Religionslehrkräften ohne eigenen Bezug zum Thema Glauben/Religion.

Mit dieser Studie legt Heller also eine Typologie für Studierende im Theologiestudium vor. Man kann allerdings kritisch hinterfragen, ob die Teilnahme an ritueller Praxis und das Wissen über die eigene Religion geeignete Dimensionen einer solchen Typologie sind. Gleichzeitig bleibt aber festzuhalten, dass sich die Menschen, die Theologie studieren, systematisch unterscheiden und diese Unterschiede rekonstruiert werden können. Hier weist die Studie Hellers in eine weiterführende Richtung für zukünftige Untersuchungen. Welche Definitoren dann zum Einsatz kommen, wird von der konkreten Fragestellung abhängen.

Theologiestudium und Pfarramt (Wolfes, 2000)

Angesichts der Situation des gesellschaftlichen Umbruchs nach der Wende von 1989, von dem die Kirche in Berlin-Brandenburg in erheblichem Maße betroffen war, befragte Matthias Wolfes alle Pfarrer*innen dieser Landeskirche, deren Diensteintritt noch nicht länger als fünf Jahre zurücklag, wie sie sich in den ersten Amtsjahren durch Studium und Vikariat auf die schwierigen Anforderungen der Berufspraxis vorbereitet fühlten. Für die Befragung wurden 232 Personen angeschrieben (Wolfes, 2000, S. 17, 177). 86 Personen füllten einen Fragebogen aus, der Rücklauf lag bei 37 % (ebd., S. 121, 180).

Inhaltlich geht es der Studie „um eine Näherbestimmung von Funktion und Leistungskraft der universitären Theologie im Blick auf das pastorale Selbstverständnis evangelischer Pfarrerinnen und Pfarrer" (Wolfes, 2000, S. 16). Dieses Erkenntnisinteresse wurde in die folgenden Befragungsbereiche operationalisiert, wobei stets eine fünfstufige Antwortskala zur Verfügung stand: Studienerwartung und Studiengestaltung (im Rückblick aus der Praxis); Übergangserfahrung und Selbstwahrnehmung im Pfarramt, sowie die persönliche Entwicklung und religiöse Sozialisation.

Demnach haben sowohl die eigenen Eltern (Väter: 58 %, Mütter: 45 %) als auch Pfarrer*innen (59 %) die Religiosität der Befragten in besonderer Weise geprägt. Die Großeltern spielten für die religiöse Sozialisation der Befragten eine deutlich geringere Rolle (29 %; Wolfes, 2000, S. 69). Das Studium der Theologie nahmen die Befragten in der Folge vor allem wegen einzelner, persönlicher Erfahrungen auf, gefolgt vom fachlichen Interesse an der Theologie und dem Wunsch, Pfarrer*in zu werden (ebd., S. 74). Unter den Erwartungen an das Studium dominiert das wissenschaftliche Interesse (61 %), dicht gefolgt von dem Wunsch nach einer „Vorbereitung aufs Pfarramt" (58 %). Eine Klärung von Glaubensfragen wurde von 42 % der Befragten genannt. Die Erwartungen vor allem an den wissenschaftlichen Charakter des Studiums sehen 84 % der befragten Personen erfüllt. Dagegen erlebten sich 72 % als schlecht auf das Pfarramt vorbereitet (ebd., S. 78–79). Weiterhin wird im Vikariat von 51 % kritisiert, dass die theologische Reflexion der Erfahrungen zu gering sei; nur 53 % fühlen sich durch dieses Vikariat in ihrer Berufsentscheidung unterstützt (ebd., S. 87). 86 % fordern eine Erweiterung des humanwissenschaftlichen Ausbildungsangebots. Abschließend stimmen mehr als die Hälfte der Befragten der Aussage nicht zu, dass das Studium die „angemessene Vorbereitung auf die Aufgaben des Pfarramtes" sei. Nur 16 % sind der Ansicht, dass diese Aussage zutreffe (ebd., S. 91). In der Summe kritisiert der Befund die Praxisferne des Studiums, die auch durch die zweite Ausbildungsphase nicht kompensiert werden konnte (Wolfes, 2000, S. 50–69). Die Theologie, die laut Auskunft der Befragten gerne studiert wird, wird in der Praxis der pfarramtlichen Wirklichkeit als wenig brauchbar erfahren.

Innerhalb des Portfolios vorliegender Studien zum Theologiestudium liegt das Alleinstellungsmerkmal dieser Studie in ihrem retrospektiven Blick. Durch die Befragung von Pfarrer*innen in der alltäglichen Praxis wird das Studium unter den Prämissen dieser Praxis evaluiert. Dadurch gelingt es, die Eigengesetzlichkeiten dieses Studiums zu unterlaufen und an den Bedingungen des späteren Praxisfeldes zu messen. Eine solche Studie wäre auch für das Lehramtsstudium gewinnbringend. Einschränkend sollte jedoch bedacht werden, dass der Rücklauf mit 37 % recht niedrig ausfällt. Es könnte vermutet werden, dass vor allem diejenigen geantwortet haben, die im Studium etwas vermissen. Trifft diese Vermutung zu, würden die vorliegenden Befunde die Defizite des Theologiestudiums hinsichtlich der späteren Praxis des Pfarramtes überzeichnen.

Wer studiert heute Theologie? (Köhler & Schwaiger, 1996)

Diese Längsschnittstudie geht der Frage nach, was die „sich häufende[n] Studienverzögerungen und [...] [die] relativ hohe Zahl von Studienabbrüchen" (Köhler & Schwaiger, 1996, S. 13) verursachen könnte. Dazu wurden von 1980 bis 1989 alle erstsemestrigen Theolog*innen an der Katholisch-Theologischen Fakultät der Universität Salzburg – sowohl Priesteramtskandidaten als auch Laientheolog*innen – befragt, einmal im ersten Semester (n_{t1} = 629) und als Wiederholung im vierten Semester (n_{t2} = 225). Damit haben 63 % derjenigen, die im ersten Semester den Fragebogen ausgefüllt haben, diesen auch im vierten Semester ausgefüllt. Als Vergleichsgruppe dienten jeweils erst- bzw. viertsemestrige Psychologie- bzw. Jura-Studierende (n_{t1} =237, n_{t2} = 301) in den Jahren 1987–1989.

Im Fragebogen erheben Köhler und Schwaiger (1996, S. 194–210) die soziale Herkunft, das Geschlecht, die Art des Studiums, den selbst besuchten Schultyp, die Wohnorte während der Schulzeit u.a. Außerdem fragten die Autoren die Studienmotive ab, und zwar bei den Befragten im ersten Semester über ein offenes Antwortformat und bei denjenigen im vierten Semester über eine vorgelegte Liste möglicher Motive. Schließlich erhoben die Autoren Schlüsselkonzepte zu den Begriffen Glaube, Gott, Kirche, Theologie und Wissenschaft, die in der Vergleichsgruppe durch entsprechende Schlüsselbegriffe aus dem jeweiligen Studienfach ersetzt wurden.

Als zentrale Ergebnisse kann man festhalten, dass die Nennung der Studienmotive bei den Erst- und den Viertsemesterstudierenden in Bezug auf die Hauptmotive fast gleich ausfällt (Köhler & Schwaiger, 1996, S. 173). Lediglich die Bedeutung des Items „Theologie als Wissenschaft" nimmt im Verlauf des Studiums ab, was die beiden Autoren so interpretieren, dass Studierende mit der Zeit „offenbar eine gewisse realistische Distanz" (ebd., S. 168) zum Studium gewinnen. Im Vergleich zu den Psychologie- bzw. Jura-Studierenden hören die Befragten der Theologie offenbar signifikant stärker auf Dritte (Elternhaus, Religionslehrer, Priester) (ebd., S. 9, 169). Ferner finden sich Unterschiede zwischen Priesteramtskandidaten und Laientheolog*innen. Letztere wählten das Studium häufiger aus einem „Wunsch nach Klärung von Fragen der Lebens- und Glaubensorientierung für sich und andere" bzw. aus „Interesse an der Theologie als Wissenschaft" und dem „Wunsch nach Glaubensvollzug im und durch das Studium" (ebd., S. 132). Diese auf das Studium bezogenen Motive stehen bei den Priesteramtsstudenten deutlich hinter dem Ziel zurück, Priester werden zu wollen. Bei allen befragten Studierendengruppen (Theologie, Jura und Psychologie) spielen Zufalls- und Verlegenheitsgesichtspunkte keine Rolle (ebd., S. 123). Jura- und Psychologiestudierende erhoffen sich durch das Studium Vorteile in sozialer oder finanzieller Hinsicht; dies wurde bei den Theologiestudierenden als letzte Stelle der Motivbereiche genannt (ebd., S. 125).

> Die Auswertung der Eindrucksdifferentiale zu Schlüsselkonzepten ergibt, dass die Konzepte „Glaube" und „Gott" bei Theologiestudierenden positivere Assoziationen

hervorrufen als bei Jura- bzw. Psychologie-Studierenden (Köhler & Schwaiger, 1996, S. 172). Die Gruppe der Nicht-Theologiestudierenden reagiert auf das Konzept „Kirche" beinahe nur mit negativen Assoziationen. Beides konnte so erwartet werden. Hinsichtlich der Assoziationen zu dem Konzept „Wissenschaft" zeigen sie allerdings größere Übereinstimmungen. Der Wunsch nach Klärung von Fragen der Lebensorientierung hat bei Psychologie- und bei Theologie-Studierenden etwa dieselbe Bedeutung, wobei dieser Wunsch bei Laientheolog*innen deutlicher betont wird als bei Priesteramtsstudenten.

Per Pfadanalyse verdeutlichen Köhler & Schwaiger (1996, S. 175), dass das zentrale Motiv „Interesse an der Wissenschaft" nicht mit anderen Motiven oder mit Anregung von Dritten verbunden wird. Zum Konzept „Wissenschaft" finden sich bei den Befragten außerdem sowohl extrem positive wie auch extrem negative Assoziationen. Insgesamt meinen die Autoren beim Antwortverhalten der Befragten gerade in Bezug auf die Studienbeweggründe eine „Tendenz zu stereotyp-abstrakten Antworten" feststellen zu können (ebd., S. 174), gerade auch deshalb, weil es „keine Unterschiede zwischen den einzelnen Befragungsjahrgängen" gebe (ebd.).

Köhler und Schwaiger legen nicht nur einen Längsschnitt durch verschiedene Studienkohorten, sondern ziehen auch eine Vergleichsgruppe, die es ermöglicht, die theologiespezifischen Befunde an der Realität anderer Studiengänge zu messen. Mit diesem komplexen Design zeigten sie schon früh, was in der Erforschung der Wahrnehmung des Theologiestudiums möglich ist. Möglicherweise ist der Preis dieses anspruchsvollen Designs, dass Köhler und Schwaiger ihre Daten nur in Salzburg erheben konnten, was die Bedeutung derselben stark relativiert. Vielleicht ist das auch der Grund, warum ein derart komplexes Design seitdem kaum wieder realisiert wurde. Hier liegt sicher ein Desiderat für zukünftige Forschung.

1.3   Zur Situation des Religionsunterrichts

In den Befragungen zum Studium der Theologie werden immer wieder auch die Vorstellungen der Studierenden zum Religionsunterricht erhoben (z.B. Riegel & Mendl, 2013; Cramer, 2013; Barz, 2013; Lück, 2012; Albrecht et al., 2008; Gramzow, 2008; Feige et al., 2007). In der Regel sind Lehramtsstudierende ein wesentlicher Bestandteil der Zielgruppe, und es wird angenommen, dass die Vorstellung vom späteren Berufsfeld auch die Wahrnehmung des Studiums prägt.

Der Religionsunterricht selbst findet sich gegenwärtig in einer ambivalenten Lage wieder. Auf der einen Seite ist er als einziges Fach grundgesetzlich abgesichert. Außerdem wird er gemäß Art. 7 Satz 3 GG „in Übereinstimmung mit den Grundsätzen der Religionsgemeinschaften" erteilt, was laut aktueller Rechtsprechung seine konfessionelle Gestalt gewährleistet (Meckel, 2011). Auf der anderen Seite ist es in vielen Regionen Deutschlands schwierig, konfessionell homogene Lerngruppen im Fach Religion zu organisieren, was dazu führt, dass Religionsunterricht oftmals in der Klassengemeinschaft unterrichtet wird (Riegel & Zimmermann, 2021, S. 12; Kießling et al., 2018; Hütte et al., 2003). Außerdem wird dieses Fach in seiner konfessionellen Gestalt öffentlich hinterfragt. Bezeichnenderweise richtet sich diese Diskussion weniger gegen die Existenz von Religion im schulischen Fächerkanon, sondern stärker gegen dessen konfessionellen Charakter (Schlag, 2016). In der Regel wird gefordert, dass die verschiedenen Konfessionen und Religionen in einem gemeinsamen Unterricht den interreligiösen Dialog und den Respekt gegenüber anderen religiösen Überzeugungen einüben sollen.

In den einzelnen Bundesländern wird unterschiedlich auf diese Diskussion reagiert. In Bayern oder Sachsen ist z.B. ausschließlich der konfessionelle Religionsunterricht in seiner herkömmlichen Gestalt erlaubt. In Baden-Württemberg und Nordrhein-Westfalen kann der Religionsunterricht auf Antrag auch konfessionell-kooperativ angeboten werden, was bedeutet, dass evangelische und katholische Schüler*innen gemeinsam eine Lerngruppe bilden, die im Wechsel von einer evangelischen und einer katholischen Lehrperson unterrichtet wird (Platzbecker, 2018). In Hamburg wird mit dem „Religionsunterricht für alle 2.0" ebenfalls ein kooperatives Fach angeboten, das sich jedoch nicht nur auf christliche Konfessionen bezieht, sondern auch andere Religionsgemeinschaften integriert und auch z.B. islamische Religionslehrkräfte für alle akzeptiert (Bauer, 2019). Niedersachsen ist gerade dabei, einen christlichen Religionsunterricht einzuführen, bei dem evangelische und katholische Schüler*innen eine Lerngruppe bilden und von einer christlichen Lehrkraft unterrichtet werden, wobei deren Konfessionszugehörigkeit keine Rolle spielt. In Brandenburg schließlich ist der konfessionelle Religionsunterricht Teil einer Fachgruppe, zu der auch ein religionskundliches Fach als gleichwertige Alternative gehört.

Auch in religionspädagogischen Diskussionen finden sich unterschiedliche Positionen. Zum einen Teil wird am herkömmlichen konfessionellen Modell festgehalten, es aber unter den Prämissen der aktuellen Lage von Religion reformuliert (z.B. Kropač, 2018). Von anderen wird das Modell der konfessionellen Kooperation strukturell und didaktisch ausgeschärft (z.B. Woppowa, 2017). Wieder andere überlegen, wie ein multiperspektivischer Religionsunterricht didaktisch grundgelegt werden könnte (z.B. Bauer, 2019). Außerdem wird ein „positionell-religionspluraler" (Schambeck, 2020) bzw. „religions-kooperativer" Religionsunterricht (Riegel, 2017) vorgeschlagen. Und natürlich gibt es auch eine Reflexion religionskundlicher Zugänge zum Fach (Kenngott, 2021). Sucht man nach Dimensionen, entlang derer man diese Diskussion bilanzieren kann, legen sich u.a. die Bildungsziele, die Positionalität der Lehrperson und die Organisationsform des Fachs nahe. Bei den Bildungszielen unterscheiden sich die verschiedenen Positionen vor allem im Umgang mit dem existenziellen Gehalt religiöser

Überzeugungen. Analog dazu wird auch die Frage, wie „authentisch" eine Lehrkraft ihre eigenen religiösen Überzeugungen ins Unterrichtsgeschehen einspielen darf bzw. soll, kontrovers diskutiert. Dass die religionspädagogisch diskutierten Modelle auch unterschiedliche organisatorische Konstellationen von Religionsunterricht mit sich bringen, liegt auf der Hand.

In vorliegenden Umfragen werden diese Dimensionen durchaus kontrovers beurteilt. So sind sich Lehrpersonen zwar darin einig, dass der Religionsunterricht der persönlichen Entwicklung der Kinder und Jugendlichen dienen und deren negative Religionsfreiheit achten soll. Auch weisen diejenigen Bildungsziele, die einen engen Bezug zu den Kirchen aufweisen, in der Regel niedrige Mittelwerte auf. Die Varianz bei diesen Items zeigt aber, dass es hier durchaus ein breites Spektrum an Präferenzen gibt (z.B. Riegel & Zimmermann, 2021a für Schulleitungen; Riegel & Zimmermann, 2021b für Eltern; Riegel & Zimmermann, 2021c für Religionslehrkräfte; Rothgangel et al., 2017, S. 36–49; Feige & Tzscheetzsch, 2005, S. 23–33). Auch bei der Frage nach der Positionalität von Religionslehrkräften herrscht Einigkeit, dass nicht weltanschaulich übergriffig agiert werden darf. Aber auch hier bekommen performative Zugänge zum Religionsunterricht die Zustimmung von einem Teil der Befragten (z.B. Riegel & Zimmermann, 2021c, S. 12; Feige & Tzscheetzsch, 2005, S. 79–82). Hinsichtlich der Organisationsformen von Religionsunterricht finden sich ebenso Stimmen, die am herkömmlichen Modell festhalten wollen, wie Stimmen, die konfessionell-kooperativen oder sogar interreligiösen Unterricht bevorzugen (z.B. Riegel & Zimmermann, 2021b für Eltern; Riegel & Zimmermann, 2021c für Religionslehrkräfte; Rothgangel et al., 2017, S. 81–88; Feige & Tzscheetzsch, 2005, S. 54–62). Zusammenfassend kann also festgehalten werden, dass der Religionsunterricht nicht nur gesellschaftlich und religionspädagogisch kontrovers diskutiert wird, sondern sich auch unter denjenigen, die ihn erteilen, unterschiedliche Perspektiven auf dieses Fach finden lassen.

1.4   Fazit und Forschungsfrage

Theologie lässt sich heute in verschiedenen Konstellationen in praktisch allen Regionen Deutschlands studieren. Man kann sowohl ein theologisches Vollstudium belegen, das mit dem Magister Theologiae abschließt und für den kirchlichen Dienst qualifiziert, oder aber ein Lehramtsstudium, in dem die Theologie eine von mehreren Fachrichtungen darstellt, deren Intensität im Studium durch die angestrebte Schulform bedingt ist. In beiden Fällen besucht man eine Fakultät oder ein Institut an einer staatlichen Universität bzw. Pädagogischen Hochschule, kann aber auch eine entsprechende Institution in kirchlicher Trägerschaft wählen, sofern diese einen entsprechenden Studiengang anbietet. In beiden Fällen wird Theologie als Wissenschaft im modernen Sinn angeboten, d.h. das Fach weiß sich den Kriterien moderner Wissenschaft verpflichtet.

Wer einen praktischeren Zugang zum Fach sucht, kann sich zwischen vielfältigen Angeboten entscheiden, die von den Fachhochschulen bzw. Hochschulen für angewandte Wissenschaften zur Verfügung gestellt werden. Auch wenn das Gros dieser Studiengänge auf eine Arbeit im gemeindlichen oder sozialen Bereich vorbereitet, finden sich auch Kurse, die eine theologische Perspektive in die politische oder wirtschaftliche Arena einzeichnen. In vielen Fällen befinden sich die entsprechenden Hochschulen in kirchlicher bzw. freikirchlicher Trägerschaft, was insbesondere im zweiten Fall gewisse Anforderungen an die Spiritualität der Studierenden mit sich bringt. Auf jeden Fall wird in diesen Einrichtungen Theologie unter dezidiert praktischer Perspektive gelehrt und studiert.

Gleichzeitig erscheinen vielen Zeitgenoss*innen ein Studium der Theologie unter modernen Perspektiven als aus der Zeit gefallen. Denn die Prämisse, dass es Gott gibt, stellt eine starke epistemische Vorannahme dar, die besonderer Begründung bedarf (Taylor, 2007). Man könnte also vermuten, dass es ein besonderer Typ Mensch ist, der sich heute für ein Studium der Theologie entscheidet. Gleichzeitig kann vermutet werden, dass sich diejenigen, die sich für dieses Studium entscheiden, gegenüber ihrem sozialen Umfeld für diese Wahl rechtfertigen müssen. Unabhängig von diesen durch das kulturelle Umfeld motivierten Fragen stehen immer auch solche im Raum, wie diejenigen, die sich für ein Studium der Theologie entschieden haben, dieses Studium selbst erleben.

Die vorliegenden Studien deuten an, dass die jeweils Befragten in der Summe weitgehend zufrieden mit dem Studienangebot waren und der eigene Glaube eine zentrale Rolle für die Studienwahl gespielt hat. Letzteres scheint jedoch auch vom Studiengang abhängig zu sein, insofern einige Studien darauf hinweisen, dass die individuelle Religiosität derjenigen, die ein theologisches Vollstudium belegen, etwas stärker ausgeprägt ist als diejenige derer, die Theologie auf Lehramt studieren. Diese stark vereinfachte Bilanz beruht jedoch auf Studien, die in der Regel regional angelegt waren und unterschiedliche Instrumente zur Erhebung eingesetzt haben. Außerdem sind sämtliche Lehramt und Pfarramt integrierenden Studien mit Ausnahme derjenigen Norbert Briedens (2018) bereits mehr als zehn Jahre alt. Es liegt also nahe, die Wahrnehmung des Theologiestudiums inklusive möglicher Bedingungsfaktoren dieses Erlebens neu zu erheben. Die entsprechende Forschungsfrage lautet:

Wie erleben Studierende der evangelischen und der katholischen Theologie ihr Studium und welche Prädiktoren bedingen dieses Erleben?

Weiterhin kann festgehalten werden, dass einige der vorliegenden Studien zum Theologiestudium auch die Präkonzepte der Befragten zu verschiedenen Aspekten des Religionsunterrichts miterfasst haben. Diese Weitung des Fragehorizonts verdankt sich der Einsicht, dass das Erleben des Studiums insbesondere

durch den Zweck bedingt sein könnte, weswegen es aufgenommen wurde. Insofern das Gros der heutigen Theologiestudierenden einen Lehramtsstudiengang
belegen, gehören deren Präkonzepte über den Religionsunterricht zu den wesentlichen Prädiktoren des Studienerlebens. Aber auch für diejenigen, die den
kirchlichen Dienst anstreben, gehört ein gewisses Deputat an Religionsunterricht zu ihren Dienstaufgaben.

Die besondere Rolle des Religionsunterrichts unter den Prädiktoren des Studienerlebens gewinnt dadurch an Brisanz, dass dieses Fach und seine Zukunft im
schulischen Fächerkanon gegenwärtig wieder neu diskutiert werden (Bauer,
2019; Riegel, 2018; Schambeck, 2013). Diskussionswürdig erscheinen nicht nur
die Bildungsziele, die dieses Fach anstreben soll, sondern auch dessen organisatorische Form oder die Rolle der Lehrkraft, die im öffentlichen Raum der weltanschaulich neutralen Schule gegenwärtig ein Fach mit konfessionellem Zu-
schnitt vertritt. Wegen dieser möglicherweise besonderen Bedeutung des Religionsunterrichts für das Erleben des Theologiestudiums verfolgt die vorliegende
Untersuchung eine zweite Forschungsfrage, die lautet:

Welche Vorstellung haben Studierende der Theologie vom Religionsunterricht?

2.   Methode und Stichprobe

In diesem Kapitel werden die Methode und die Stichprobe der Untersuchung zum Erleben des Theologiestudiums und den Präkonzepten zum Religionsunterricht beschrieben. Dazu wird zuerst das Design der Untersuchung vorgestellt, dann werden die Konstruktion des Fragebogens nachgezeichnet, die Datenerhebung beschrieben, über die Analyse der Daten aufgeklärt und die Stichprobe dargestellt.

2.1   Design der Untersuchung

Mit der vorliegenden Erhebung soll ein aktueller Einblick gegeben werden, wie Studierende der evangelischen und der katholischen Theologie ihr Studium erleben und welche Vorstellung sie vom Religionsunterricht haben. Zu beiden Fragekomplexen liegen mittlerweile hinreichend viele religionsdidaktische Untersuchungen vor (vgl. Kap. 1), sodass nicht mehr von einem Forschungsfeld gesprochen werden kann, zu dem es nur wenige und rudimentäre Informationen gibt. Außerdem verfügen Forschende zu beiden Fragekomplexen mittlerweile über Instrumente bzw. Itempools, die in mehreren Umfragen erfolgreich verwendet wurden. Beide Voraussetzungen legen ein quantitatives Erhebungsdesign im Modus einer Fragebogenerhebung nahe (Tausendpfund, 2018, S. 17–26).

Mit der Evaluation des Studiums und dem Ideal des Religionsunterrichts legt das Erkenntnisinteresse der Erhebung die beiden abhängigen Variablen fest (vgl. Abb. 1). Beide stehen, für sich genommen, in keinem sächlichen Zusammenhang, sodass sie jeweils unabhängig voneinander konzeptualisiert werden können. In den vorliegenden Befragungen zum Studium der evangelischen und/oder katholischen Theologie spielen die Studienmotive und die Erwartungen ans Studium eine zentrale Rolle (vgl. Abb. 1). Insofern beide Perspektiven die Ausgangsbedingungen eines solchen Studiums definieren, werden sie auch in die vorliegende Erhebung übernommen. Die Studienzufriedenheit stellt dagegen einen klassischen Indikator dar, wie gut sich die Studierenden in ihrem Studiengang aufgehoben fühlen und wie sehr ihre an diesen Studiengang gestellten Erwartungen erfüllt werden (vgl. Abb. 1). Neben diesem Globalindikator fragt die vorliegende Untersuchung auch nach zwei spezifischen Indikatoren der Studiengangevaluation. So wird das subjektive Empfinden der Arbeitsbelastung im Theologiestudium erfragt (vgl. Abb. 1). Spätestens mit der Einführung der Bachelor- und Masterstudiengänge liegt mit dem Workload ein formales Maß für diese Arbeitsbelastung vor. Allerdings zeigt die alltägliche Erfahrung, dass die Anforderungen an diesen Workload in verschiedenen Studiengängen unterschiedlich kalkuliert werden bzw. die Verbindlichkeit zur Erbringung dieses Workloads von Studiengang zu Studiengang variiert. Während z.B. in der Mathematik verpflichtend abzugebende Übungsblätter einen alltäglichen Arbeitsdruck erzeugen, scheint die Theologie ein stärkeres Gewicht auf das eigenverantwortliche Studium ihrer Inhalte zu legen. Der Indikator der empfundenen Arbeitsbelastung zeigt an, wie stark die Studierenden die Intensität ihres Theologiestudiums erleben. Außerdem erhebt diese Untersuchung den Grad der Sicherheit, mit der Theologie das richtige Studium bzw. Studienfach gewählt zu haben (vgl. Abb. 1). Die meisten der erfassten Studiengänge bieten mit dem Lehramt oder mit einem kirchlichen Arbeitsverhältnis eine relativ klare Berufsperspektive. Gleichzeitig erachten viele Schüler*innen vor allem in weiterführenden Schulen das Fach Religion als wenig attraktiv (Bucher, 2001), und im konfessionellen Setting dieses Fachs, in das es in den meisten Bundesländern Deutschlands eingebunden ist, ist die Erlaubnis, Religion zu erteilen, an klare Erwartungen an die unterrichtliche Performance und die alltägliche Lebensführung geknüpft (Verburg, 2018). Studierende, die ein kirchliches Arbeitsfeld anstreben, haben dagegen mit organisatorischen Krisen im Lauf des steten Mitgliederschwunds beider Kirchen (Gutmann & Peters, 2020a) und evtl. mit spirituellen Krisen aufgrund der kontroversen Diskussion um die zukünftige Ausrichtung des Christentums zu kämpfen. In beiden Fällen gibt es also gute Gründe, warum die Studierenden die Wahl ihres Studiengangs im Verlauf des Studiums hinterfragen könnten. Der Indikator zur Sicherheit der Studiengangwahl erfasst diese Facette des Theologiestudiums. Schließlich runden Fragen zu Verbesserungsvorschlägen im Theologiestudium den Fragekomplex zur Evaluation des Studiums ab (vgl. Abb. 1). Auch sie gehören zum klassischen Arsenal von Studiengangbefragungen.

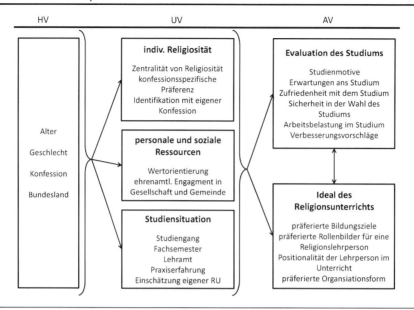

Auch der Komplex zum Ideal des Religionsunterrichts kann auf Frageperspektiven zurückgreifen, die sich mittlerweile in der einschlägigen religionsdidaktischen Forschung etabliert haben. Dazu gehören die *präferierten Bildungsziele* und *Organisationsformen* des Religionsunterrichts (vgl. Abb. 1). Die vorfindlichen Zielsetzungen für den Religionsunterricht werden oft entlang der beiden Schlagworte „religiöse Orientierung gewinnen" und „in religiöser Hinsicht pluralitätsfähig werden" formuliert (Die Deutschen Bischöfe, 2016b; Rat der evangelischen Kirche in Deutschland, 2014). Es geht dem Religionsunterricht demnach darum, dass die Schüler*innen Religion und Religionen in ihrem Alltag erkennen, ihren eigenen Standpunkt finden, insbesondere gegenüber der Konfession, der sie selbst angehören, und respektvoll mit der Vielzahl religiöser Bekenntnisse umgehen. Wie diese Grundorientierung des Religionsunterrichts jedoch im Detail umgesetzt werden soll, ist eine offene und immer wieder neu zu verhandelnde Frage. Die Perspektive der präferierten Bildungsziele für den Religionsunterricht greift diese auf. Gleichzeitig ist zwar das Gros des vorfindlichen Religionsunterrichts in Deutschland konfessionell organisiert (Kropač, 2021), die Frage nach der Zukunft dieses Modells ist aber virulent (Riegel, 2018; Gärtner, 2015). Bereits seit längerer Zeit wird diese Frage in einschlägigen Untersuchungen deshalb aufgegriffen. So auch in der vorliegenden.

Neben diesen beiden klassischen Fragekomplexen religionsdidaktischer Forschung runden zwei weitere den Komplex zum idealen Religionsunterricht ab. Zum einen wirft das konfessionelle Setting des Religionsunterrichts die Frage nach dem Rollenverständnis der Lehrperson auf. Die religionsdidaktische Diskussion kennt in dieser Hinsicht verschiedene Bilder und Metaphern, was eine Religionslehrkraft auszeichnen könnte bzw. sollte (Heger, 2021). Deshalb wird den Studierenden auch eine Frage zum Rollenverständnis der Religionslehrkraft vorgelegt (vgl. Abb. 1). Zum anderen wird im konfessionellen Religionsunterricht von der Lehrperson erwartet, dass sie Position bezieht und das eigene Bekenntnis zu erkennen gibt. Das scheint heute keine triviale Anforderung mehr zu sein (Englert et al., 2014). Deshalb wird auch nach der subjektiven Einschätzung der Positionalität von Religionslehrpersonen im Unterricht durch die Studierenden gefragt (vgl. Abb. 1). Dazu liegen vergleichende Antworten von Schulleitungen, Lehrkräften und Eltern vor (Riegel & Zimmermann, 2021a für Schulleitungen; Riegel & Zimmermann, 2021b für Eltern; Riegel & Zimmermann, 2021c für Religionslehrkräfte).

Es liegt auf der Hand, dass sowohl die Evaluation des Studiums als auch das Ideal des Religionsunterrichts durch weitere Faktoren bedingt sind. Die Natur der Fragebogenerhebung legt es nahe, nach Faktoren zu fragen, die mit der Person der Antwortenden verbunden sind. In der vorliegenden Erhebung werden drei solche Faktorenbündel berücksichtigt. Erstens wird erwartet, dass die Religiosität der Studierenden ihren Blick auf das Studium und den Religionsunterricht bis zu einem gewissen Grad bedingt (vgl. Abb. 1). Aus religionssoziologischer Forschung ist bekannt, dass es in einem modernen Umfeld westlicher Prägung weniger auf die formale Zugehörigkeit als auf die innere Einstellung ankommt, wenn es um die Wirkung von Religion im Alltag geht (Pollack & Rosta, 2017). Die vorliegende Untersuchung setzt deshalb auf drei Indikatoren der inneren religiösen Einstellung, nämlich die Zentralität von Religion, die konfessionsspezifische Präferenz und die Identifikation mit der eigenen Konfession. Die Zentralität von Religion ist ein mittlerweile religionssoziologisch hinreichend etablierter allgemeiner Indikator für die alltägliche Bedeutung von Religion (Huber, 2003). Die beiden weiteren Indikatoren spezifizieren dieses allgemeine Maß auf die evangelischen und römisch-katholischen Lesarten des Christentums. Bei der konfessionsspezifischen Präferenz geht es dabei um die individuelle Bedeutung von Glaubensaussagen, die entweder für den evangelischen oder den römisch-katholischen Zugriff auf das Evangelium Jesu Christi typisch sind. Sie stellt damit ein Maß für die kognitive Übereinstimmung mit der jeweiligen konfessionellen Tradition dar. Die Identifikation mit der eigenen Konfession fragt dagegen nach der Wichtigkeit der Tatsache, dass man evangelisch bzw. katholisch ist. Die Identifikation repräsentiert damit ein affektives Maß.

Neben der individuellen Religiosität werden auch säkulare individuelle Ressourcen erfasst (vgl. Abb. 1). Da der Umfang des Fragebogens enge Grenzen setzt, wurde auf zwei klassische Indikatoren dieser Ressourcen zurückgegriffen. Zum einen wird die Wertorientierung der Studierenden erfasst, denn diese stellen in einer säkularen Gesellschaft das funktionale Äquivalent zur religiösen Orientierung dar. Die Wertorientierung gilt dabei gemeinhin als personale Ressource.

Zum anderen werden auch soziale Ressourcen erfasst, wobei darunter in der Regel die Einbettung ins soziale Umfeld verstanden wird. In diesem Sinn wird in der vorliegenden Erhebung das ehrenamtliche Engagement der Studierenden erhoben, und zwar sowohl in gesellschaftlicher als auch kirchlicher Hinsicht.

Schließlich rundet die Studiensituation den Komplex unabhängiger Variablen ab (vgl. Kap. 1). Es ist offensichtlich, dass die konkrete Situation im Studienverlauf den Blick auf den Studiengang prägen kann. Deshalb wird erhoben, in welche Art des Studiengangs die Befragten eingeschrieben sind, in welchem Fachsemester sie studieren und welches Lehramt sie anstreben. Weil eine stete Klage bisheriger Evaluationen der Praxisferne des Lehramtsstudiums galt, werden in der vorliegenden Erhebung auch die Erfahrungen mit solcher Praxis erfasst. Anhand dieses Indikators kann ermessen werden, inwiefern Praxiserfahrung den Blick auf Studium und Religionsunterricht bedingt. Schließlich wird die Einschätzung des Religionsunterrichts erfasst, den man selbst erlebt hat. Aus der bildungswissenschaftlichen Professionsforschung ist bekannt, dass die eigenen Erfahrungen als Schülerin bzw. als Schüler den Blick auf das studierte Fach wesentlich prägen (Gröschner et al., 2020; Kunze & Stelmaszyk, 2004). Um diesen Einfluss hinsichtlich des Theologiestudiums und des idealen Religionsunterrichts überprüfen zu können, wird nach der Einschätzung des selbst erlebten Religionsunterrichts gefragt.

Die Hintergrundvariablen im vorliegenden Projekt decken das übliche Spektrum ab, erfassen also das Alter, das Geschlecht und die Konfessionszugehörigkeit der Studierenden (vgl. Abb. 1). Außerdem wurden das Bundesland und der Studienort erhoben, wobei Letzterer lediglich der Kontrolle des Rücklaufs dient und in den Analysen nicht weiter berücksichtigt wird. Für eine Analyse der Daten vor dem Hintergrund des Studienortes sind die Rückläufe schlicht zu divergent.

Anhand dieses konzeptuellen Modells können die oben formulierten Forschungsfragen weiterentwickelt werden. Die erste Frage bezog sich darauf, wie Studierende der evangelischen und der katholischen Theologie ihr Studium erleben. Diese Frage kann nun wie folgt weiter präzisiert werden:

1. *Wie erleben Studierende der evangelischen und der katholischen Theologie ihr Studium?*

    a) *Aus welchen Motiven heraus nahmen sie ihr Studium auf, welche Erwartungen stellen sie an ihr Studium, wie zufrieden sind sie mit ihrem Studium, wie sicher sind sie in der Wahl ihres Studiums, wie hoch empfinden sie ihre Arbeitsbelastung im Studium, und welche Verbesserungsvorschläge äußern sie hinsichtlich dieses Studiums?*

    b) *Wie sind Studienmotivation, Studienerwartungen, Zufriedenheit mit dem Studium, Sicherheit in der Studienwahl und empfundene Arbeitsbelastung durch das Alter, das Geschlecht, die Konfessionszugehörigkeit und die Region, in der studiert wird, bedingt?*

c) *Wie hängen Studienmotivation, Studienerwartungen, Zufriedenheit mit dem Studium, Sicherheit in der Studienwahl und empfundene Arbeitsbelastung zusammen?*

Die zweite Frage bezog sich auf die Vorstellung der Studierenden vom Religionsunterricht. Sie kann im Rahmen des obigen konzeptuellen Modells folgendermaßen präzisiert werden:

2. *Welche Vorstellung haben Studierende der Theologie vom Religionsunterricht?*

    d) *Welche Bildungsziele präferieren die Studierenden für den Religionsunterricht, welche Rollenbilder halten sie für die Lehrkräfte in diesem Unterricht für angemessen, wie denken sie über die Positionalität der Lehrpersonen und welche Organisationsform des Religionsunterrichts sehen sie für dessen Zukunft als geeignet an?*

    e) *Wie sind die präferierten Bildungsziele, die präferierten Rollenbilder, die Perspektive auf Positionalität und die präferierte Organisationsform durch das Alter, das Geschlecht, die Konfessionszugehörigkeit und die Region, in der studiert wird, bedingt?*

    f) *Wie hängen die präferierten Bildungsziele, die präferierten Rollenbilder, die Perspektive auf Positionalität und die präferierte Organisationsform zusammen?*

Theoretisch können sich systematische Zusammenhänge zwischen Präferenzen bzgl. des Studiums und solchen bzgl. des Religionsunterrichts ergeben. Um diese theoretische Möglichkeit zu testen, wird zudem nach dem Zusammenhang zwischen beiden zentralen Aspekten dieser Untersuchung gefragt:

3. *Gibt es signifikante Zusammenhänge zwischen bestimmen Aspekten im Erleben des Studiums und bestimmten Aspekten in den Vorstellungen zum Religionsunterricht?*

Eine letzte Möglichkeit bezieht sich auf Unterschiede, die durch den Studiengang bedingt sind. So könnten sich der Blick auf Studium und Religionsunterricht z.B. dahingehend unterscheiden, ob man den Magister Theologiae studiert oder ein Lehramtsstudium. Aber auch innerhalb der Lehramtsstudiengänge könnten sich charakteristische Differenzen ergeben. Dieser Facette der untersuchten Thematik trägt die folgende Forschungsfrage Rechnung:

4. *Bedingt der gewählte Studiengang das Erleben des Studiums und/oder die Vorstellungen zum Religionsunterricht?*

2.2   Konstruktion des Fragebogens

Bei der Operationalisierung des konzeptuellen Modells wurde nach Möglichkeit auf bereits bewährte Instrumente zurückgegriffen. Auf der einen Seite schränkt ein solcher Rückgriff den Spielraum ein, die eigene Befragung bis ins Detail speziell auf das konkrete Erkenntnisinteresse auszurichten. Auf der anderen Seite sollte dieses Erkenntnisinteresse durch die oben beschriebene Konzeptualisierung bereits hinreichend bedient sein. Außerdem erlauben Instrumente, die bereits in anderen Untersuchungen verwendet wurden, nicht nur einen Vergleich der Befunde, sondern stellen darüber hinaus die Reliabilität und Validität der Daten sicher, sofern sie psychometrisch überprüft wurden.

Die Operationalisierung der Evaluation des Studiums konnte sich stark an der entsprechenden Umfrage Christhard Lücks unter evangelischen Theologiestudierenden orientieren (Lück, 2012). So wurden die Studienzufriedenheit, die Sicherheit mit der Studienwahl und die empfundene Arbeitsbelastung jeweils mit dem entsprechenden Item und anhand der zugehörigen Antwortskala aus Lücks Umfrage erfasst (ebd., S. 42, 67, 108). Auch das Prompt und die Antwortskala zu den Studienmotiven und zu den Erwartungen ans Theologiestudium wurden im Wortlaut, aber mit reduzierter Itemzahl übernommen (ebd., S. 47–48). Eine unveränderte Übernahme beider Instrumente hätte den Umfang des Fragebogens gesprengt. In beiden Fällen wurden deshalb jeweils die beiden Items pro Faktor gewählt, die die stärkste Ladung auf diesen Faktor aufweisen. Durch diese Wahl ist garantiert, dass das gesamte Spektrum der von Lück ausgewählten Instrumente in der vorliegenden Erhebung abgefragt und dieses Spektrum durch die Items abgebildet wird, die die jeweilige theoretische Perspektive am deutlichsten repräsentieren. Lediglich bei den Erwartungen ans Theologiestudium wurde der letzte Faktor Lücks weggelassen, weil die beiden einschlägigen Items nur schwach auf ihn laden und ihn somit nicht hinreichend stark abbilden. Lediglich die Fragen nach Verbesserungsvorschlägen wurden selbst konstruiert. Dazu wurde den Studierenden zum einen eine Liste von 13 Vorschlägen vorgelegt, die von kleineren Veranstaltungen bis zu mehr Beteiligung an Forschungsprojekten reicht. Zu jedem dieser Vorschläge waren die Studierenden gebeten, seine Dringlichkeit anhand einer sechsstufigen Skala einzuschätzen. Zum anderen wurde diese Liste um ein offenes Feld ergänzt, in das die Studierenden weitere Verbesserungsvorschläge eintragen konnten.

Die Operationalisierung des idealen Religionsunterrichts richtete sich an der Evaluation des konfessionell-kooperativen Religionsunterrichts in Nordrhein-Westfalen aus (Riegel & Zimmermann, 2021a-c). Das Instrument zu den präferierten Bildungszielen orientiert sich dabei an der Befragung von Lehrpersonen aus Baden-Württemberg durch Andreas Feige und Werner Tzscheetzsch (dies., 2005, S. 93). Wiederum wurden Prompt und Antwortskala direkt übernommen, während die Itemliste aus den beiden Items besteht, die die faktoranalytisch gefundenen empirischen Dimensionen in diesem Instrument am stärksten repräsentieren. Außerdem wurden die beiden Items „Zugänge zur Bibel zu schaffen" und „Geschlechtergerechtigkeit anbahnen" ergänzt, um zwei materiale Zielperspektiven aktuellen Religionsunterrichts zu erfassen.

Auch das Instrument zu den präferierten Organisationsformen wurde in Anlehnung an Feige und Tzscheetzsch gestaltet (dies., 2005, S. 55). Allerdings wurden sowohl das Prompt als auch die Items angepasst. Im Prompt wurde der Verweis auf die verfassungsrechtliche Grundlage weggelassen, weil es in der vorliegenden Untersuchung um das Ideal eines zukünftigen Religionsunterrichts geht und nicht um die Möglichkeiten innerhalb eines bestimmten Rahmens. Ferner wurden in den Items neben der Klassenkonstellation, die auch Feige und Tzscheetzsch beschreiben, der Fachbegriff genannt, unter dem die jeweilige Version religionsdidaktisch diskutiert wird. Das didaktische Konzept, gemäß dem die entsprechende Organisationsform erteilt werden kann, wurde nicht beschrieben. Eine solche Information hätte das Item-Wording überlastet und stünde vor dem Dilemma, dass fast alle zur Debatte stehenden Organisationsformen entlang verschiedener didaktischer Konzepte realisiert werden könnten. Im Fragebogen fanden die Studierenden schließlich sechs unterschiedliche Optionen, die vom konfessionellen Religionsunterricht in herkömmlicher Form bis zum Verzicht auf jeglichen Religionsunterricht reichen.

Das Instrument zu den präferierten Rollenbildern für eine Religionslehrperson wurde aus dem ReVikoR-Projekt Uta Pohl-Patalongs übernommen (dies. et al., 2016, S. 126). Weil die Zielgruppe in dieser Erhebung eine andere ist, wurde das Prompt dahingehend geändert, dass nach der Wichtigkeit der verschiedenen Rollenbilder für Lehrpersonen im Religionsunterricht gefragt wurde. Ansonsten wurden die Items mit einer Ausnahme wörtlich übernommen. Lediglich das Item „Reiseleitung' im Land der Religion" wurde weggelassen, weil es in seiner Metaphorik so vieldeutig ist, dass es kaum seriös interpretiert werden kann.

Schließlich wurde aus diesem Projekt auch das Instrument zur Beurteilung der Positionalität genommen, die Lehrpersonen im Religionsunterricht zeigen (Pohl-Patalong et al., 2017, S. 266, 268). Zwei Items des Originals wurden nicht übernommen. Es handelt sich dabei um die Items „wenn die Lehrkraft abwertend über die andere Konfession spricht" und „wenn ihr gemeinsam nach Wahrheiten/Antworten auf schwierige Glaubensfragen sucht". Auf sie wurde verzichtet, weil das erste Items so unwahrscheinlich klingt, dass es bei den Befragten die Frage aufwerfen könnte, ob dieses Item der Umfrage ernst gemeint ist, und sich das zweite Item nicht auf den Ausdruck individueller Positionalität im Religionsunterricht bezieht. Dafür wurde je ein Item zum Herausarbeiten der Gemeinsamkeiten und Unterschiede zwischen den Religionen ergänzt, um den entsprechenden Items, die sich auf die beiden christlichen Konfessionen beziehen, zwei interreligiöse zur Seite zu stellen. Damit besteht das in der vorliegenden Erhebung verwendete Instrument aus neun Items.

Die Zentralität von Religion, welche das erste Instrument im Komplex zur individuellen Religiosität darstellt, wird durch die Kurzform der Centrality-of-Religiosity-Scale von Stephan Huber abgebildet, die aus fünf Items besteht (Huber & Huber, 2012). Dieses Instrument ist validiert und psychometrisch hinreichend stabil, auch wenn das Item-Wording für theologische Ohren in mancher Hinsicht Fragen aufwirft. Darüber hinaus wurde die Identifikation mit der eigenen Konfession durch das Item „Wie wichtig ist es Ihnen, dass sie evangelisch [bzw. katholisch] sind?" erfasst. Die zugehörige Antwortskala hat sechs Abstufungen zwischen „sehr wichtig" und „überhaupt nicht wichtig". Ergänzt wurde dieses Item um ein Instrument, das in Anlehnung an die Parteienforschung bemisst, wie ähnlich sich die Studierenden den typischen Mitgliedern ihrer Kirche erachten und wie sehr sie mit dieser Kirche mitfühlen (Spier, 2012). An die Stelle der Parteien wurde im Item-Wording „evangelische Kirche" bzw. „katholische Kirche" gesetzt. Insgesamt enthält das Instrument sechs Items und fragt anhand einer fünf-stufigen Likert-Skala, wie sehr jedes Items auf die antwortende Person zutrifft. Schließlich wurde in diesem Abschnitt des Fragebogens auch nach der konfessionsspezifischen Präferenz gefragt. Das entsprechende Instrument ist eine eigene Entwicklung, das bereits in der Evaluation des konfessionell-kooperativen Religionsunterrichts in Nordrhein-Westfalen zur Anwendung kam (Riegel & Zimmermann, 2021c). Dazu wurden acht Items formuliert, von denen vier ein typisches Charakteristikum des evangelischen Christentums ansprechen (z.B. „Christen sind in ihrem Verhältnis zu Gott durch nichts und niemanden vertretbar") und vier auf ein typisches Charakteristikum des römisch-katholischen Christentums verweisen (z.B. „Ein oberstes Bischofsamt ist für die Konstitution als wahre Kirche Jesu Christi unverzichtbar"). Im Prompt wurden die Studierenden gebeten, anhand einer fünf-stufigen Likert-Skala anzugeben, wie sehr das jeweilige Item auf ihren eigenen Glauben zutrifft.

Die individuellen Ressourcen erfasst zuerst ein Instrument zur Wertorientierung der Studierenden. Bei diesem Instrument handelt es sich wiederum um eine eigene Konstruktion in Anlehnung an den Wertekreis Salomon Schwartz' (ders., 1992). Dazu wurden zu jedem Pol der beiden Grunddimensionen des Schwartzschen Wertekreises (Bewahrung/Tradition vs. Offenheit für Wandel; Selbststeigerung vs. Selbsttranszendenz) drei Items gebildet, deren Item-Wording den Shell-Jugendstudien entlehnt ist. In der Summe enthält das Instrument damit zwölf Items, die anhand einer fünf-stufigen Likert-Skala von „sehr wichtig" bis „überhaupt nicht wichtig" eingeschätzt werden können. Auch das Instrument zum gesellschaftlichen und kirchlichen Engagement ist selbst konstruiert. Es enthält vier säkulare Dimensionen gesellschaftlichen Engagements (Mitgliedschaft in einem Verein, einer politischen Partei, einem Notfalldienst wie Feuerwehr oder THW oder politisches Amt) und fünf kirchliche (z.B. Kinder- und Jugendarbeit oder Caritas/Diakonie).

Die Studiensituation wird vor allem durch einzelne Items erfasst. Dabei werden hinsichtlich des Studiengangs alle im Rahmen eines Theologiestudiums möglichen Varianten gelistet und die Studierenden gebeten, die auf sie zutreffende anzukreuzen. Das Fachsemester fragt die entsprechende Zahl ab, die es in ein offenes Feld einzutragen gilt. Nicht unproblematisch erwies sich die Erhebung der Schulart, die angestrebt wird, weil es hier in Deutschland unterschiedliche Bezeichnungen und Kombinationsmöglichkeiten gibt. Letztlich wurde jede Schulart einzeln abgefragt, d.h. zu Grundschule, Haupt-/Mittelschule, Realschule, Gesamtschule, Gymnasium, Berufsschule und Förderschule je ein eigenes

Item formuliert, und die Studierenden waren gebeten, von Fall zu Fall mit „ja"
oder „nein" zu antworten. Für diejenigen, die kein Lehramt anstreben, wurde
ebenfalls ein entsprechendes Item formuliert. Regionale Sonderformen wie etwa
die Sekundarschule in Nordrhein-Westfalen wurden nicht miterfasst, da sie weder durch einen eigenständigen Studiengang noch durch eine Studiengangkom-
bination abgebildet sind. Hinsichtlich der Praxiserfahrungen wurde zwischen
regulären Praktika im Rahmen des Studiums, Praktika außerhalb des Studiums
und eigenverantwortlichem Unterricht unterschieden. Zu allen drei Optionen
wurde gefragt, ob einschlägige Erfahrungen vorliegen („ja" oder „nein") und –
im Fall einer positiven Antwort – wie viele Wochen bzw. Monate an Erfahrung
vorliegen. Die Einschätzung des eigenen Religionsunterrichts wurde durch das
Item „Wie beurteilen Sie den RU, den Sie selbst als Schüler*in erlebt haben, in
der Rückschau?" erfasst, wobei sechs Antwortoptionen zur Verfügung standen,
die von „sehr positiv" bis zu „sehr negativ" reichten.

Die Hintergrundvariablen wurden entlang der üblichen Formate operationalisiert. Beim Alter galt es die entsprechende Zahl in ein freies Feld einzutragen, beim Geschlecht konnte zwischen den drei Optionen „weiblich", „männlich" und „divers" gewählt werden. Ebenfalls drei Optionen standen bei der Konfessionszugehörigkeit zur Verfügung, nämlich „evangelisch", „katholisch" und
„sonstige". Mehr sollte aufgrund der gezogenen Stichprobe nicht notwendig
sein. Beim Bundesland öffnete sich schließlich ein Pull-down-Menü, das alle 16
deutschen Bundesländer und die Option „Österreich/Schweiz" anbot.Im endgül-
tigen Format des Fragebogens wurde allen Skalen die Residualoption „will ich
nicht beantworten" hinzugefügt. Gleichzeitig wurde festgelegt, dass die Studierenden auf alle Frage zu antworten haben, um von einer Seite auf die nächste
navigieren zu können. In dieser Kombination ist sichergestellt, dass keine Frage
aus Versehen übergangen wird, und gleichzeitig gewährleistet, dass niemand zu
einer Aussage gezwungen wird. Der endgültige Fragebogen bestand aus 15 Seiten, die durchschnittliche Studierende in 20 bis 30 Minuten ausfüllen können
sollten. Im Tryout des Fragebogens, den alle wissenschaftlichen Mitarbeiterin-
nen und Mitarbeiter sowie studentische Hilfskräfte der beiden Siegener Professuren für Religionspädagogik durchführten (n = 14), brauchte niemand länger
als 25 Minuten. Neben orthographischen Hinweisen galten die meisten Rückmeldungen der Navigation im Fragebogen und der Darstellung der Instrumente
auf den verschiedenen Endgeräten. Inhaltliche Rückfragen zu den einzelnen In-
strumenten gab es praktisch keine, was aber auch erwartet werden konnte, weil
sich der Fragebogen weitgehend aus bereits etablierten Fragebatterien zusam-
mensetzt.

2.3 Datenerhebung

Ziel der Datenerhebung war es, die Gesamtpopulation der Studierenden der evangelischen und katholischen Theologie möglichst breit zu erfassen. Deshalb wurde beschlossen, den Fragebogen online zu erheben (Callegaro et al., 2015; Wagner-Schelewsky & Hering, 2019). Eine virtuelle Erhebung reduziert nicht nur den Verwaltungsaufwand und die Kosten beim Verteilen und Einsammeln der Fragebögen erheblich, sondern erbringt auch bereits digitalisierte Daten und minimiert das Problem falscher Werte. Außerdem lassen sich virtuelle Fragebögen adaptiv anlegen, was im vorliegenden Fall bedeutet, dass konfessionsspezifische Items einfacher formuliert und gezielt nur den Studierenden der jeweiligen Konfession vorgelegt werden konnten. Schließlich ist bei dieser Art der Fragebögen schnell ersichtlich, ob jemand das Ausfüllen der Umfrage abgebrochen hat und falls ja, auf welcher Seite. Das Problem solcher Umfragen, dass man nur äußerst aufwändig kontrollieren kann, wer den Fragebogen ausfüllt, erschien uns im vorliegenden Fall eher nebensächlich. Zum einen wurde die Befragung gezielt beworben (s.u.), zum anderen sind die Fragen so spezifisch, dass kaum jemand an den Fragebogen bearbeitet haben wird, die bzw. der kein Mindestmaß an intrinsischem Interesse an der Evaluation mitbrachte. Auch ist der Fragebogen hinreichend umfangreich, sodass die Wahrscheinlichkeit, dass er von Studierenden mehrmals ausgefüllt wird, sehr gering ist. Auf ein Zugangsmanagement mittels Passwörter wurde deshalb verzichtet. Auch sollte die Form der Erhebung keine Verzerrung der Stichprobe bewirken, denn es war zu erwarten, dass alle Studierenden Zugang zum Internet haben.

Neben dem online-Format wurde beschlossen, alle Verantwortlichen für das Studium der Theologien an den verschiedenen Bildungseinrichtungen auf Hochschulebene in Deutschland, Österreich und der deutschsprachigen Schweiz anzuschreiben mit der Bitte, die Umfrage in der eigenen Einrichtung bekannt zu machen. Die Umfrage richtete sich damit nicht nur an die Theologischen Fakultäten, sondern auch an die lehrerbildenden Institute, also nicht nur an Universitäten, sondern auch an Pädagogische Hochschulen oder ihre funktionalen Äquivalente, und umfasste dabei nicht nur staatliche Einrichtungen, sondern auch solche in kirchlicher Trägerschaft. Um diese Anfrage zu unterstützen, wurden die beiden Fakultätentage sowie die „Konferenz der Institute für Evangelische Theologie" im Vorfeld gebeten, ihre Mitglieder über das Vorhaben zu informieren. Alle drei Vereinigungen haben das bereitwillig getan. Mit diesem umfassenden Adressatenkreis sollte potenziell die Gesamtpopulation der Studierenden auf evangelische und katholische Theologie erfasst werden können.

Um den Aufwand vor Ort beherrschbar zu gestalten, wurden die Studiengangverantwortlichen gebeten, jeweils eine Veranstaltung aus dem ersten bis dritten Semester und eine aus dem siebten bis neunten Semester zu wählen, die möglichst den gesamten Jahrgang an Theologiestudierenden abdeckt. Geplant war, dass die Kollegin bzw. der Kollege, die bzw. der diese Veranstaltung anbietet, über den Zweck der Umfrage informiert und den Studierenden 20 Minuten zum Ausfüllen des Fragebogens einräumt. Falls Letzteres nicht möglich wäre, sollte zumindest der Link des Fragebogens den Studierenden mitgeteilt werden, sodass diese die Erhebung im Anschluss an die Veranstaltung ausfüllen konnten. Anschreiben mit klaren Verfahrensschritten lagen dem Brief an die Studiengangverantwortlichen bei. Mit der Wahl einer Veranstaltung am Beginn des Studiums und an dessen Ende sollte eine möglichst große Bandbreite an Erfahrungen erfasst werden. Zu Studienbeginn dürfte die Motivation für das Studium noch sehr groß und die Studierenden sich bewusst sein, was sie vom Studium erwarten. Gegen Ende des Studiums liegen dagegen hinreichende Erfahrungen vor, um das Studium der evangelischen oder katholischen Theologie vor Ort beurteilen zu können. Außerdem sollte die Wahl einer Veranstaltung, die einen gesamten Studienjahrgang betrifft, sicherstellen, dass möglichst viele Studierende dieser Jahrgänge erreicht werden. Der Vorschlag, den Fragebogen in der eigenen Veranstaltung ausfüllen zu lassen, hatte die klare Absicht, einen möglichst hohen Rücklauf zu ermöglichen. Das online-Format konnte sich vor allem in der Corona-Situation bewähren und die Anonymität der antwortenden Studierenden garantieren.

Um den Fakultäten und Instituten hinreichend Zeit für die Umsetzung des Anliegens einzuräumen, war der Fragebogen vom 1. Oktober 2020 bis zum 23. Dezember 2020 freigeschaltet. Eine Zwischenauswertung Mitte November ergab, dass ca. 1.600 Personen auf den Fragebogen zugegriffen hatten. Bei der Durchsicht der Studienorte fiel auf, dass insbesondere aus einigen großen Standorten noch gar keine Daten eingegangen waren. Deshalb wurde eine Liste mit denjenigen Fakultäten und Instituten erstellt, die noch keine Daten geliefert hatten. In allen diesen Einrichtungen wurde nach Möglichkeit eine Kolleg*in angesprochen und gebeten, den Fragebogen in einer eigenen Veranstaltung zugänglich zu machen. Außerdem wurde die Beschränkung der Zielgruppe auf ein bestimmtes Semester aufgehoben, sofern die angesprochenen Dozierenden keine geeignete Veranstaltung im Lehrportfolio hatten. Nach dieser Erinnerungsrunde konnte der Rücklauf auf 3.568 Fragebögen gesteigert werden.

2.4 Datenanalyse

Die Auswertung der Daten orientiert sich am oben beschriebenen konzeptuellen Modell, insofern zuerst die Forschungsfragen beantwortet werden, die sich auf die einzelnen Fragenkomplexe der abhängigen und der unabhängigen Variablen beziehen, und dann die Forschungsfragen, die den Zusammenhang zwischen diesen Komplexen in den Blick nehmen.

2.4.1 Analyse der einzelnen Fragenkomplexe

Die Auswertung der einzelnen Fragenkomplexe folgt dem üblichen Dreischritt: Zuerst werden auf der Itemebene eines Indikators die Häufigkeiten der Antworten und deren deskriptive Statistik beschrieben, um einen Überblick über das Antwortverhalten der Befragten zu bekommen. Dann wird in den Fällen, in denen ein Indikator aus mehreren Items besteht, die Struktur innerhalb des Antwortverhaltens untersucht. Das geschieht mittels explorativer Faktoranalyse, weil mit Ausnahme der Zentralitäts-Skala alle Instrumente in der Erhebung als Adaption mit reduzierter Itemanzahl verwendet wurden. Bei dieser Faktoranalyse wird zuerst geprüft, welche Items überhaupt zur Struktur in den Daten beitragen. Dazu muss ein Item mit mindestens einem weiteren Item des Indikators mit $|r| > 0{,}30$ korrelieren. Items, die mit keinem weiteren Item einen derartigen Korrelationswert aufweisen, werden aus der Analyse genommen. Auf den restlichen Items wird dann eine Hauptkomponentenanalyse durchgeführt, wenn das Kaiser-Meyer-Olkin-Kriterium erfüllt ist ($KMO > 0{,}60$) und der Bartlett-Test auf Sphärizität signifikant ausfällt. Um pro Faktor eine größtmögliche Varianz der Faktorladungen zu erhalten, wird die Faktoranalyse Varimax-rotiert. Die derart erhaltenen Faktoren werden als neue Variable abgespeichert, wobei zu beachten ist, dass diese verfahrensbedingt z-standardisiert vorliegen, d.h. einen Mittelwert von $M = 0{,}00$ und eine Standardabweichung von $SD = 1{,}00$ aufweisen. Dieses Verfahren erlaubt zwar nicht mehr die intuitive Analyse der Ausprägung der einzelnen Faktoren mittels deskriptiver Statistik, erhält aber die orthogonale Struktur der Faktoren und erlaubt Vergleiche zwischen Variablen, die auf unterschiedlichen Antwortskalen erhoben wurden.

Abschließend wird die Bedeutung der Hintergrundvariablen für die Skalen herausgearbeitet. Für die Bedeutung des Alters werden die Skalen mit der Alters-Variablen korreliert, da Letztere als metrische Variable vorliegt. Konkret kommt die Korrelation nach Pearson zum Einsatz. Bei der Beschreibung der Befunde werden ausschließlich Korrelationen berichtet, die mindestens 5 % der Varianz aufklären, d.h. $|r| > 0{,}23$ gilt. Schwächer ausgeprägte Zusammenhänge mögen vorliegen, haben aber einen zu geringen Effekt, um bedeutsam zu sein. Geschlecht und Konfession stellen dichotome Merkmale mit jeweils zwei Ausprägungen dar. Da beide Variablen nicht normalverteilt sind, kommt der Mann-Whitney-U-Test zur Anwendung. Die Bedeutung der Region für die jeweiligen Skalen oder Items wird mittels einfaktorieller ANOVA bestimmt. Da auch diese Variablen nicht normalverteilt sind, wird bei der ANOVA der Welch-Test verwendet, der robust ist gegenüber der Verletzung der Voraussetzung einer Normalverteilung. Für die Post-hoc-Tests wird die Games-Howell-Prozedur eingesetzt. Anhand dieser Verfahren lassen sich die Forschungsfragen 1) und 2) beantworten.

2.4.2 Zusammenhang zwischen personalen Faktoren und Studienevaluation bzw. Ideal des Religionsunterrichts

Der Einfluss der Aspekte der individuellen Religiosität, der personalen und sozialen Ressourcen und der Studiensituation auf die Evaluation des Studiums und auf das Ideal des Religionsunterrichts werden mittels linearer multipler Regression ermittelt. Konkret bedeutet das, dass die empirischen Faktoren zur Studienevaluation und zur Perspektive auf den Religionsunterricht die abhängigen Variablen der Regression darstellen. Entsprechend bilden die empirischen Faktoren zur individuellen Religiosität und zu den personalen und sozialen Ressourcen die unabhängigen Variablen. Sie werden ergänzt durch die Variablen zur Studiensituation und zu den Hintergrundvariablen. Hinsichtlich der Studiensituation werden das Fachsemester herangezogen, außerdem, ob ein Lehramtsstudium vorliegt (gegenüber einem Studium auf Magister Theologiae), wie der eigene Religionsunterricht erlebt wurde, ob man bereits ein Praktikum im Studium absolviert hat und ob man bereits eigenverantwortlichen Religionsunterricht erteilt hat. Aus den Hintergrundvariablen werden das Alter, das Geschlecht und die Konfessionszugehörigkeit in die Regression eingespeist. Die unabhängigen Variablen werden blockweise eingegeben, sodass bestimmbar ist, wie sich die aufgeklärte Varianz verändert, wenn man z.B. neben der individuellen Religiosität auch die personalen und sozialen Ressourcen berücksichtigt. Damit wird Forschungsfrage 3) beantwortet.

2.4.3 Profile typischer Studierenden

Eigentlich war geplant, mittels Clusteranalyse typische Studierende zu identifizieren. Dieser Plan konnte jedoch nicht umgesetzt werden, weil die technisch möglichen Lösungen keine sinnvoll gegeneinander abgrenzbaren Profile ergaben. Eine Typologie, die keine klar beschreibbaren Typen beinhaltet, verfehlt jedoch ihren Zweck. Praktisch dürfte dieser Sachverhalt darauf hinweisen, dass sich die Studierenden der Theologie – bei allen Unterschieden – in vielfältiger Art und Weise ähneln. Die Varianz zwischen den einzelnen Studierenden scheint somit nicht zu klar abgrenzbaren Studierendengruppen zu führen. Das heißt in letzter Konsequenz aber auch, dass alltagsweltliche Stereotype wie etwa die Rede von „den Priesteramtskandidaten" oder „den Pfarramtsstudierenden" zumindest im vorliegenden Sample keinen empirischen Referenzpunkt haben.

2.4.4 Studiengangsspezifische Auswertung

In einer abschließenden Analyse werden die Evaluation des Studiums und das Ideal des Religionsunterrichts entlang der charakteristischen Studiengänge im Theologiestudium ausgewertet. Dazu werden die einschlägigen Variablen zu einer neuen Variablen umkodiert, die zwischen einem Lehramtsstudium Grundschule, einem Lehramtsstudium Sekundarstufe I, einem Lehramtsstudium Gymnasium, einem Lehramtsstudium Berufsschule und einem Studium Magister Theologiae unterscheidet. Der Typ eines Lehramtsstudiums Sekundarstufe I ist dem Sachverhalt geschuldet, dass in diesem Bereich die Studiengänge zwischen den Ländern extrem variieren. Diese fünf charakteristischen Studiengänge bilden die Klassifizierungsvariable für die Berechnung charakteristischer Mittelwertdifferenzen mittels einfaktorieller ANOVA. Wiederum wird bei der ANOVA der Welch-Test verwendet, der robust ist gegenüber der Verletzung der Voraussetzung einer Normalverteilung der abhängigen Variablen. Für die Post-hoc-Tests wird die Games-Howell-Prozedur eingesetzt. Mit diesen Verfahren wird Forschungsfrage 4) beantwortet.

2.5 Beschreibung der Stichprobe

Im Befragungszeitraum haben 3.568 Personen den Frageboten angeklickt. Davon beantworteten 2.766 Personen mindestens die Fragen zum Studium und zum Ideal des Religionsunterrichts. Insofern beide Konzepte das zentrale Erkenntnisinteresse dieser Studie darstellen, werden die empirischen Analysen auf der Grundlage dieser Fragebögen erfolgen. Die Stichprobe der vorliegenden Studie besteht damit aus N = 2.766 Studierenden, die im Wintersemester 2020/21 evangelische oder katholische Theologie studiert haben.

Die Alterspanne im Sample erstreckt sich von 17 bis 72 Jahren. Allerdings befinden sich 90 % der Befragten in der Alterspanne von 18 bis 27 Jahren. Damit liegt der Altersdurchschnitt bei M = 22,93 (SD = 5,14). Hinsichtlich des Geschlechts haben mit n = 2200 (79,5 %) deutlich mehr weibliche Studierende geantwortet als männliche (n = 555; 20,1 %). Elf Studierende haben sich als „divers" eingeordnet. Diese Kategorie kann wegen der geringen Zellenbesetzung in den weiteren Analysen keine Rolle mehr spielen. 1.626 Studierende geben an, evangelisch zu sein, 1.051 katholisch. 89 Befragte haben keine der beiden Kategorien angekreuzt. Darüber hinaus sind Studierende aus allen Bundesländern in der Stichprobe verteilt, wenn auch in sehr unterschiedlichem Maß. Während eine Person in Bremen studiert, stammt der größte Anteil mit 25,8 % aus Nordrhein-Westfalen. Es folgen Niedersachsen (15,9 %), Bayern (14,9 %) und Baden-Württemberg (14,4 %). 106 Befragte studieren in Österreich oder der Schweiz. Um regionale Unterschiede berechnen zu können, wurden die deutschen Bundesländer zu vier Regionen gebündelt. Dabei bilden die sog. „neuen Länder" inklusive Berlin den Osten, der auf einen Anteil von 7,4 % in der Stichprobe kommt. Baden-Württemberg und Bayern repräsentieren den Süden mit einem Anteil von 29,3 %. Der Westen besteht aus Hessen, Nordrhein-Westfalen, Rheinland-Pfalz und dem Saarland. Sein Anteil an der Stichprobe beträgt 41 %. Die restlichen Bundesländer bilden den Norden mit einem Anteil von 18,4 %. Österreich und die Schweiz stehen für eine eigene Region und beinhalten 3,8 % der Befragten.

Neben diesen klassischen Hintergrundvariablen prägt vor allem die Studiensituation das vorliegende Sample. Es ist klar, dass alle Befragten auf die eine oder andere Art und Weise in das Studium der Theologie verwickelt sind. Allerdings ist die Auswertung der Antworten zum Studiengang nicht trivial, weil sich mit dem Staatsexamen auf Lehramt, dem BA/MA-Studium auf Lehramt und dem Magister Theologiae drei unterschiedliche Studienlogiken im Sample befinden, die nicht entlang einer Dimension angeordnet werden können. Statt hier nur die Verteilung der Antworten auf die abgefragten Kategorien zu referieren, folgt die Darstellung der Befunde einer Logik, die vom Generellen zum Detail geht.

Die grundlegendste Unterscheidung ist die zwischen einem Lehramtsstudium und einem Studium zum Magister Theologiae. Ersteres verfolgen 2.476 (92,1 %) der Befragten, Letzteres 213 (7,9 %). Unter den Lehrämtlern befinden sich 652 (26,3 %) in einem Studiengang, der mit dem Staatsexamen abschließt, und 1.824 (73,7 %) in einem Studiengang, der in einem Master mündet. Diejenigen, die einen Master anstreben, verteilen sich auf 1.169 (64,1 %) Befragte, die sich im Bachelor befinden, und 655 (35,9 %) in der Masterphase. Unter den Lehramtsstudiengängen dominiert das Grundschulstudium mit einem Anteil von 32,1 %. Mit 26,5 % folgen die Studierenden auf Lehramt Gymnasium (ggf. in der Kombination mit Gesamtschule). Ein Lehramt, das zum Religionsunterricht in der Sekundarstufe I befähigt, kreuzen 19,6 % der Befragten an. Wegen der unterschiedlichen Studiengänge in den einzelnen Bundesländern kann das ein Hauptschulstudium, ein Mittelschulstudium, ein Studium auf Realschule, eine Kombination dieser mit Gesamtschule usw. sein. Studierende mit Ziel Berufsschule kommen auf einen Anteil von 9,5 % in der Stichprobe. Unter den Fachsemestern dominieren die ungeraden, was bei einer Ziehung der Stichprobe im Wintersemester naheliegt. Mit n = 1009 (38,0 %) befinden sich die meisten der Befragten im ersten Semester. 13,9 % der Befragten studieren im siebten Fachsemester und 12,2 % im dritten. Etwas mehr als 7 % der Befragten haben eine Semesterzahl eingetragen, die größer ist als 10.

Ein letzter Fragenkomplex bezog sich auf die Beurteilung des Religionsunterrichts, den man selbst als Schüler*in erlebt hat, und die vorliegenden Praxiserfahrungen mit aktuellem Religionsunterricht. Den eigenen Unterricht erlebten 399 Befragte als sehr positiv und weitere 912 Befragte als positiv. Nimmt man die 881 Studierenden hinzu, die den eigenen Religionsunterricht als „eher positiv" einschätzen, sind 82 % der Antwortenden mit dem Religionsunterricht, den sie selbst erlebt haben, zumindest tendenziell zufrieden. Nur 4,3 % haben negative bis sehr negative Erinnerungen an den eigenen Religionsunterricht.

Ein Praktikum im Religionsunterricht, das ins Studium eingebettet war, haben 43,7 % der Studierenden abgelegt. Dieses Praktikum hat im Durchschnitt 7,5 Wochen gedauert, wobei die Standardabweichung von SD = 6,12 die große Varianz hinsichtlich der Dauer andeutet. Außerhalb des Studiums haben 18,6 % der Studierenden bereits im Religionsunterricht hospitiert, wobei die durchschnittliche Dauer mit 4,6 Wochen angegeben wird. In diesem Fall ist die Varianz deutlich kleiner (SD = 4,68). Erfahrung mit eigenverantwortlichem Religionsunterricht geben 203 (7,3 %) Befragte an, wobei sich diese Erfahrung im Mittel auf 5,7 Monate erstreckt (SD = 4,98).

3. Empirische Befunde

Die Analyse der empirischen Daten folgt dem oben skizzierten Ablauf. Zuerst werden die Rückmeldungen zum Studium der Theologie ausgewertet, dann diejenigen zum Ideal des Religionsunterrichts. Es folgen die Analysen von individueller Religiosität und personalen und sozialen Ressourcen. Mit diesen vier Analysen sind sämtliche Instrumente für sich ausgewertet und es können Zusammenhänge in den Blick genommen werden. Letzteres geschieht in zweifacher Weise. Auf der einen Seite werden die Zusammenhänge zwischen abhängigen und unabhängigen Variablen regressionsanalytisch untersucht, auf der anderen die Daten studiengangspezifisch ausgewertet.

3.1 Die Evaluation des Studiums der evangelischen bzw. katholischen Theologie

Die erste Forschungsfrage im Projekt bezieht sich darauf, wie die Studierenden der evangelischen und katholischen Theologie im deutschen Sprachraum ihr Studium erleben. Dieses Erleben wurde entlang von sechs Analyseperspektiven erhoben, und zwar der Studienmotivation, der Erwartung ans Studium, der Zufriedenheit mit dem Studium, der Sicherheit der Studienwahl, der empfundenen Arbeitsbelastung im Studium und den gewünschten Verbesserungen. Die Antworten auf alle sechs Perspektiven werden im Folgenden ausgewertet, indem zuerst Häufigkeitsverteilungen und die deskriptive Statistik berichtet, anschließend im Fall der Fälle die einzelnen Items mittels explorativer Faktoranalyse zu charakteristischen Antwortmustern verdichtet und die Bedeutung der Hintergrundvariablen auf das Antwortverhalten berechnet werden. Abschließend wird der Zusammenhang zwischen den einzelnen Faktoren, entlang derer die Studierenden ihr Studium evaluieren, berechnet.

3.1.1 Studienmotive

Zur Erhebung der Studienmotive wurde ein Instrument Christhard Lücks herangezogen, wobei jede der sieben empirischen Dimensionen dieser Vorlage durch die beiden Items repräsentiert wird, die auf Lücks Stichprobe die höchste Ladung auf den jeweiligen Faktor gezeigt haben (Lück, 2012, S. 73–77). Das in dieser Umfrage verwendete Instrument besteht deshalb aus 14 Items. Zu jedem Item wurden die Studierenden gebeten anzugeben, wie wichtig das vorgeschlagene Motiv für ihre eigene Studienwahl war. Als Antwortoptionen standen zur Verfügung: „überhaupt nicht wichtig", „nicht wichtig", „eher nicht wichtig", „eher wichtig", „wichtig" und „sehr wichtig".

Tab. 2: *Häufigkeiten und deskriptive Statistik der Studienmotive (geordnet nach Mittelwerten)*

	N	1	2	3	4	5	6	M	SD
um Kindern und Jugendlichen Werte zu vermitteln.	2743	1,3	1,3	2,7	15,6	34,2	44,9	5,15	1,01
weil ich mich aufgrund meines Glaubens dazu entschieden habe.	2729	1,6	1,9	2,8	16,1	37,4	40,1	5,06	1,05
um mein Wissen auf dem Gebiet der Religion zu erweitern.	2752	1,1	2,6	7,2	26,2	35,2	27,8	4,75	1,08
weil sich dieses Fach deutlich von anderen Fächern unterscheidet.	2689	3,9	5,1	10,7	25,3	33,1	21,9	4,44	1,30
weil ich an der Theologie als Wissenschaft Interesse habe.	2739	3,1	5,6	12,8	27,3	27,9	23,3	4,41	1,29
weil ich den Glauben weitergeben will.	2717	5,9	5,8	12,4	27,7	25,2	23,1	4,30	1,40
weil ich Schüler*innen moralisch und sozial stärken möchte.	2732	5,3	7,5	15,0	26,2	23,9	22,1	4,22	1,42
weil ich schon vor Studienbeginn kirchlich engagiert war.	2716	13,7	12,6	11,7	16,3	19,4	26,2	3,94	1,76
aufgrund meiner Erfahrungen in der kirchlichen Kinder-/Jugendarbeit.	2708	12,5	13,8	12,4	15,8	20,3	25,2	3,93	1,74
weil mich der Religionsunterricht dazu motivierte.	2712	14,6	12,9	16,4	20,8	20,2	15,1	3,64	1,64
weil ein*e Religionslehrer*in mein Interesse an Theologie geweckt hat.	2734	15,1	16,5	17,3	17,6	18,3	15,2	3,53	1,66
aufgrund der persönlichen Lernatmosphäre.	2589	10,7	15,4	18,3	29,4	19,5	6,8	3,52	1,41
weil mir kein anderes Studienfach eingefallen ist.	2662	48,2	21,9	12,9	10,4	4,6	2,0	2,07	1,33
weil mir die anderen Fächer schwieriger zu sein scheinen.	2625	53,0	23,4	12,5	6,9	2,9	1,3	1,87	1,18

Legende: 1 = überhaupt nicht wichtig, 2 = nicht wichtig, 3 = eher nicht wichtig, 4 = eher wichtig, 5 = wichtig, 6 = sehr wichtig, M = Mittelwert, SD = Standardabweichung. Es werden die gültigen Prozentwerte berichtet

Die Verteilung der Antworten zeigt, dass es vor allem die Vermittlung von Werten an die nächste Generation (M = 5,15) und der eigene Glaube (M = 5,06) sind, die von den Befragten als ausschlaggebend für die eigene Studienwahl erachtet werden (vgl. Tab. 2). Beide Antwortoptionen weisen nicht nur die mit Abstand höchsten Mittelwerte auf, sondern sie sind auch die einzigen Items, bei denen der größte Anteil der Antworten auf die Kategorie „sehr wichtig" entfällt. Mit einem Mittelwert von M = 4,75 wird auch das Bestreben, das Wissen auf dem Gebiet der Religion zu erweitern, als sehr wichtig eingestuft. Es folgt ein breites Feld als wichtig erachteter Motive, deren Mittelwerte zwischen M = 4,44 und M = 3,93 liegen. Das inhaltliche Spektrum dieser Items reicht vom wissenschaftlichen Interesse über den Wunsch, den Glauben weiterzugeben, bis hin zu den eigenen Erfahrungen mit kirchlicher Jugendarbeit. Alle diese Motive erweisen sich, für sich genommen, als wichtig für die Studienwahl der Befragten.

Drei Motive weisen Mittelwerte auf, die dem ambivalenten Bereich der Antwortskala zuzurechnen sind (vgl. Tab. 2). Dies sind die Erfahrungen aus dem eigenen Religionsunterricht (M = 3,64), das Vorbild der eigenen Religionslehrpersonen (M = 3,53) und die persönliche Lernatmosphäre im Fach (M = 3,52). Alle drei Facetten einer möglichen Studienmotivation erweisen sich damit zum Teil als bedeutsam, zum Teil aber auch als bedeutungslos für die tatsächliche Studienwahl. Diese Ambivalenz zeigt sich auch in der Verteilung der Antworten auf die sechs möglichen Optionen, denn sie sind in dieser Hinsicht nahezu gleich verteilt. Das gilt insbesondere für die Bedeutung der Lehrkräfte, die man im eigenen Religionsunterricht erlebt hat.

Zwei Antwortoptionen spielen für die Studienwahl keine Rolle (vgl. Tab. 2). Es handelt sich dabei um das Dilemma, dass man sich für kein anderes Studienfach begeistern konnte (M = 2,07) und den Versuch, schwierigeren Studienfächern auszuweichen (M = 1,87). Der Abstand zum nächstgrößeren Mittelwert ist bemerkenswert groß, was sich auch in der Verteilung der Antworten auf die möglichen Optionen niederschlägt: Beide Items sind die einzigen, die den größten Anteil im Feld „überhaupt nicht wichtig" aufweisen.

Die 14 Items des verwendeten Instruments stehen in Christhard Lücks Analyse für sieben unterschiedliche Dimensionen innerhalb der Studienmotivation. Allerdings hat Lück seinen Befragten 35 Items vorgelegt (Lück, 2012, S. 69–70), sodass die Wahrscheinlichkeit groß ist, dass sich die Faktorstruktur dieser Befragung von der Lücks unterscheidet. Prüft man die Voraussetzungen für eine explorative Faktoranalyse in den vorliegenden Daten, fällt auf, dass die beiden Items „aufgrund der persönlichen Lernatmosphäre" und „weil sich dieses Fach deutlich von anderen Fächern unterscheidet" zu keinem anderen Item des Instruments eine Korrelation von mindestens $| r | > 0{,}30$ aufweisen. In der Folge tragen beide Items sehr wenig zur Erklärung der Faktorstruktur innerhalb der Antworten bei und können deshalb aus der Faktoranalyse ausgeschlossen werden. Für die restlichen zwölf Items wird KMO = 0,62 ausgewiesen, was gerade noch über dem Grenzwert von KMO > 0,60 liegt. Darüber hinaus erweist sich der

Bartlett-Test auf Sphärizität als signifikant. Eine faktoranalytische Untersuchung der restlichen zwölf Items der Studienmotive ist aus statistischer Perspektive als statthaft anzusehen. Die Varimax-rotierte Hauptkomponentenanalyse konvergiert nach sechs Iterationen. Nach dem Kaiser-Guttman-Kriterium ergeben sich fünf Faktoren (vgl. Tab. 3).

Tab. 3: *Explorative Faktoranalyse der Studienmotive*

	Faktoren				
	1	2	3	4	5
weil ich schon vor Studienbeginn kirchlich engagiert war.	0,873				
aufgrund meiner Erfahrungen in der kirchlichen Kinder-/Jugendarbeit.	0,822			−0,121	
weil ich Schüler*innen moralisch und sozial stärken möchte.	0,760			0,216	−0,181
weil ich den Glauben weitergeben will.	0,696		0,210	0,181	−0,133
weil mich der Religionsunterricht dazu motivierte.		0,925	0,132		
weil ein*e Religionslehrer*in mein Interesse an Theologie geweckt hat.		0,923	0,141		
um Kindern und Jugendlichen Werte zu vermitteln.	0,101		0,908		
weil ich mich aufgrund meines Glaubens dazu entschieden habe.		0,110	0,902		
um mein Wissen auf dem Gebiet der Religion zu erweitern.	0,135			0,858	
weil ich an der Theologie als Wissenschaft Interesse habe.		0,104		0,847	−0,112
weil mir die anderen Fächer schwieriger zu sein scheinen.					0,891
weil mir kein anderes Studienfach eingefallen ist.	−0,208			−0,146	0,827
Eigenwert	3,05	2,04	1,62	1,38	1,12
Aufgeklärte Varianz: 76,6 %					

Legende: Hauptkomponentenanalyse, Varimax-Rotation. Die Rotation ist in 6 Iterationen konvergiert. Faktorladungen, deren Betrag kleiner ist als 0,100, werden nicht eigens ausgewiesen.

Auf den ersten Faktor laden vier Items, und zwar das kirchliche Engagement, die Erfahrungen aus der kirchlichen Kinder- und Jugendarbeit, der Wille, die Schüler*innen moralisch und sozial zu stärken, und die Absicht, den Glauben weiterzugeben (vgl. Tab. 3). Damit verbinden sich in diesem Faktor die beiden Aspekte eigener Erfahrung im Binnenraum der Kirchen und die Weitergabe des Glaubens zur Stärkung der Kinder und Jugendlichen. Der Faktor wird deshalb „kirchlich motivierte Glaubensweitergabe" genannt.

Der zweite Faktor besteht aus zwei Items, die sich beide auf den eigenen Religionsunterricht beziehen. Er wird deshalb „eigener Religionsunterricht" genannt.

Im dritten Faktor finden sich die beiden Items wieder, die mit Abstand die größte Zustimmung der Befragten gefunden haben (vgl. Tab. 3). Es handelt sich dabei um die Wertevermittlung an die nächste Generation und den eigenen Glauben, der zum Studium der Theologie motiviert hat. Um beide Aspekte im Namen des Faktors abzubilden, wird er „glaubensbasierte Wertevermittlung" genannt.

Der vierte Faktor beinhaltet die beiden Items, in denen das Studium aus kognitivem bzw. wissenschaftlichem Interesse aufgenommen wurde. Er wird deshalb „wissenschaftliches Interesse" genannt.

Der fünfte Faktor setzt sich aus den beiden Items zusammen, die andere Fächer als zu schwierig und kein anderes Studienfach als interessant ausweisen. Im Kern sprechen beide Items eine Situation an, in der es zur Theologie keine gangbare Alternative gegeben hat. Dieser Faktor wird deshalb „fehlende Studiengangalternative" genannt.

Der Zusammenhang der empirischen Faktoren mit dem *Alter* der Befragten wurde mittels einer Korrelationsanalyse nach Pearson bestimmt. Obwohl es einige signifikante Zusammenhänge gibt, erreicht keiner die Benchmark von $|r| > 0{,}23$. Damit hat das Alter keinen bedeutsamen Einfluss auf die einzelnen Faktoren der Studienmotive.

Der Einfluss des *Geschlechts* wurde per Mann-Whitney-U-Test berechnet. Dabei unterscheiden sich die Verteilungen von drei Studienmotiven signifikant, nämlich des eigenen Religionsunterrichts ($U = 417027{,}50$, $Z = -4{,}213$, $p < 0{,}001$), der glaubensbasierten Wissensvermittlung ($U = 387371{,}50$, $Z = -6{,}347$, $p < 0{,}001$) und des wissenschaftlichen Interesses ($U = 461513{,}50$, $Z = -1{,}011$, $p = 0{,}001$). Dabei liegt die mittlere Rangsumme weiblicher Befragter sowohl beim eigenen Religionsunterricht als auch bei der glaubensbasierten Wissensvermittlung etwas über derjenigen ihrer männlichen Kommilitonen. Beim wissenschaftlichen Interesse liegen die männlichen Studierenden etwas vor den weiblichen. Allerdings liegt nur im Fall der glaubensbasierten Wissensvermittlung ein geringer Effekt vor ($r = -0{,}13$). Damit kann festgehalten werden, dass weibliche Studierende ein Studium der Theologie etwas stärker aufnehmen, um später einmal ihren eigenen Glauben theologisch qualifiziert weitergeben zu können. Für alle anderen Studienmotive hat das Geschlecht dagegen keinen bedeutsamen Einfluss.

Der Einfluss der *Konfession* wurde ebenfalls per Mann-Whitney-U-Test berechnet. Einen signifikanten Unterschied in den Verteilungen zwischen evangelischen und katholischen Studierenden gibt es sowohl bei der kirchlich motivierten Glaubensvermittlung ($U = 617005{,}00$, $Z = -3{,}385$, $p = 0{,}001$) als auch beim wissenschaftlichen Interesse ($U = 634401{,}00$, $Z = -2{,}317$, $p = 0{,}021$). In beiden Fällen weisen die katholischen Studierenden einen etwas höheren mittleren Rang auf als die evangelischen. Allerdings sind die Effektstärken in beiden Fällen zu gering, um von bedeutsamen Unterschieden sprechen zu können. Da der Mann-Whitney-U-Test bei den anderen Faktoren der Studienmotive nicht signifikant ausfällt, hat auch die Konfession keinen bedeutsamen Einfluss auf diese Motive.

Schließlich wurde die Bedeutung der *Region* für die Studienmotive mittels einfaktorieller ANOVA geprüft. Signifikante Unterschiede ergaben sich hinsichtlich der kirchlich motivierten Glaubensweitergabe (Welchs F = 22,963; df = 4, p < 0,001), des wissenschaftlichen Interesses (Welchs F = 5,634; df = 4, p < 0,001) und einer fehlenden Studiengangalternative (Welchs F = 5,990; df = 4, p < 0,001). Im Detail ist die Aufnahme eines Theologiestudiums aufgrund des Willens, den Glauben aus einer kirchlichen Motivation heraus weiterzugeben, in den nördlichen Studienstandorten unterdurchschnittlich und in den südlichen Studienstandorten in Deutschland überdurchschnittlich ausgeprägt. Befragte aus westlichen und östlichen Regionen liegen hier ebenso im Durchschnitt wie die Befragten aus Österreich und der Schweiz. Beim Studienmotiv „wissenschaftliches Interesse" unterscheiden sich dagegen Österreich und die Schweiz von den deutschen Studierenden. Für die deutschen Studierenden ist dieses Interesse für die Wahl eines Theologiestudiums weniger ausschlaggebend als für ihre Kommiliton*innen aus den beiden Nachbarländern. Umgekehrt liegt der Fall bei einer fehlenden Studiengangalternative, denn diese spielt für Studierende aus Österreich und der Schweiz eine noch geringere Rolle als für Studierende aus Deutschland. Allerdings ist nur der Effekt des Unterschieds hinsichtlich der kirchlich motivierten Glaubensweitergabe groß genug (ω^2 = 0,04), dass man zumindest von einem leichten Effekt sprechen kann.

3.1.2 Erwartungen ans Studium

Die Erwartungen der Befragten ans Studium wurden ebenfalls durch ein Instrument erhoben, das Christhard Lück entlehnt wurde (Lück, 2012, S. 82–83). Wiederum wurden für sieben empirische Dimensionen in Lücks Studie die beiden Items übernommen, die am stärksten auf den jeweiligen Faktor laden. Zu jedem der 14 Items wurden die Studierenden gebeten anzugeben, wie stark sie der vorgeschlagenen Erwartung zustimmen können. Wiederum standen die folgenden sechs Antwortkategorien zur Verfügung: „stimme überhaupt nicht zu", „stimme nicht zu", „stimme eher nicht zu", „stimme eher zu", „stimme zu" und „stimme sehr zu".

Bei der Verteilung der Antworten fällt auf, dass allen Items von der Mehrheit der Befragten zugestimmt wird (vgl. Tab. 4). Sieben Erwartungen erhalten, gemessen am Mittelwert, eine sehr starke Zustimmung, die restlichen sieben eine starke. Geht man ins Detail, sind es die beiden unterrichtspraktischen Erwartungen, und zwar die Vermittlung von Unterrichtspraxis für den Religionsunterricht (M = 5,21) und methodische Hilfen für dieses Fach (M = 5,16), denen am stärksten zugestimmt wird. Orientiert man sich alleine an der Kategorie „stimme sehr zu", liegen beide Erwartungen sogar mit deutlichem Abstand auf den Plätzen 1 und 2 der Rangliste.

Tab. 4: *Häufigkeiten und deskriptive Statistik der Erwartungen ans Studium (geordnet nach Mittelwerten)*

	N	1	2	3	4	5	6	M	SD
die Vermittlung von Unterrichtspraxis für den Religionsunterricht	2734	1,5	1,4	3,3	12,8	30,5	50,5	5,21	1,04
methodische Hilfen für den Religionsunterricht	2735	1,4	1,3	4,3	12,8	33,0	47,2	5,16	1,04
eine kritische Auseinandersetzung mit kirchlichen Traditionen	2748	0,6	1,2	3,7	16,1	39,4	39,0	5,09	0,95
eine umfassende Bildung in den theologischen Disziplinen	2751	0,4	0,9	4,7	20,0	39,8	34,1	5,00	0,94
eine fundierte Einführung in die theologischen Wissenschaften	2746	0,8	1,1	6,1	19,3	35,9	36,8	4,99	1,02
Kenntnisse über andere Religionen	2753	0,8	1,4	5,7	22,6	40,8	28,7	4,87	0,99
die Entwicklung eines differenzierten Standpunkts gegenüber der Kirche	2711	0,9	1,8	8,1	22,4	38,4	28,4	4,81	1,05
eine intensive Auseinandersetzung mit fremden Religionen	2751	1,5	2,3	10,4	26,0	34,8	25,0	4,65	1,12
eine Einführung in das Christentum	2734	1,7	2,5	9,9	25,6	36,0	24,3	4,65	1,13
eine Einführung in meine eigene Konfession	2733	2,9	3,7	10,3	26,0	34,9	22,3	4,53	1,21
gute berufliche Entwicklungsmöglichkeiten	2705	2,6	4,0	13,0	30,2	32,9	17,3	4,39	1,18
der langfristigen Erwerb eines sicheren Arbeitsplatzes	2696	4,2	7,0	13,2	27,9	28,8	18,9	4,27	1,33
die Förderung des persönlichen Glaubens	2734	5,5	6,7	18,1	26,9	24,8	18,0	4,13	1,38
Anregungen, den Glauben im Alltag zu leben	2740	4,6	7,7	20,4	26,7	26,6	13,9	4,05	1,32

Legende: = stimme überhaupt nicht zu, 2 = stimme nicht zu, 3 = stimme eher nicht zu, 4 = stimme eher zu, 5 = stimme zu, 6 = stimme sehr zu, M = Mittelwert, SD = Standardabweichung. Es werden die gültigen Prozentwerte berichtet

Aber auch die nächsten drei Items kommen auf Mittelwerte, die nahe bei *M* = 5,00 liegen, nämlich die Erwartung einer kritischen Auseinandersetzung mit kirchlichen Traditionen (M = 5,09), eine umfassende theologische Bildung (*M* =

5,00) und eine fundierte Einführung in die wissenschaftliche Theologie (M = 4,99).

Am Ende dieser Rangliste stehen vier Erwartungen, denen zwar ebenfalls durchschnittlich zugestimmt wird, aber deutlich weniger stark als den anderen. Es handelt sich hierbei um die beiden Erwartungen an den Arbeitsplatz – berufliche Entwicklungsmöglichkeiten (M = 4,39) und Arbeitsplatzsicherheit (M = 4,27) – sowie um die beiden Erwartungen hinsichtlich des eigenen Glaubens – Förderung des persönlichen Glaubens (M = 4,13) und Anregungen, den Glauben im Alltag zu leben (M = 4,05). Beide Facetten spielen für die Befragten, sofern es darum geht, was sie vom Studium erwarten, offensichtlich eine eher untergeordnete Rolle.

Tab. 5:   *Explorative Faktoranalyse der Erwartungen ans Studium*

	Faktoren				
	1	2	3	4	5
eine fundierte Einführung in die theologischen Wissenschaften	0,843				
eine umfassende Bildung in den theologischen Disziplinen	0,827	0,157			
die Entwicklung eines differenzierten Standpunkts gegenüber der Kirche	0,602		0,323		0,139
die Förderung des persönlichen Glaubens		0,835			
Anregungen, den Glauben im Alltag zu leben		0,760		0,105	
eine Einführung in meine eigene Konfession	0,237	0,648	0,207		
eine Einführung in das Christentum	0,278	0,604	0,199		
eine intensive Auseinandersetzung mit fremden Religionen			0,896	0,156	
Kenntnisse über andere Religionen	0,100	0,120	0,883	0,159	
eine kritische Auseinandersetzung mit kirchlichen Traditionen	0,532		0,559		
methodische Hilfen für den Religionsunterricht		0,146	0,130	0,911	
die Vermittlung von Unterrichtspraxis für den Religionsunterricht		0,176		0,905	0,118
den langfristigen Erwerb eines sicheren Arbeitsplatzes					0,891
gute berufliche Entwicklungsmöglichkeiten		0,141		0,131	0,845
Eigenwert	3,75	1,96	1,70	1,32	1,11

Aufgeklärte Varianz: 70,3 %

Legende: Hauptkomponentenanalyse, Varimax-Rotation. Die Rotation ist in 5 Iterationen konvergiert. Faktorladungen, deren Betrag kleiner ist als 0,100, werden nicht eigens ausgewiesen.

In einer faktoranalytischen Untersuchung der Antwortmuster, entlang derer die Befragten auf die 14 Items des vorliegenden Instruments reagiert haben, können dieses Mal alle Items berücksichtigt werden. Alle weisen Korrelation mit den anderen Items auf, die stets kleiner sind als | r | = 0,30. Auch die *KMO* = 0,69 liegt über der Benchmark und der Bartlett-Test auf Sphärizität ist signifikant.

Auch die explorative Faktoranalyse zu den Erwartungen ans Studium mündet in fünf empirische Faktoren (vgl. Tab. 5). Interessanterweise laden die Items, die den persönlichen Glauben betreffen, auf denselben Faktor wie diejenigen, die eine Einführung ins Christentum bzw. die eigene Konfession formulieren. Zusammen bilden diese vier Items den zweiten Faktor, der deshalb „Einführung in den eigenen Glauben" genannt wird. Weiterhin ist bemerkenswert, dass die beiden Items, die einen kritischen Standpunkt gegenüber der Kirche ausdrücken, auf zwei unterschiedliche Faktoren laden. Wenn es um einen differenzierten Standpunkt gegenüber der Kirche geht, gehört diese Erwartung zur fundierten Einführung in die Theologie und zu einer umfassenden theologischen Bildung. Dieser Faktor wird deshalb „Theologie als Wissenschaft" genannt.

Die kritische Auseinandersetzung mit kirchlichen Traditionen lädt zwar ebenfalls relativ stark auf diesen Faktor (r = 0,53), aber noch etwas stärker auf den Faktor, der die Auseinandersetzung mit fremden Religionen beinhaltet (vgl. Tab. 5). Der zugehörige Faktor wird deshalb „Auseinandersetzung mit anderen Religionen" genannt. Dass das kritische Item auf zwei Faktoren nahezu gleich stark lädt, spielt wegen des gewählten Verfahrens keine Rolle, denn in die Variablen, die die empirischen Faktoren repräsentieren, geht jedes Item mit seiner spezifischen Ladung auf den jeweiligen Faktor ein. – Die beiden restlichen empirischen Faktoren spiegeln die theoretischen Konzepte wider, denen sich die Itemformulierungen verdanken. Im vierten Faktor finden sich die beiden Items wieder, denen es um die Vermittlung von Unterrichtspraxis geht. Er wird deshalb „Vorbereitung auf den Religionsunterricht" genannt. Die anderen beiden Items, die beide den Beruf in den Blick nehmen, bilden den fünfen Faktor. Er wird deshalb mit „guter Arbeitsplatz" betitelt.

Überprüft man die Bedeutung der Hintergrundvariablen für die fünf Faktoren der Erwartungen ans Studium, bleibt das *Alter* wiederum ohne bedeutsamen Einfluss. Zwar finden sich drei signifikante Korrelationen im Datensatz, sie fallen aber sämtlich deutlich kleiner als | r | = 0,30 aus. – Der Mann-Whitney-U-Test zur Bedeutung des *Geschlechts* für die Erwartungen ans Studium wird zwar in vier Fällen signifikant, erreicht aber nur bei der Vorbereitung auf den Religionsunterricht eine hinreichende Effektstärke (r = – 0,20), um berichtet zu werden. Im vorliegenden Fall liegt die mittlere Rangsumme weiblicher Studierender deutlich über derjenigen männlicher (U = 374711,00, Z = – 9,97, p < 0,001). Auch die *Konfessionszugehörigkeit* der Studierenden hat nur in einem Fall einen berichtenswerten Effekt auf die Studienerwartungen (r = – 0,12): Hier hegen die katholischen Befragten etwas größere Erwartungen an das Studium, wenn es um die Einführung in den eigenen Glauben geht, als die evangelischen (U = 634294,00, Z = – 5,81, p < 0,001). – Schließlich ergibt sich beim Zusammenhang zwischen *Region* und Erwartungen ans Studium auch nur für die Einführung in den eigenen

Glauben ein kleiner Effekt (ω^2 = 0,02). Die Erwartungen von Studierenden aus dem Norden und aus dem Osten Deutschlands sind hier etwas geringer ausgeprägt als die Erwartungen ihrer Kommilitonen aus dem deutschen Süden, aus Österreich und der Schweiz (Welchs F = 15,224; df = 4; p < 0,001). Weitere Unterschiede mit hinreichender Effektstärke ergeben sich nicht.

3.1.3 Zufriedenheit mit dem Studium

Die Zufriedenheit mit dem Studium wurde über das Item „Wie zufrieden sind Sie – alles in allem betrachtet – mit ihrem Theologiestudium?" gemessen. Neben der Option „will ich nicht beantworten" standen den Studierenden die Antwortmöglichkeiten „überhaupt nicht zufrieden", „nicht zufrieden", „eher nicht zufrieden", „eher zufrieden", „zufrieden" und „sehr zufrieden" offen (Lück, 2012, S. 42). Insgesamt erweisen sich die Studierenden als zufrieden (M = 4,74; SD = 0,91; vgl. Tab. 6). Nur knapp 8 % der Befragten kreuzen eine der drei Kategorien im Bereich „nicht zufrieden" an.

Tab. 6: *Häufigkeiten und deskriptive Statistik der Studienzufriedenheit, der Sicherheit der Studiengangwahl und der empfundenen Arbeitsbelastung*

	N	1	2	3	4	5	6	M	SD
Zufriedenheit	2714	0,5	1,5	5,9	25,9	48,0	18,2	4,74	0,91
Sicherheit	2766	0,9	1,3	5,1	19,1	34,8	38,8	5,02	1,02
Arbeitsbelastung	2724	0,1	1,1	9,3	38,8	37,7	12,8	4,51	0,88

Legende: 1 = überhaupt nicht zufrieden/überhaupt nicht sicher/sehr niedrig, 2 = nicht zufrieden/nicht sicher/niedrig, 3 = eher nicht zufrieden/eher nicht sicher/eher niedrig, 4 = eher zufrieden/eher sicher/eher hoch, 5 = zufrieden/sicher/ hoch, 6 = sehr zufrieden/sehr sicher/sehr hoch, M = Mittelwert, SD = Standardabweichung. Es werden die gültigen Prozentwerte berichtet.

Weil die Zufriedenheit nur anhand eines Items erfasst wurde, ist eine faktoranalytische Untersuchung hinfällig. Von den Hintergrundvariablen erweisen sich das Alter, das Geschlecht und die Konfession als bedeutungslos. Lediglich die Region, der ein Studienort zugerechnet werden kann, ergibt einen kleinen Effekt (ω^2 = 0,04). So sind die Studierenden aus Österreich und der Schweiz etwas zufriedener mit ihrem Theologiestudium (M = 4,94) als die Studierenden im Süden (M = 4,70) und im Osten (M = 4,64) der Bundesrepublik (Welchs F = 2,787; df = 4; p = 0,026).

3.1.4 Sicherheit der Studienwahl

Auch die Sicherheit bzgl. der Studiengangwahl wurde durch ein einzelnes Item erfasst, das lautet: „In meiner Entscheidung für das Theologiestudium bin ich mir zum jetzigen Zeitpunkt ..." Diesen Satzanfang konnten die Studierenden folgendermaßen vervollständigen: „überhaupt nicht sicher", „nicht sicher", „eher nicht sicher", „eher sicher", „sicher" und „sehr sicher" (Lück, 2012, S. 67). Zweifel daran, ob das Theologiestudium für sie richtig ist, äußern nur sehr wenige der Befragten (vgl. Tab. 6). Insgesamt entfallen nur 7,3 % der Antworten auf die drei Kategorien, die einen solchen Zweifel beinhalten. Entsprechend hoch fällt der Mittelwert mit $M = 5,02$ ($SD = 1,02$) aus, und fast drei Viertel der Studierenden kreuzt die Kategorien „sicher" und „sehr sicher" an. Sämtliche Hintergrundvariablen spielen keine Rolle für das subjektive Empfinden, das richtige Studium gewählt zu haben. Allerdings ist bei einem derartig hohen Mittelwert auch kaum Spielraum für entsprechende Effekte.

3.1.5 Empfundene Arbeitsbelastung im Studium

Die empfundene Arbeitsbelastung wurde ebenfalls durch ein einzelnes Item erhoben: „Wie hoch schätzen Sie Ihre Arbeitsbelastung im Theologiestudium ein?" (Lück, 2012, S. 108). Die sechsstufige Antwortskala reicht von „sehr niedrig" bis zu „sehr hoch". Diese Arbeitslast wird von den Befragten als durchschnittlich hoch empfunden ($M = 4,51$; $SD = 0,89$; vgl. Tab. 6). Im Detail meinen 12,8 % der Studierenden, dass diese Last sehr hoch sei, 37,7 %, dass sie hoch sei, und weitere 38,8 %, dass sie eher hoch sei. Damit bleiben noch 10,5 % der Befragten, die sich im Studium tendenziell wenig gefordert fühlen. Auch das Empfinden der Arbeitslast im Theologiestudium wird durch die Hintergrundvariablen Alter, Geschlecht, Konfession und Region nicht beeinflusst.

3.1.6 Verbesserungen

Um mögliche Verbesserungen innerhalb des Theologiestudiums zu erfassen, wurde ein eigenes Instrument konstruiert. Es enthält zehn Vorschläge (vgl. Tab. 7), deren Dringlichkeit anhand einer sechsstufigen Skala, die von „ganz und gar nicht dringlich" bis „sehr dringlich" reicht, eingeschätzt werden konnte.

Unter den vorgeschlagenen Verbesserungen findet sich mit „Mehr Erfahrungen mit unterrichtlicher Praxis" ein Vorschlag, der von den Befragten als sehr dringlich erachtet wird ($M = 5,00$; $SD = 1,12$; vgl. Tab. 6). Mit 42,0 % liegt der Anteil der Kategorie „sehr dringlich" doppelt so hoch wie beim nächsthöchsten Anteil. Es folgen vier Vorschläge, deren Mittelwerte zwischen $M = 4,42$ und $M = 3,82$ liegen und die damit von den Studierenden als dringlich eingestuft werden. Es handelt sich dabei um die beiden Vorschläge, bei denen es um interkonfessionelle und interreligiöse Begegnungen geht, um eine intensivere Betreuung durch die Lehrenden und um mehr Erfahrungen mit Spiritualität. Der Blick auf die Häufigkeitsverteilung zeigt, dass bei den beiden zuletzt genannten Items die Kategorie „eher dringlich" etwas stärker ausgeprägt ist als die beiden anderen Dringlichkeits-Kategorien.

Nur zwei Vorbesserungsvorschläge werden von den Studierenden als durchschnittlich wenig dringlich erachtet (vgl. Tab. 7). Es handelt sich um den Wunsch nach kleineren Veranstaltungen (M = 3,25) und eine Verringerung der Pflichtveranstaltungen im Studium (M = 3,13). Im Detail wird die Verringerung von Pflichtveranstaltung von den Befragten als noch weniger dringlich erachtet als eine Verkleinerung der Veranstaltungen. Das mag darin begründet liegen, dass die Veranstaltungen in der Theologie sowieso meistens klein sind und die Anzahl der Pflichtveranstaltungen im Vergleich zu anderen Fächern niedrig ist.

Tab. 7:   *Häufigkeiten und deskriptive Statistik der Verbesserungsvorschläge (geordnet nach Mittelwerten)*

	N	1	2	3	4	5	6	M	SD
Mehr Erfahrungen mit unterrichtlicher Praxis	2680	1,2	2,5	6,2	17,2	30,9	42,0	5,00	1,12
Mehr Begegnung mit der anderen Konfession/anderen Konfessionen	2704	2,1	5,3	13,5	28,1	30,1	21,0	4,42	1,23
Mehr interreligiöse Begegnung	2693	2,5	5,8	15,2	27,3	28,8	20,5	4,36	1,26
Intensivere Betreuung durch Lehrende	2688	3,6	10,0	26,3	29,6	21,7	8,9	3,82	1,24
Mehr Einübung von bzw. Erfahrung mit Spiritualität	2661	6,0	10,1	24,4	27,1	20,3	12,1	3,82	1,36
Freierer Studienaufbau	2664	5,5	14,9	29,5	23,4	16,2	10,5	3,61	1,35
Mehr Tutorien	2669	5,7	13,3	28,4	28,3	18,0	6,3	3,59	1,26
Mehr Beteiligung an Forschungsprojekten	2655	5,0	14,4	30,2	26,4	17,0	7,1	3,57	1,26
Kleinere Veranstaltungen	2675	9,2	17,5	32,9	23,6	13,1	3,8	3,25	1,26
Weniger Pflichtveranstaltungen	2667	8,9	22,0	36,5	17,8	9,3	5,5	3,13	1,27
Mehr Erfahrungen mit unterrichtlicher Praxis	2680	1,2	2,5	6,2	17,2	30,9	42,0	5,00	1,12

Legende: 1 = ganz und gar nicht dringlich, 2 = nicht dringlich, 3 = eher nicht dringlich, 4 = eher dringlich, 5 = dringlich, 6 = sehr dringlich, M = Mittelwert, SD = Standardabweichung. Es werden die gültigen Prozentwerte berichtet.

Weitere drei Vorschläge liegen im ambivalenten Teil der Skala, was bedeutet, dass sie von einigen als (eher) dringlich erachtet werden, von anderen aber auch nicht (vgl. Tab. 7). Es handelt sich hierbei um einen freieren Studienaufbau (M = 3,61), mehr Tutorien (M = 3,59) und eine größere Beteiligung an Forschungsprojekten (M = 3,57). Alle diese Items sind nahezu normal verteilt, sodass das Gros der Antworten sich auf die Kategorien „eher nicht dringlich" und „eher dringlich" verteilt.

Neben den vorgegebenen Kategorien enthielt das Instrument zu den Verbesserungsvorschlägen auch eine offene Kategorie, in der die Studierenden eigene Vorschläge eintragen konnten. Wenn diese Option genutzt wurde, zeugen die Antworten in der Regel von einer ernsthaften Auseinandersetzung mit dem Studium. Zu drei Aspekten finden sich mehrere Einträge:

— zu den Sprachanforderungen, die in der Regel als zu hoch empfunden werden,
— zu den Praxisanteilen im Studium, die in der Regel als zu gering erachtet werden, und
— zur Begegnung mit anderen Konfessionen und Religionen, denen nach Meinung der Befragten in der Regel ebenfalls eine zu geringe Bedeutung im Studium zukommt.

Außer diesen Schwerpunkten finden sich zahlreiche Einträge, die in ihrer konkreten Formulierung für sich stehen. Inwiefern sie dringliche Verbesserungspotenziale ausdrücken, kann aufgrund des vereinzelten Auftretens nicht seriös abgeschätzt werden. Es handelt sich hierbei zwar um Einzelaussagen, die, für sich genommen, aber Dinge ansprechen, denen grundsätzlich eine größere Bedeutung zugesprochen werden könnte. Um einen kleinen Eindruck in das Spektrum solcher Einzelaussagen zu vermitteln, sollen im Folgenden drei zur Kenntnis gegeben werden:

> „Mehr Transparenz von den Prof. Es kann nicht sein, dass ein Prof. eine Prüfung vorstellen soll und dies nicht kann. Hierzu noch: Immer wieder fallen Studierende durch Hausarbeiten oder Essays durch, da die Anforderungen der Dozenten unklar sind. So wird z.B. aus einem einfachen Essay, der 5/6 Seiten lang sollte, eine Hausarbeit mit mehr als 12 Seiten."

> „Lehramtsstudierende sollten noch mehr ermutigt werden, ein Auslandssemester zu machen, da es die Möglichkeiten der interreligiösen und -konfessionellen Begegnung eröffnet und zudem dazu veranlasst, eigene Denkmuster zu hinterfragen und Standpunkte zu beziehen. Außerdem wäre es für die Fakultäten wünschenswert, wenn es bessere Möglichkeiten gäbe, den Studienort im Laufe des Studiums zu wechseln, um zusätzliche fachliche Perspektiven aufgezeigt zu bekommen. Zusätzlich wäre ein (verpflichtendes) Praktikum in einem nicht-pädagogischen Bereich wertvoll, um einen Einblick in ‚fremde Arbeitswelten' kennenzulernen, um Jugendliche besser darin begleiten zu können, ihren eigenen Weg zu finden."

> „Meiner Meinung nach müsste ein wenig ‚aussortiert' werden. In meinem Studiengang findet sich eine sehr hohe Zahl an Studenten, welche den christlichen Glauben nicht selbst vertreten (z.T. für ‚Schwachsinn halten'). Ich halte es für fragwürdig, dass jemand Religion unterrichtet, der nicht hinter dem Glauben steht und somit die Inhalte und Werte nicht authentisch vermitteln kann."

Bei allen diesen Einzeleinträgen kann nicht abgeschätzt werden, wie repräsentativ und dringlich sie sind.

Unter den zehn vorgegebenen Verbesserungsvorschlägen ist eine faktoranalytische Untersuchung nach charakteristischen Antwortmustern unter den Studierenden möglich. Allerdings muss dazu das Item, das mehr Praxiselemente im Studium wünscht, gestrichen werden, weil es zu keinem der anderen Items eine Korrelation von mindestens $|\,r\,|$ = 0,30 aufweist. Für die restlichen neun Items ist das Kaiser-Meyer-Olkin-Kriterium knapp erfüllt (*KMO* = 0,67) und der Bartlett-Test auf Sphärizität signifikant. Die entsprechende Hauptkomponentenanalyse mit Varimax-Rotation konvergiert nach 6 Iterationen.

Tab. 8:   *Explorative Faktoranalyse der Verbesserungsvorschläge*

	Faktoren		
	1	2	3
Intensivere Betreuung durch Lehrende	0,688	0,119	0,241
Mehr Tutorien	0,643		0,226
Kleinere Veranstaltungen	0,641		0,305
Mehr Einübung von bzw. Erfahrung mit Spiritualität	0,528	0,129	–0,240
Mehr Beteiligung an Forschungsprojekten	0,508	0,218	–0,125
Mehr Begegnung mit der anderen Konfession/anderen Konfessionen	0,108	0,914	
Mehr interreligiöse Begegnung	0,176	0,899	
Weniger Pflichtveranstaltungen			0,815
Freierer Studienaufbau	0,120	0,172	0,772
Eigenwert	2,561	1,534	1,11
Aufgeklärte Varianz: 57,8 %			

Legende: Hauptkomponentenanalyse, Varimax-Rotation. Die Rotation ist in 6 Iterationen konvergiert. Faktorladungen, deren Betrag kleiner ist als 0,100, werden nicht eigens ausgewiesen.

Es ergeben sich drei empirische Faktoren (vgl. Tab. 8). Auf den ersten Faktor laden fünf Verbesserungsvorschläge, wobei keines dieser fünf Items eine sehr hohe Ladung aufweist. Die drei am stärksten ladenden Vorschläge haben gemeinsam, dass sie einen engeren Kontakt zwischen Studierenden und Dozierenden zur Folge haben. Auch die beiden restlichen Items dieses Faktors passen in dieses Bedeutungsspektrum. Deshalb wird dieser Faktor „intensivere Betreuung" genannt. Die beiden anderen Faktoren bestehen aus jeweils zwei Vorschlägen, die sämtlich hoch auf ihren Faktor laden. Beim zweiten Faktor geht es um mehr Begegnungen mit der anderen Konfession und anderen Religionen, weshalb dieses Antwortmuster „mehr interkonfessionelle/-religiöse Begegnung" betitelt wird. Auf den dritten Faktor laden die Vorschläge zu weniger Pflichtveranstaltungen und einer freieren Studienorganisation. Beide haben zur Folge, dass das Studium flexibler geplant werden könnte. Der Titel dieses Faktors lautet deshalb „flexiblere Studienorganisation".

In der eben beschriebenen Faktoranalyse wurde das Item, das mehr Praxisbezug im Studium einfordert, weggelassen, weil es zur Struktur der Antworten nicht entscheidend beiträgt. Dennoch bleibt es ein wichtiger Vorschlag, der in weiteren Berechnungen berücksichtigt werden sollte. Deshalb wird dieses Item in seiner z-standardisierten Form als vierter Faktor der Verbesserungsvorschläge aufgefasst. Er wird im Folgenden unter dem Begriff „mehr Praxisbezug" besprochen.

Die Hintergrundvariablen haben kaum einen wirksamen Einfluss auf die Verbesserungsvorschläge. Sowohl das *Alter*, als auch die Konfession und die *Region* bewirken keinen zumindest leichten Effekt in der Verteilung der Verbesserungsvorschläge. Beim *Geschlecht* ergibt sich nur ein kleiner Effekt hinsichtlich des Wunsches nach mehr Praxisbezug im Studium (r = – 0,16). Die mittlere Rangsumme weiblicher Befragter ist etwas größer als diejenige männlicher Studierender (U = 446350,50, Z = – 8,35, p < 0,001). Weitere berichtenswerte Effekte gibt es nicht.

3.1.7 Der Zusammenhang zwischen den Faktoren der Evaluation des Studiums

Abschließend haben wir den Zusammenhang der einzelnen Faktoren untersucht, die für die Evaluation des Studiums erhoben wurden. Dazu werden auch die Variablen zur Zufriedenheit, zur Sicherheit der Studiengangwahl und zur Arbeitsbelastung im Studium z-standardisiert. Insofern es sich bei allen Variablen um metrische handelt, kann der Zusammenhang mittels Pearson-Korrelation bestimmt werden.

Innerhalb dieses Gefüges gibt es zwei starke Korrelation, für die gilt | r | < 0,50 (vgl. Tab. 9). Zum einen erwarten die Befragten, im Studium Theologie als Wissenschaft umso stärker angeboten zu bekommen, je wichtiger das Studienmotiv des wissenschaftlichen Interesses ist (r = 0,54). Zum anderen ist man sich in der Wahl dieses Studiengangs umso sicherer, je zufriedener man mit dem Studium ist (r = 0,53). Zwei weitere Zusammenhänge sind zwar mittel ausgeprägt, erklären aber immerhin noch mindestens 20 % der Varianz. So wünschen sich die Befragten umso stärker mehr interkonfessionelle und interreligiöse Begegnungen im Studium, je stärker sie dort eine Auseinandersetzung mit anderen Religionen erwarten (r = 0,46). Außerdem ist der Wunsch nach mehr Praxisbezug im Studium umso größer, je stärker man von diesem Studium erwartet, auf den Religionsunterricht vorbereitet zu werden (r = 0,48). Ebenfalls noch nennenswerte mittlere Korrelationen ergaben sich zwischen der Erwartung, im Studium auf den Religionsunterricht vorbereitet zu werden, und dem Studienmotiv, später eine glaubensbasierte Wertevermittlung anbieten zu können (r = 0,42), sowie dem Motiv einer kirchlich motivierten Glaubensweitergabe und der Erwartung, im Studium stärker in den eigenen Glauben eingeführt zu werden (r = 0,40). Alle diese Zusammenhänge erscheinen intuitiv schlüssig.

Tab. 9: *Korrelationsanalyse der Faktoren zur Evaluation des Studiums (Pearson)*

	1	2	3	4	5	6	7	8
kirchlich motivierte Glaubensweitergabe								0,401
Zufriedenheit			0,526					
wissenschaftliches Interesse	0,310	0,538	0,264					
Theologie als Wissenschaft	0,275		0,254					
Vorbereitung auf den Religionsunterricht						0,475		
glaubensbasierte Wertevermittlung						0,331	0,420	
Auseinandersetzung mit anderen Religionen					0,463			
Einführung in den eigenen Glauben				0,226				
intensivere Betreuung						0,274		
mehr interkonfessionelle/-religiöse Begegnung						0,281		

Legende: 1 = Zufriedenheit, 2 = Theologie als Wissenschaft, 3 = Sicherheit der Studienwahl, 4 = intensivere Betreuung, 5 = mehr interkonfessionelle/ -religiöse Begegnung, 6 = mehr Praxisbezug, 7 = Vorbereitung auf den Religionsunterricht, 8 = Einführung in den eigenen Glauben. Es werden nur die Faktoren aufgeführt, die berichtenswerte Korrelationen aufweisen. Korrelationen mit | r | < 0,23 werden nicht berichtet. Für alle Korrelationen gilt: p < 0,001. Die gepunkteten Rahmen markieren wechselseitig eng korrelierende Variablenkomplexe.

Neben diesen Korrelationen, die einen bemerkenswerten Anteil der Varianz innerhalb der Daten aufklären, gibt es noch acht weitere mit geringerem Gewicht (vgl. Tab. 9). So hängt der Wunsch nach mehr Praxisbezug im Studium neben dem bereits berichteten Zusammenhang auch mit dem Studienmotiv, später einmal eine glaubensbasierte Wertevermittlung anbieten zu können (r = 0,33), dem Wunsch nach einer intensiveren Betreuung (r = 0,27) und dem Wunsch nach mehr Begegnung mit anderen Konfessionen und Religionen (r = 0,28) zusammen. Weiterhin korreliert die Studienzufriedenheit positiv mit dem Wunsch, Theologie als Wissenschaft angeboten zu bekommen (r = 0,28)[4] und nach einem Studium aus wissenschaftlichem Interesse heraus (r = 0,31). Gleiches gilt für die Sicherheit der Studiengangwahl (r = 0,26 bzw. r = 0,25). Schließlich hängt der Wunsch nach

---

[4] Da der Praxisbezug nachträglich den Erwartungsfaktoren beigeordnet wurde, kann er mit diesen Faktoren korrelieren. Er ist nicht Teil der orthogonalen Rotation im Rahmen der Faktoranalyse.

einer intensiveren Betreuung auch positiv zusammen mit der Erwartung, im Studium eine Einführung in den eigenen Glauben zu erfahren ($r = 0,23$). Alle diese Zusammenhänge sind jedoch schwach und daher von keiner allzu großen Bedeutung.

Schaut man nach wechselseitigen Zusammenhängen zwischen drei und mehr Faktoren, deuten sich zwei enger miteinander verknüpfte Faktorenkomplexe an (vgl. Tab. 9). Zum einen korrelieren die vier Faktoren Zufriedenheit mit dem Studium, Sicherheit in der Studienwahl, Theologie als Wissenschaft und wissenschaftliches Interesse durchgängig positiv untereinander ($0,25 < r < 0,55$). Zum anderen korrelieren die drei Faktoren Vorbereitung auf den Religionsunterricht, mehr Praxisbezug und glaubensbasierte Wertevermittlung wechselseitig positiv ($0,33 < r < 0,48$).

3.2 Das Ideal des Religionsunterrichts

Die zweite Forschungsfrage richtet sich auf den idealen Religionsunterricht in den Augen der Studierenden der evangelischen und katholischen Theologie im deutschen Sprachraum. Dieses Ideal wurde anhand von vier Analyseperspektiven erhoben, nämlich den präferierten Bildungszielen, den präferierten Rollenbildern für eine Religionslehrperson, der Einschätzung der Erwartung, dass eine Lehrkraft im Religionsunterricht Position beziehen soll, und der präferierten Organisationsform des Religionsunterrichts. Die Antworten auf alle vier Perspektiven werden im Folgenden ausgewertet, indem zuerst Häufigkeitsverteilungen und die deskriptive Statistik berichtet, anschließend im Fall der Fälle die einzelnen Items mittels explorativer Faktoranalyse zu charakteristischen Antwortmustern verdichtet und abschließend die Bedeutung der Hintergrundvariablen auf das Antwortverhalten berechnet wird. In einem letzten Schritt wird dann der Zusammenhang zwischen den einzelnen Faktoren besagten Ideals korrelationsanalytisch erfasst.

3.2.1 Präferierte Bildungsziele

Die Bildungsziele, die der Religionsunterricht in den Augen der Studierenden erreichen soll, wurden durch ein Instrument erhoben, das einer Umfrage Andreas Feiges und Werner Tzscheetzschs in Baden-Württemberg entlehnt ist, sich aber auch schon bei früheren Befragungen findet (Feige & Tzscheetzsch, 2005, S. 93; Feige et al., 2000, S. 226). Während das Prompt unverändert übernommen wurde, setzt sich die Itemliste aus den beiden Items zusammen, die die faktoranalytisch gefundenen empirischen Dimensionen in diesem Instrument am stärksten repräsentieren. Außerdem wurden noch die beiden Items „Zugänge zur Bibel zu schaffen" und „Geschlechtergerechtigkeit anbahnen" (Feige et al., 2000, S. 226) übernommen, um zwei materiale Zielperspektiven zu erfassen, die einen traditionellen (Bibel) und einen aktuell diskutierten Inhalt des Religionsunterrichts (Geschlechtergerechtigkeit) abbilden. Die Studierenden wurden gebeten, jedes vorgeschlagene Bildungsziel daraufhin einzuschätzen, für wie angemessen sie es für den Religionsunterricht erachten. Dabei hatten sie die Optionen, „nicht angemessen", „eher nicht angemessen", „eher angemessen" und „angemessen" zu wählen.

Tab. 10: *Häufigkeiten und deskriptive Statistik der Bildungsziele (geordnet nach Mittelwerten)*

	N	1	2	3	4	M	SD
allgemeine Wertvorstellungen vermitteln	2752	1,2	5,7	25,3	67,8	3,60	0,65
Orientierung zur Identitätsbildung anbieten	2753	1,1	5,6	26,3	66,9	3,59	0,65
Perspektiven Andersgläubiger sehen lernen	2752	1,7	7,1	29,2	62,0	3,51	0,70
interreligiöse Dialogfähigkeit fördern	2743	2,2	8,9	27,1	61,9	3,49	0,75
den christlichen Glauben mit menschlichen Erfahrungen in Beziehung setzen	2750	1,4	9,3	36,2	53,1	3,41	0,72
Geschlechtergerechtigkeit anbahnen	2703	5,7	12,2	27,3	54,8	3,31	0,89
christliche Grundbildung vermitteln	2750	2,6	13,6	39,7	44,0	3,25	0,79
die Urteilsfähigkeit gegenüber der Kirche fördern	2735	2,5	15,2	39,9	42,3	3,22	0,79
Lebens- als Glaubensfragen erschließen	2749	4,2	15,9	33,5	46,3	3,22	0,86
Zugänge zur Bibel zu schaffen	2751	4,0	23,8	39,5	32,6	3,01	0,85
Ansätze zu theologischem Fachwissen vermitteln	2751	4,5	24,8	44,0	26,8	2,93	0,83
Formen gelebter Religion einüben	2737	18,2	32,3	31,5	18,0	2,49	0,99
in der Kirche beheimaten	2702	29,0	43,9	21,0	6,1	2,04	0,86

Legende: 1 = nicht angemessen, 2 = eher nicht angemessen, 3 = eher angemessen, 4 = angemessen, M = Mittelwert, SD = Standardabweichung. Es werden die gültigen Prozentwerte berichtet.

Wie bei derartigen Befragungen üblich, ist die Zustimmungsrate der Studierenden durchgängig relativ hoch (vgl. Tab. 10). Das verwundert nicht, wurde doch kein Ziel vorgeschlagen, das offensichtlich gängigen pädagogischen oder kulturellen Standards widerspricht. Umso mehr fällt auf, dass die Studierenden im

Durchschnitt zwei Items absprechen, für den Religionsunterricht angemessen zu sein. Dabei handelt es sich um das Einüben von Formen gelebter Religion (*M* = 2,49) und einer Beheimatung in der Kirche (*M* = 2,04). Beide Einstufungen sind insofern bemerkenswert, als der performanzorientierte Ansatz explizit auf Formen gelebter Religion setzt und die Beheimatung in der Kirche zumindest in den Dokumenten der katholischen Bischöfe zum Religionsunterricht implizit immer noch durchscheint.

Alle anderen Items werden von den Studierenden durchgängig als für einen idealen Religionsunterricht angemessen eingestuft (vgl. Tab. 10). Nahezu einstimmig fällt dieses Urteil aus, wenn es um die Wertevermittlung (M = 3,60), Angebote zur Identitätsbildung (M = 3,59), Einblicke in die Perspektive Andersgläubiger (M = 3,51) und eine interreligiöse Dialogfähigkeit (M = 3,49) geht. Damit liegen die vier Items an der Spitze der Rangliste, die den Blick über den konfessionellen Kern des Religionsunterrichts hinaus richten.

Ähnlich eindeutig wird von den restlichen Items eigentlich nur die Korrelation von Glauben und Erfahrung als angemessen erachtet (M = 3,41; vgl. Tab. 10). Bei allen anderen Items findet sich ein nennenswerter Anteil von Stimmen, die das jeweilige Ziel als (eher) nicht angemessen für den Religionsunterricht einstufen. Entsprechend zurückhaltender fällt die durchschnittliche Zustimmung aus, wenn es im Religionsunterricht um Geschlechtergerechtigkeit, eine christliche Grundbildung, eine Urteilsfähigkeit gegenüber der Kirche, Zugänge zur Bibel und theologisches Fachwissen gehen soll. Alle diese Ziele werden mehrheitlich als angemessen eingestuft, aber nicht so unbestritten, wie die zuvor beschriebenen. Letzteres gilt auch für das Ziel, Lebens- als Glaubensfragen zu erschließen (M = 3,22), was insofern bemerkenswert erscheint, weil der Korrelation zwischen Glauben und Leben stärker zugestimmt wurde (M = 3,41). Offensichtlich macht es für viele Studierende einen Unterschied, ob die Verbindung aus dem Glauben heraus ins Leben geht oder aus dem Leben in den Glauben hinein.

Die 13 vorgegebenen Bildungsziele erlauben eine faktoranalytische Untersuchung nach charakteristischen Antwortmustern unter den Studierenden, sofern man das Item „theologisches Fachwissen vermitteln" streicht. Es weist zu keinem der anderen Items eine Korrelation von mindestens | r | = 0,30 auf. Für die restlichen zwölf Items ist das Kaiser-Meyer-Olkin-Kriterium sehr gut erfüllt (*KMO* = 0,80) und der Bartlett-Test auf Sphärizität signifikant. Die entsprechende Hauptkomponentenanalyse mit Varimax-Rotation konvergiert nach drei Iterationen.

Die Analyse ergibt zwei empirische Faktoren (vgl. Tab. 11). Auf den ersten Faktor laden sechs Items, die den Religionsunterricht sämtlich aus einer konfessionellen Perspektive heraus thematisieren. Es geht dabei ebenso um Zugänge zur Bibel, Formen gelebter Religion oder die Beheimatung in der Kirche wie um eine christliche Grundbildung und die Korrelation von Leben und Glauben. Alle diese Ziele sind innerhalb des Rahmens eines konfessionellen Religionsunterrichts gut begründbar, während sie ohne diesen konfessionellen Rahmen stark angefragt werden können. Dieser Faktor wird deshalb „konfessionelles Zielspektrum" genannt. Die anderen sechs Items, die den zweiten Faktor bilden, bedürfen eines solchen konfessionellen Rahmens nicht. Sie könnten z.B. in einem religionskundlichen Unterricht ebenfalls problemlos angeboten werden. Das gilt sowohl für die interreligiöse Perspektive, wie auch für die Wertevermittlung oder die Angebote zur Identitätsbildung oder die Geschlechtergerechtigkeit. Hierbei handelt es sich sämtlich um pädagogisch begründbare Ziele, die keines konfessionellen Rahmens bedürfen. Der Faktor wird deshalb „pädagogisches Zielspektrum" genannt. Bemerkenswerterweise fällt das Item „die Urteilsfähigkeit gegenüber der Kirche fördern" ebenfalls in diesen Faktor, was gleichzeitig bedeutet, dass es für die Studierenden nicht zu einem konfessionellen Zielspektrum passt.

Tab. 11:   *Explorative Faktoranalyse der präferierten Bildungsziele*

	Faktoren	
	1	2
Zugänge zur Bibel zu schaffen	0,725	
christliche Grundbildung vermitteln	0,711	
Formen gelebter Religion einüben	0,670	
den christlichen Glauben mit menschlichen Erfahrungen in Beziehung setzen	0,662	0,256
in der Kirche beheimaten	0,631	−0,184
Lebens- als Glaubensfragen erschließen	0,589	0,231
interreligiöse Dialogfähigkeit fördern		0,760
Perspektiven Andersgläubiger sehen lernen		0,746
Orientierung zur Identitätsbildung anbieten	0,243	0,612
Geschlechtergerechtigkeit anbahnen	−0,133	0,608
die Urteilsfähigkeit gegenüber der Kirche fördern		0,586
allgemeine Wertvorstellungen vermitteln	0,216	0,460
Eigenwert	3,11	2,82
Aufgeklärte Varianz: 44,9 %		

Legende: Hauptkomponentenanalyse, Varimax-Rotation. Die Rotation ist in 3 Iterationen konvergiert. Faktorladungen, deren Betrag kleiner ist als 0,100, werden nicht eigens ausgewiesen.

Weil die Vermittlung theologischen Fachwissens in der Faktoranalyse nicht berücksichtigt werden konnte, für das Ideal des Religionsunterrichts aber eine dritte Perspektive aufmacht, wird es z-standardisiert und im Sinn eines dritten Faktors unter dem Namen „fachwissenschaftliches Zielspektrum" in den weiteren Berechnungen berücksichtigt. Da es nicht Teil der orthogonalen Rotation innerhalb der Faktoranalyse war, kann es mit den beiden eben beschriebenen Zielperspektiven korrelieren.

Von den Hintergrundvariablen hat das *Alter* der Studierenden ebenso wenig einen Einfluss auf die Präferenz bestimmter Bildungsziele wie deren *Konfessionszugehörigkeit*. Hinsichtlich des *Geschlechts* ergibt sich ein kleiner Effekt beim pädagogischen Zielspektrum ($r = -0{,}13$). Die mittlere Rangsumme weiblicher Befragter ist hier etwas größer als diejenige männlicher Studierender ($U = 441148{,}50$, $Z = -6{,}81$, $p < 0{,}001$). Die *Region* des Studienorts spielt für das konfessionelle Zielspektrum eine gewisse Rolle (Welchs $F = 32{,}88$; $df = 4$; $p < 0{,}001$). Die Effektstärke ist mit $\omega^2 = 0{,}04$ klein. Die größte Zustimmung findet es in Österreich und der Schweiz. Signifikant niedriger, aber immer noch überdurchschnittlich fällt die Zustimmung in den Standorten im Süden Deutschlands aus. Unterdurchschnittliche Zustimmung erhält dieses Zielspektrum von den Studierenden im Norden und im Osten der Bundesrepublik. Weitere signifikante Effekt können nicht beobachtet werden.

3.2.2   Präferierte Rollenbilder

Die Einschätzung möglicher Rollenbilder für Religionslehrpersonen wurde anhand eines Instruments durchgeführt, das Uta Pohl-Patalong in ihrem ReVikoR-Projekt eingesetzt hat (Pohl-Patalong et al., 2016, S. 126). Da in der vorliegenden Studie keine Religionslehrkräfte, sondern Studierende gefragt wurden, änderten wir das Prompt dahingehend, dass nach der Wichtigkeit der verschiedenen Rollenbilder für Lehrpersonen im Religionsunterricht gefragt wurde. Ansonsten wurden die Items mit einer Ausnahme wörtlich übernommen. Lediglich das Item „‚Reiseleitung' im Land der Religion" wurde weggelassen, weil es kaum seriös interpretiert werden kann. Damit standen den Studierenden neun mögliche Rollen von Lehrpersonen zur Beurteilung zur Verfügung. Dieses Urteil erfolgte auf einer fünf-Punkt Likert-Skala, die von „überhaupt nicht wichtig" bis „sehr wichtig" reicht.

Auch wenn keines der angebotenen Rollenbilder durchschnittlich von den Studierenden abgelehnt wird, ist die Spreizung in der Beurteilung doch markant (vgl. Tab. 12). Nahezu alle Befragten meinen, dass eine Religionslehrperson zu eigenständiger Urteilsbildung und kritischer Auseinandersetzung anregen soll ($M = 4{,}73$). 78 % der Studierenden ist dieses Rollenideal sehr wichtig, weiteren 18 % eher wichtig. Nur geringfügig weniger Zustimmung erhält das Ideal, nach dem Religionslehrkräfte die Schüler*innen in ihrer Persönlichkeitsentwicklung begleiten sollen ($M = 4{,}62$). Beide Rollen stehen mit deutlichem Abstand an der Spitze der Rangliste.

Es folgen zwei Rollenmodelle, die ebenfalls noch auf einen Mittelwert von größer als $M = 4{,}00$ kommen (vgl. Tab. 12). Es handelt sich hierbei um die staatliche, dem schulischen Bildungs- und Erziehungsauftrag verpflichtete Lehrkraft ($M = 4{,}25$) und die Moderatorin unterschiedlicher religiöser Vorstellungen ($M =$

4,04). Mit dem letzten Rollenmodell kommt zum ersten Mal eine explizit religiöse Dimension im Lehrkraftideal zum Ausdruck.

Es folgen vier Rollenbilder, die alle mehrheitlich als eher wichtig eingestuft
werden und deren Mittelwert zwischen M = 3,84 und M = 3,40 liegt (vgl. Tab. 12).
Die ersten drei Ideale dieser Rangfolge haben ein dezidiert konfessionelles Profil,
denn es handelt sich um die Lehrperson als Vermittlerin des christlichen Glaubens bzw. dieses Glaubens in einer seiner konfessionellen Spielarten und um das
authentische Beispiel gelebter Religion. Lediglich die Vorstellung, eine Religionslehrkraft sei wertneutrale Wissensvermittlerin bricht aus diesem konfessionellen Profil aus, wird aber auch als etwas weniger angemessen erachtet als die
anderen drei.

Tab. 12: *Häufigkeiten und deskriptive Statistik der Rollenbilder (geordnet nach Mittelwerten)*

	N	1	2	3	4	5	M	SD
Lehrperson, die zu ei-genständiger Urteilsbil-dung und kritischer Auseinandersetzung an-regt	2750	0,2	0,6	3,2	18,2	77,8	4,73	0,57
Begleitung für die Per-sönlichkeits-entwick-lung der Schüler*innen	2752	0,4	0,8	4,5	25.2	69,1	4,62	0,65
staatliche Lehrkraft, die dem Bildungs- und Er-ziehungsauftrag ver-pflichtet ist	2740	0,9	2,7	13,7	35,8	46.9	4,25	0,85
Moderator*in unter-schiedlicher religiöser Vorstellungen	2734	1,5	4,4	18,1	40,5	35,6	4,04	0,92
Vermittler*in des christlichen Glaubens.	2743	2,8	6,5	22,8	40,1	27,9	3,84	1,00
Vermittler*in des evan-gelischen bzw. katholi-schen Glaubens	2745	3,9	7,7	25,5	38,3	24,5	3,72	1,04
authentisches Beispiel für gelebte Religion	2735	5,7	12,2	24,6	31,6	25,9	3,60	1,16
wertneutrale Wissens-vermittler*in	2730	7,4	13,2	29,0	24,7	25,7	3,48	1,21
Vertreter*in der Kirche	2739	10,2	19,6	31,4	26,5	12,2	3,11	1,16

Legende: 1 = überhaupt nicht wichtig, 2 = eher nicht wichtig, 3 = teils/teils, 4 = eher wichtig, 5 = sehr wichtig, ;
M = Mittelwert, SD = Standardabweichung. Es werden die gültigen Prozentwerte berichtet.

Deutlich abgeschlagen auf dem letzten Platz und als einziges Rollenideal im ambivalenten Bereich der Skala rangiert die Vorstellung, eine Religionslehrperson
sei eine Vertreterin der Kirche (M = 3,11; vgl. Tab. 12). Diese Vorstellung erachten zwar knapp 13 % als sehr wichtig, aber eben auch 10 % als überhaupt nicht

wichtig. Das Gros der Studierenden stuft dieses Bild als „teils/teils" ein, sie sind also unentschlossen, ob es für den Religionsunterricht wichtig ist oder nicht.

In die explorative Faktoranalyse können dieses Mal alle neun Items übernommen werden. Das Kaiser-Meyer-Olkin-Kriterium ist mit $KMO = 0,73$ ebenso erfüllt wie die Signifikanzanforderung an den Bartlett-Test auf Sphärizität. Die Varimax-Rotation der Hauptkomponentenanalyse konvergiert in drei Iterationen und ergibt zwei klar konturierte empirische Faktoren (vgl. Tab. 13). Der erste Faktor beinhaltet die vier Rollenbilder mit einem klaren konfessionellen Profil. Demnach ist eine Religionslehrperson eine Vermittlerin des christlichen Glaubens oder aber spezieller des evangelischen bzw. katholischen Glaubens, ein authentisches Beispiel gelebter Religion und eine Vertreter*in der Kirche. In der Folge wird dieser Faktor „konfessionelles Rollenprofil" genannt. Die anderen fünf Items laden auf den zweiten Faktor. Es geht hierbei um Anleitung zu Urteilsbildung oder Persönlichkeitsentwicklung, die Moderation unterschiedlicher religiöser Vorstellungen, eine wertneutrale Wissensvermittlung und die Verwirklichung des staatlichen Bildungsauftrags. Alle diese Ideale entsprechen dem pädagogischen Profil von Schule, weshalb der Faktor „pädagogisches Rollenprofil" genannt wird. Offensichtlich wiederholt sich bei den Rollenidealen das Kalkül, nach dem die Befragten bereits die präferierten Bildungsziele eingestuft haben.

Tab. 13: *Explorative Faktoranalyse der präferierten Rollenbilder*

	Faktoren	
	1	2
Vermittler*in des christlichen Glaubens	0,833	
Vermittler*in des evangelischen bzw. katholischen Glaubens	0,807	
authentisches Beispiel für gelebte Religion	0,740	
Vertreter*in der Kirche	0,733	
Lehrperson, die zu eigenständiger Urteilsbildung und kritischer Auseinandersetzung anregt		0,703
Moderator*in unterschiedlicher religiöser Vorstellungen		0,675
Begleitung für die Persönlichkeitsentwicklung der Schüler*innen	0,270	0,581
wertneutrale Wissensvermittler*in	−0,313	0,530
staatliche Lehrkraft, die dem Bildungs- und Erziehungsauftrag verpflichtet ist		0,460
Eigenwert	2,65	1,75
Aufgeklärte Varianz: 48,8 %		

Legende: Hauptkomponentenanalyse, Varimax-Rotation. Die Rotation ist in 3 Iterationen konvergiert. Faktorladungen, deren Betrag kleiner ist als 0,100, werden nicht eigens ausgewiesen.

Das Alter der Studierenden spielt für die Einschätzung der beiden Rollenprofile keine Rolle. Beim Geschlecht ergibt sich ein bedeutsamer Unterschied hinsichtlich des pädagogischen Profils ($r = - 0,12$), insofern die mittlere Rangsumme der weiblichen Studierenden etwas größer ist als die der männlichen (U = 471428,00; Z = − 6,241; p < 0,001). Die Konfession hat Einfluss auf die Beurteilung des konfessionellen Profils (r = − 0,14). Hier fällt die mittlere Rangsumme katholischer Befragter etwas höher aus als diejenige evangelischer Studierender (U = 674165,00; Z = 6,910; p < 0,001). Beim konfessionellen Profil ist schließlich auch die Region von einer gewissen Bedeutung (Welchs F = 48,599; df = 4; p < 0,001), der Effekt ist sogar ein mittlerer (ω^2 = 0,06). Die Studierenden aus Österreich und der Schweiz schreiben dem konfessionellen Rollenprofil die größte Bedeutung zu. Signifikant geringer, aber immer noch überdurchschnittlich positiv schätzen dieses Profil die Studierenden aus Deutschlands Süden und Westen ein. Klar unterdurchschnittlich schneidet dieses Profil dagegen bei den Studierenden im Norden und im Osten der Republik ab. Beim pädagogischen Rollenprofil ergeben sich keinerlei bedeutsame Zusammenhänge.

3.2.3   Positionalität der Lehrperson

Ebenfalls aus dem ReVikoR-Projekt wurde das Instrument entlehnt, anhand dessen die Beurteilung der Positionalität, die Lehrpersonen im Religionsunterricht zeigen, erfolgt (Pohl-Patalong et al., 2017, S. 266, 268). Zwei Items des Originals wurden nicht übernommen. Es handelt sich dabei um die Items „wenn die Lehrkraft abwertend über die andere Konfession spricht" und „wenn ihr gemeinsam nach Wahrheiten/ Antworten auf schwierige Glaubensfragen sucht", weil das erste Item eher unwahrscheinlich klingt und sich das zweite Item nicht auf den Ausdruck individueller Positionalität im Religionsunterricht bezieht. Dafür wurde je ein Item zum Herausarbeiten der Gemeinsamkeiten und Unterschiede zwischen den Religionen ergänzt, um den entsprechenden Items, die sich auf die beiden christlichen Konfessionen beziehen, zwei interreligiöse zur Seite zu stellen. Damit besteht das in der vorliegenden Erhebung verwendete Instrument aus neun Items. Die Antwortoptionen reichen auf einer fünf-Punkt Likert-Skala von „ganz schlecht" bis zu „sehr gut".

Unter den neun Aussagen zur Positionalität der Lehrperson im Religionsunterricht wird nur eine einzige als durchweg schlecht von den Studierenden eingeschätzt (vgl. Tab. 14). Für die überwiegende Mehrheit der Befragten ist es nicht akzeptabel, wenn die Lehrkraft im Religionsunterricht ihre Schüler*innen von ihrem Glauben überzeugen will (M = 1,89). 48 % der Befragten stufen diese Aussage als sehr schlecht ein, weitere 26 % als eher schlecht.

Die größte Zustimmung erhält die Vorstellung, dass Religionslehrpersonen im Unterricht die Gemeinsamkeiten zwischen dem Christentum und den anderen Religionen (M = 4,46) bzw. zwischen den beiden großen christlichen Konfessionen herausarbeiten (M = 4,33; vgl. Tab. 14). In beiden Fällen erachten das über 90 % der Befragten als (eher) gut. Etwas geringer, aber immer noch sehr hoch, fällt die Zustimmung dazu aus, dass die Lehrperson im Unterricht bekennt, dass sie an Gott glaubt (*M* = 4,11), und die Unterschiede zwischen dem Christentum und den anderen Religionen deutlich macht (*M* = 4,05). Die beiden sinngemäßen Aussagen, dass die Lehrperson von eigenen Erfahrungen von Gott erzählt und die Unterschiede zwischen evangelischen und katholischen deutlich macht, erhalten eine nur leicht geringere Zustimmung.

Die letzten beiden Items des Instruments kommen ebenfalls auf eine namhafte Zustimmung (vgl. Tab. 14). Im Detail überwiegen aber in beiden Fällen die Befragten, die diese Aussage als „eher gut" einstufen denn als „sehr gut". Es handelt sich hierbei um eine gegenüber der Kirche kritische Lehrkraft (*M* = 3,61) und eine Lehrkraft, die mit den Kindern und Jugendlichen das Beten, Meditieren oder Segnen ausprobiert (*M* = 3,57).

Tab. 14: *Häufigkeiten und deskriptive Statistik der Positionalität (geordnet nach Mittelwerten)*

	N	1	2	3	4	5	M	SD
die Gemeinsamkeiten zwischen Christentum und den anderen Religionen deutlich macht.	2759	0,3	0,9	6,8	36,2	55,8	4,46	0,69
die Gemeinsamkeiten zwischen evangelisch und katholisch deutlich macht.	2748	0,2	0,5	8,9	46,5	43,9	4,33	0,68
sagt, dass sie an Gott glaubt.	2730	0,8	2,3	22,6	33,3	41,0	4,11	0,89
die Unterschiede zwischen Christentum und den anderen Religionen deutlich macht.	2757	0,8	4,5	19,7	38,8	36,2	4,05	0,90
von eigenen Erfahrungen mit Gott erzählt.	2740	2,0	7,3	23,7	32,2	34,9	3,91	1,02
die Unterschiede zwischen evangelisch und katholisch deutlich macht.	2747	1,3	6,3	28,3	38,3	25,8	3,81	0,94
kritisch gegenüber der Kirche ist.	2745	2,4	7,2	38,1	31,9	20,5	3,61	0,97
mit den Schüler*innen das Beten, Meditieren und Segnen ausprobiert.	2737	4,6	9,8	31,5	31,6	22,4	3,57	1,08
die Schüler*innen von ihrem Glauben überzeugen will.	2743	47,6	26,2	19,0	4,3	2,9	1,89	1,04

Legende: 1 = ganz schlecht, 2 = eher schlecht, 3 = teils/teils, 4 = eher gut, 5 = sehr gut; M = Mittelwert, SD = Standardabweichung. Es werden die gültigen Prozentwerte berichtet.

Für die explorative Faktoranalyse muss das Item „kritisch gegenüber der Kirche ist" gestrichen werden, weil es mit keinem anderen mit mindestens $|r| = 0{,}30$ korreliert. Die Analyse über den restlichen acht Items erfüllt das Kaiser-Meyer-Olkin-Kriterium gerade so ($KMO = 0{,}60$), der Bartlett-Test auf Sphärizität ist signifikant. Die Analyse konvergiert in fünf Iterationen und wirft drei empirische Faktoren aus (vgl. Tab. 15). Den ersten Faktor bilden die vier Aussagen, in denen sich die Lehrperson zu ihrem Glauben bekennt und diesen Glauben auch mit den Schüler*innen ausprobiert, bis hin dazu, dass sie die Lernenden von diesem Glauben überzeugen will. Dadurch, dass das letzte Item von den Studierenden faktisch abgelehnt wird, ist klar, dass es die Kehrseite dieser bekenntnisorientierten Positionalität darstellt. In der Summe steht der erste Faktor also für eine am Bekenntnis orientierte Positionalität. Auf den zweiten Faktor laden die beiden Items, in denen die Lehrperson Gemeinsamkeiten zwischen den Konfessionen und Religionen herausarbeitet. Er steht damit für eine Positionalität, die sich an den Gemeinsamkeiten orientiert. Insofern der dritte Faktor die beiden Aussagen beinhaltet, die die Unterschiede betonen, orientiert sich die in ihm repräsentierte Positionalität entsprechend an den Unterschieden.

Tab. 15: *Explorative Faktoranalyse zur Positionalität*

	Faktoren		
	1	2	3
von eigenen Erfahrungen mit Gott erzählt.	0,838		
sagt, dass sie an Gott glaubt.	0,805		
die Schüler*innen von ihrem Glauben überzeugen will.	0,657	0,240	−0,323
mit den Schüler*innen das Beten, Meditieren und Segnen ausprobiert.	0,599		0,196
die Unterschiede zwischen evangelisch und katholisch deutlich macht.		0,896	0,194
die Unterschiede zwischen Christentum und den anderen Religionen deutlich macht.		0,883	0,184
die Gemeinsamkeiten zwischen Christentum und den anderen Religionen deutlich macht.		0,160	0,855
die Gemeinsamkeiten zwischen evangelisch und katholisch deutlich macht.	0,143	0,239	0,773
Eigenwert	2,41	1,99	1,04
Aufgeklärte Varianz: 68,0 %			

Legende: Hauptkomponentenanalyse, Varimax-Rotation. Die Rotation ist in 5 Iterationen konvergiert. Faktorladungen, deren Betrag kleiner ist als 0,100, werden nicht eigens ausgewiesen.

Weil das kritische Item nicht Bestandteil der Faktoranalyse war, wird es wieder z-standardisiert und als Faktor „an Kritik orientierte Positionalität" in den weiteren Analysen berücksichtigt. Korrelationen mit den drei anderen Faktoren sind möglich, weil es nicht Teil der orthogonalen Rotation in der Faktoranalyse war.

Das *Alter* hat auch hier wiederum keinen Einfluss auf die Beurteilung der vier Faktoren zur Positionalität von Lehrpersonen im Religionsunterricht. Beim *Geschlecht* ergibt sich ein signifikanter Unterschied mit hinreichender Effektstärke ($r = -0{,}10$). Die mittlere Rangsumme männlicher Studierender ist bei der an Gemeinsamkeiten orientierten Positionalität etwas höher als die weiblicher Befragter ($U = 479813{,}00$; $Z = -5{,}310$; $p < 0{,}001$). Die *Konfession* bewirkt dagegen gleich drei nennenswerte Unterschiede. So schätzen katholische Befragte die am Bekenntnis orientierte Positionalität ebenso etwas höher ein als evangelische Studierende ($U = 631333{,}00$; $Z = -9{,}212$; $p < 0{,}001$) wie auch die an Kritik orientierte ($U = 693960{,}00$; $Z = -8{,}093$; $p < 0{,}001$). Umgekehrt schätzen dagegen evangelische Befragte eine an Gemeinsamkeiten orientierte Positionalität etwas höher ein als ihre katholischen Kommiliton*innen ($U = 682367{,}00$; $Z = -6{,}474$; $p < 0{,}001$). Die Effektstärken liegen im Bereich von $r = -0{,}13$ und $r = -0{,}18$.

Die *Region* wirkt sich schließlich lediglich auf die am Bekenntnis orientierte Positionalität mit einem mittleren Effekt aus ($\omega^2 = 0{,}07$) aus (Welchs $F = 53{,}012$; $df = 4$; $p < 0{,}001$). Es ergibt sich die mittlerweile bekannte Reihenfolge: Die größte Wertschätzung erfährt diese Form der Positionalität unter Studierenden aus Österreich und der Schweiz. Ihre Kommiliton*innen aus dem Süden Deutschlands schätzen eine am Bekenntnis orientierte Positionalität zwar ebenfalls überdurchschnittlich positiv ein, aber signifikant weniger positiv als die zuvor genannte Gruppe. Eine unterdurchschnittliche und sich von den anderen Befragten signifikant absetzende Wertschätzung wird dieser Positionalität von den Befragten aus dem Norden und Osten Deutschlands zugeschrieben.

3.2.4 Präferierte Organisationsform

Das Instrument zu den präferierten Organisationsformen von Religionsunterricht haben wir wieder in Anlehnung an Feige und Tzscheetzsch gestaltet (Feige & Tzscheetzsch, 2005, S. 55). Dabei wurde im Prompt der Verweis auf die verfassungsrechtliche Grundlage weggelassen, weil es in der vorliegenden Untersuchung um das Ideal eines zukünftigen Religionsunterrichts geht. Außerdem haben wir in den Items neben der Klassenkonstellation, die auch Feige und Tzscheetzsch beschreiben, jeweils auch der Fachbegriff genannt, unter dem die jeweilige Version religionsdidaktisch diskutiert wird. Schließlich haben wir das Instrument nur auf die idealtypischen Organisationsformen hin konzentriert. Kleinteilige Unterschiede, wie z.B. dass man das konfessionell-kooperative Modell sowohl im Lehrerwechsel als auch im Team-Teaching erteilen kann (so z.B. bei Feige et al., 2000, S. 315), wurden den Studierenden nicht angeboten. Ziel der Befragung war es, die elementaren Strukturen im Ideal der Organisation eines zukünftigen Religionsunterrichts zu erfassen. Kleinteilige Differenzierungen würden von diesen Strukturen ablenken. Im Fragebogen fanden die Studierenden schließlich sechs unterschiedliche Optionen, die vom konfessionellen Religionsunterricht in herkömmlicher Form bis zum Verzicht auf jeglichen Religionsunterricht reichen. Im Instrument wurden die Studierenden gebeten, diese sechs Formen in eine Rangliste zu bringen, wobei Rang 1 der zukunftsträchtigsten Organisationsform vorbehalten war und Rang 6 derjenigen, die man als am wenigsten zukunftsfähig erachtete.

Für die Berechnung der durchschnittlichen Beurteilung wurde im Fall der Organisationsformen der Mittelwert durch den Median ersetzt, weil dieser die exakten Rangplätze anzeigt, die das Antwortverhalten der Studierenden in zwei Hälften teilt (vgl. Tab. 16). An die Stelle der Standardabweichung ist entsprechend der Interquartilsabstand (IQA) als Maß der Streuung getreten. Die Organisationsformen wurden in der Tabelle nach absteigendem Rang geordnet. Bei Ranggleichheit wurde als weiterer Ordnungsaspekt der IQA herangezogen, wobei gilt, dass das Antwortverhalten der Studierenden umso konsistenter ausfällt, je kleiner der IQA ist.

Tab. 16: *Häufigkeiten und deskriptive Statistik der Organisationsformen (geordnet nach Median)*

	N	1	2	3	4	5	6	Mdn	IQA
konfessionell-kooperativer Religionsunterricht	2765	0,8	4,6	17,0	22,1	33,3	22,4	5	1
interreligiör Religionsunterricht	2765	1,5	7,4	13,9	29,7	26,1	21,4	4	1
Religionskunde	2765	1,4	11,6	28,1	21,2	18,7	18,9	4	2
konfessioneller Religionsunterricht	2765	5,4	21,7	17,4	11,5	12,9	31,0	4	4
Ethik- statt Religionsunterricht	2765	6,8	46,4	20,5	12,9	7,3	6,0	2	2
kein Religions- und Ethikunterricht	2765	84,1	8,3	3,0	2,6	1,6	0,3	1	1

Legende: 1 = Rang 6, 2 = Rang 5, 3 = Rang 4, 4 = Rang 3, 5 = Rang 2, 6 = Rang 1, Mdn = Median, IQA = Interquartilsabstand. Es werden die gültigen Prozentwerte berichtet.

Schaut man unter diesen Prämissen auf die Verteilung der Ränge, erachten die Befragten den konfessionell-kooperativen Religionsunterricht im Durchschnitt als die Organisationsform, der sie die größte Zukunft zuschreiben (*Mdn* = 5; vgl. Tab. 16). Er ist die einzige der vorgeschlagenen Organisationsformen, die von mindestens 50 % der Studierenden auf die Ränge 1 oder 2 gesetzt wurde.

Es folgen mit dem interreligiösen Religionsunterricht, der Religionskunde und dem konfessionellen Religionsunterricht drei sehr unterschiedliche Organisationsformen, die sämtlich einen Median von *Mdn* = 4 aufweisen (vgl. Tab. 16). Damit werden alle drei Formen mehrheitlich als zumindest bedingt zukunftsfähig bzw. für die Befragten erstrebenswert eingestuft. Am konsistentesten fällt

diese Einschätzung beim interreligiösen Modell aus, das alle religiös gebunde-
nen Schüler*innen einer Klasse in einer Lerngruppe versammelt. Nur 23 % der
Befragten setzen es nicht auf einen der ersten drei Ränge, was einen *IQA* = 1 zur
Folge hat. Etwas breiter streut die Religionskunde, d.h. ein Religionsunterricht
im Klassenverband mit informierendem Charakter, den 28 % der Studierenden
auf Rang 4 einstufen. Das interessanteste Antwortmuster weist zweifelsfrei der
konfessionelle Religionsunterricht auf. Bereits der *IQA* = 4 deutet an, dass die
Einstufung dieser Organisationsform unter den Studierenden weit auseinander-
geht. So steht der konfessionelle Religionsunterricht für die Organisationsform,
die von den meisten Befragten auf Rang 1 platziert wird (31 %). Gleichzeitig ist
es aber auch die Form, deren Anteil an Rang 5 mit fast 22 % am zweitgrößten ist.
Am konfessionellen Religionsunterricht scheiden sich somit die Geister der Befragten, wobei *Mdn* = 4 darauf verweist, dass er im Durchschnitt als leidlich attraktiv erscheint.

Das Ende der Rangliste bilden erwartungsgemäß die beiden Organisationsformen, in denen Religion keine Rolle spielt (vgl. Tab. 16). Mehrheitlich auf Rang
5 wurde der Vorschlag eingestuft, den Religionsunterricht durch einen ver-
pflichtenden Ethikunterricht zu ersetzen (*Mdn* = 2). Praktisch keine Zustimmung
findet schließlich der Vorschlag, jeglichen wertbildenden Unterricht aus der
Schule zu verbannen, sei es Religions- oder Ethikunterricht (*Mdn* = 1). Das konnte
in einer Stichprobe angehender Religionslehrpersonen so erwartet werden.

Eine faktoranalytische Untersuchung charakteristischer Antwortmuster innerhalb der vorgeschlagenen Organisationsformen macht theoretisch wenig
Sinn, weil die Konstruktion des Instruments bereits so angelegt war, dass nur
idealtypische Formen, Religion in der Schule zu erteilen, Eingang in das Instrument gefunden haben. Statistisch wird diese These dadurch gestützt, dass das
Kaiser-Meyer-Olkin-Kriterium deutlich verfehlt wird.

Unter den Hintergrundvariablen haben das *Alter* und das *Geschlecht* keinen
nennenswerten Einfluss auf die Einstufung der einzelnen Organisationsformen.
Die *Konfessionszugehörigkeit* führt in drei Fällen zu einem Einfluss mit kleiner Effektstärke (*r* = − 0,10, *r* = − 0,10 bzw. *r* = − 0,12). Dabei stufen die katholischen Befragten sowohl den konfessionellen Religionsunterricht (*U* = 755429,00; *Z* =
− 5,161; *p* < 0,001) als auch die konfessionell-kooperative Organisationsform (*U* =
754263,00; *Z* = − 5,266; *p* < 0,001) etwas höher ein als die evangelischen Studierenden. Letztere weisen dafür der Religionskunde im Durchschnitt einen etwas höheren Rang zu als die katholischen Befragten (*U* = 730493,00; *Z* = − 6,464; *p* <
0,001).

Auch die *Region* bedingt in drei Fällen die Präferenz einer Organisationsform, wobei der Effekt stets klein ist. So wird der konfessionelle Religionsunterricht in Österreich, der Schweiz und Deutschlands Süden etwas höher eingestuft
als im Osten und Westen der Republik, wobei der Osten und der Westen diese
Organisationsform bereits etwas höher rankt als der Norden (Cramers *V* = 0,12).

Es gibt also ein leichtes Süd-Nord-Gefälle, wenn es um die Attraktivität des konfessionellen Religionsunterrichts unter Studierenden geht. Eine analoge Tendenz, allerdings mit veränderten Vorzeichen, ergibt sich beim interreligiösen Modell und bei der Religionskunde (jeweils: Cramers *V* = 0,10). In beiden Fällen stufen die Studierenden aus dem Norden Deutschlands das jeweilige Modell etwas höher ein als ihre Kommiliton*innen aus Deutschlands Süden und denen aus Österreich und der Schweiz.

3.2.5 Zusammenhang zwischen den Faktoren des Ideals des Religionsunterrichts

Auch der Fragekomplex zum Ideal des Religionsunterrichts wird mit einer Analyse der Zusammenhänge zwischen den einzelnen Faktoren beschlossen, die diesen Komplex kennzeichnen. Dazu werden auch die Items zu möglichen Organisationsformen des Religionsunterrichts als likert-skaliert aufgefasst und z-standardisiert. Allerdings wird diese Prozedur nur auf die vier Items angewendet, die Religion eine Zukunft in der Schule zugestehen. Die Ablehnung der beiden Vorschläge, den Religionsunterricht durch Ethik zu ersetzen oder ganz zu streichen ist unter den Befragten so eindeutig, dass sich notwendigerweise Bodeneffekte einstellen. Die Zusammenhänge werden wiederum mittels Pearson-Korrelation bestimmt.

Die Korrelationsanalyse ergibt drei klar voneinander unterscheidbare Zusammenhangsnetze, deren Items jeweils stark untereinander korrelieren (vgl. Tab. 17). Sehr deutlich steht die Organisationsform der Religionskunde quer zu konfessionellen Zugängen zum Religionsunterricht, denn sie weist negative Korrelationen auf zu einem konfessionellen Zielspektrum (r = – 0,28), einem konfessionellen Rollenprofil (r = – 0,34), einer am Bekenntnis orientierten Positionalität (r = – 0,28) sowie den beiden konfessionellen Spielarten des Religionsunterrichts (r = – 0,53 bzw. r = – 0,47). Alle diese Zusammenhänge sind auch theoretisch konsistent.

Daneben bilden die konfessionell orientierten Faktoren ein in sich stark wechselseitig korrelierendes Netzwerk, das drei starke Korrelationen mit *r* > 0,50 und vier weiteren mittleren Korrelationen mit *r* > 0,30 beinhaltet (vgl. Tab. 17). Zu diesem Netzwerk gehören die Faktoren des konfessionellen Zielspektrums, des konfessionellen Rollenprofils, einer am Bekenntnis orientierten Positionalität, des konfessionellen Religionsunterrichts und des konfessionell-kooperativen Religionsunterrichts. Insofern es sich hierbei um genau die fünf Faktoren handelt, die sämtlich negativ mit Religionskunde korrelieren, kann man von einem zur Religionskunde antagonistischen Faktorennetz sprechen.

Korrelationsanalyse der Faktoren zum Ideal des Religionsunterrichts (Pearson)

	1	2	3	4	5	6	7	8
konfessionelles Rollenprofil	0,694							
am Bekenntnis orientierte Positionalität	0,587	0,628						
konfessioneller RU	0,387	0,441	0,333					
konfessionell-kooperativer RU	0,241	0,303	0,248					
an den Unterschieden orientierte Positionalität							0,386	0,445
an Kritik orientierte Positionalität						0,236	0,255	0,291
pädagogisches Rollenprofil								0,584
interreligiöser RU				− 0,497				
Religionskunde	− 0,275	− 0,342	− 0,275	− 0,529	− 0,466			

Legende: 1 = konfessionelles Zielspektrum, 2 = konfessionelles Rollenprofil, 3 = am Bekenntnis orientierte Positionalität, 4 = konfessioneller Religionsunterricht, 5 = konfessionell-kooperativer Religionsunterricht, 6 = an Unterschieden orientierte Positionalität, 7 = pädagogisches Rollenprofil, 8 = pädagogisches Zielspektrum. Es werden nur die Faktoren aufgeführt, die berichtenswerte Korrelationen aufweisen. Korrelationen mit $|r| < 0,23$ werden nicht berichtet. Für alle Korrelationen gilt: $p < 0,001$. Die gepunkteten Rahmen markieren wechselseitig eng korrelierende Variablenkomplexe.

Ein drittes Netzwerk wird aus den Faktoren gebildet, die einen pädagogischen Zugang zum Religionsunterricht beinhalten (vgl. Tab. 17). Es handelt sich hierbei um ein pädagogisches Rollenprofil, ein pädagogisches Zielspektrum, eine an Unterschieden orientierte Positionalität und eine an Kritik orientierte Positionalität. Neben zwei starken Korrelationen mit $r > 0,50$ prägt eine weitere mittlere Korrelation mit $r > 0,30$ dieses Netzwerk. Mit den anderen beiden Netzwerken besteht kein weiterer nennenswerter Zusammenhang, was bedeutet, dass das pädagogische Netzwerk sowohl neben dem konfessionellen als auch neben dem religionskundlichen Netzwerk stehen kann. Dieser Sachverhalt ist auch theoretisch schlüssig, denn sowohl die konfessionellen Formen des Religionsunterrichts als auch die Religionskunde stellen einen pädagogischen Zugang zu Religion am Lernort Schule dar.

3.3 Individuelle Religiosität

Die individuelle Religiosität haben wir anhand der Variablen Zentralität von Religion, konfessionsspezifische Präferenz und Identifikation mit der eigenen Konfession erhoben. Im Folgenden werden diese drei Variablen zuerst jede für sich analysiert, bevor die Zusammenhänge zwischen ihnen herausgearbeitet werden.

3.3.1 Zentralität von Religion

Die valide Operationalisierung des Konzepts der Zentralität von Religion ist das Ergebnis der frühen Beschäftigung Stefan Hubers mit individueller Religiosität (Huber, 2003). Im Fragebogen haben wir die fünf-Item Kurzversion dieses Instruments verwendet, wobei alle Items anhand einer fünf-Punkt Likert-Skala erhoben wurden (Huber & Huber, 2012). Diese Verwendung ist nicht trivial, weil die Itemformulierungen der Zentralitätsskala aus theologischer Perspektive berechtigt kritisiert werden können. Bei einer theologisch informierten Zielgruppe könnte das zu Problemen führen. Außerdem sind die Antwortoptionen auf die Durchschnittsbevölkerung abgestimmt, was bei Studierenden zu Deckeneffekten führen könnte.

Tab. 18: *Häufigkeiten und deskriptive Statistik der Zentralität von Religion (geordnet nach Median)*

	N	1	2	3	4	5	Mdn	IQA
Glaube an Gott	2756	2,6	4,4	22,9	32,9	37,4	4	2
Nachdenken über religiöse Fragen	2756	1,2	6,2	29,5	36,2	26,9	4	2
Häufigkeit des Gebets	2755	7,0	7,9	39,1	15,8	30,2	3	2
Teilnahme an Gottesdienst	2756	5,6	14,3	39,4	28,0	12,8	3	1
Erfahrung der Präsenz Gottes	2755	7,7	18,1	39,3	24,1	10,7	3	2

Legende: 1 = gar nicht stark bzw. nie, 2 = eher nicht stark bzw. selten bzw. seltener, 3 = teils/teils bzw. gelegentlich bzw. ein paar Mal im Jahr bzw. ein paar Mal im Monat, 4 = stark bzw. oft bzw. ein- bis zweimal im Monat bzw. mehrmals die Woche, 5 = sehr stark bzw. sehr oft bzw. jeden Tag bzw. jede Woche, Mdn = Median, IQA = Interquartilsabstand. Es werden die gültigen Prozentwerte berichtet.

Die Antworten der Befragten lassen weder einen Schluss auf theologische Probleme noch einen auf Deckeneffekte zu (vgl. Tab. 18). Zum einen gibt es kaum Antwortverweigerungen, von welchen man auf irritierende Item-Wordings schließen könnte. Zum anderen sind sämtliche Verteilungen zwar rechtsschief, nicht jedoch so stark, dass sich ein Deckeneffekt einstellt. Im Gegenteil könnte man fragen, ob ein Median von *Mdn* = 3 in drei von fünf Items unerwartet niedrig ausfällt. Geht man ins Detail, spielt der Glaube an Gott mit einem Median von *Mdn* = 4 und über 70 % der Antworten auf den beiden Kategorien, die einen positiven Bezug auf dieses Item ausdrücken, die größte Rolle für die Befragten. Knapp dahinter rangiert das Nachdenken über religiöse Fragen, wobei im Item-Wording betont wurde, dass hierbei die theologischen Reflexionen, die durch das Studium bedingt sind, nicht mitberücksichtigt werden sollten. Beide Befunde konnten so erwartet werden, auch wenn es vielleicht erstaunlich erscheint, dass 7 % der Befragten eher nicht an Gott glauben oder sich mit religiösen Fragen beschäftigen.

Eine ausgeprägte Gebets- oder Gottesdienstpraxis trifft man bei weniger als der Hälfte der Befragten an (vgl. Tab. 18). In beiden Fällen liegt der Median bei *Mdn* = 3, was bedeutet, dass weniger als 50 % der Theologiestudierenden die Antwortoptionen „mehrmals die Woche oder öfter" (Gebet) bzw. „ein- bis zweimal im Monat oder öfter" (Gottesdienst) angeklickt haben. Beim Gebet spaltet sich die Gruppe der Befragten dahingehend, dass 30,2 % jeden Tag beten und 39,1 % ein paarmal im Monat. Beim Besuch des Gottesdienstes ergibt sich fast eine rechtsschiefe Normalverteilung. Auch die Erfahrung der Gegenwart Gottes ist ein Thema, bei dem sich die Mehrheit der Befragten unsicher ist (39,3 %). Einige Studierende erfahren sie sehr oft (10,7 %), andere dafür (so gut wie) gar nicht (25,8 %).

Alle fünf Items der Zentralitätsskala laden auf einen Faktor, dessen Eigenwert *EW* = 3,127 ist und der 62,5 % der Varianz erklärt. Da sowohl das Kaiser-Meyer-Olkin-Kriterium mit *KMO* = 0,84 erfüllt als auch der Bartlett-Test auf Sphärizität signifikant sind, kann mit diesem Faktor für die weiteren Analysen gearbeitet werden.

Das *Alter* und das *Geschlecht* der Studierenden bedingen deren Zentralität zwar signifikant, nicht jedoch so stark, dass von einem berichtenswerten Effekt gesprochen werden kann. Die *Konfessionszugehörigkeit* bewirkt dagegen einen kleinen Effekt (r = – 0,10), insofern die Rangsumme der katholischen Befragten etwas höher ausfällt als diejenige der evangelischen Studierenden (U = 744882,50; Z = – 5,276; p < 0,001). Auch die *Region* wirkt sich mit einem kleinen Effekt (ω^2 = 0,05) aus (Welchs F = 41,208; df = 4; p < 0,001). Die Zentralität spielt für die Studierenden aus Österreich und der Schweiz eine signifikant größere Rolle als für diejenigen aus dem Süden, Westen oder Osten Deutschlands. Gegenüber diesen Befragten fällt die Zentralität derer aus dem Norden Deutschlands nochmals signifikant niedriger aus.

3.3.2 Konfessionsspezifische Präferenz

Die Präferenz konfessionsspezifischer Positionen wird in einem Instrument erhoben, das im Rahmen der Evaluation des konfessionell-kooperativen Religionsunterrichts selbst konstruiert wurde. Es enthält je vier Aussagen, die entweder typisch evangelisch oder typisch katholisch sind. Die Befragten hatten bei jeder Aussage die Möglichkeit anzuklicken, wie stark diese auf ihre eigene Einstellung zutrifft.

Tab. 19: Häufigkeiten und deskriptive Statistik der konfessionsspezifischen Präferenz (geordnet nach Mittelwerten)

	N	1	2	3	4	5	M	SD
Besonders die Bibel ist Quelle und Maßstab des christlichen Lebens und Glaubens.	2659	4,2	11,5	32,2	34,5	17,5	3,50	1,04
Christen sind in ihrem Verhältnis zu Gott durch nichts und niemanden vertretbar.	2274	8,4	13,1	26,2	26,0	26,4	3,49	1,24
Das Christsein wird durch ein persönliches Verhältnis zu Jesus bestimmt.	2652	5,9	15,5	25,1	31,8	21,7	3,48	1,16
Kirchliche Feste, Bräuche und Frömmigkeitsformen (z.B. Fronleichnam, Buß- und Bettag) gehören selbstverständlich zum Vollzug des Glaubens.	2651	6,4	14,3	31,0	32,4	15,9	3,37	1,11
Die Gleichheit aller Christen verwirklicht sich im allgemeinen Priestertum aller Gläubigen.	2351	8,5	16,3	28,9	25,7	20,5	3,33	1,21
Die Realpräsenz Jesu in der Eucharistie bildet die Mitte der Kirche.	2455	11,8	19,1	31,9	27,9	9,7	3,05	1,15
Gemeinde und Kirche sind nicht nur für den persönlichen Glauben wichtig, sondern auch heilsnotwendig.	2617	14,3	20,6	30,5	24,8	9,9	2,95	1,19
Ein oberstes Bischofsamt ist für die Konstitution als wahre Kirche Jesu Christi unverzichtbar.	2433	36,8	28,6	22,2	9,0	3,5	2,14	1,11

Legende: 1 = trifft gar nicht zu, 2 = trifft eher nicht zu, 3 = teils/teils, 4 = trifft eher zu, 5 = trifft sehr zu, M = Mittelwert, SD = Standardabweichung. Es werden die gültigen Prozentwerte berichtet.

Die Mittelwerte der Antworten bewegen sich größtenteils innerhalb eines relativ schmalen Korridors, der von einer leichten Zustimmung bis zu einer ambivalenten Haltung geht (vgl. Tab. 19). Lediglich die typisch katholische Aussage, dass ein oberstes Bischofsamt für die wahre Kirche Jesu Christi unverzichtbar ist, wird deutlich abgelehnt ($M = 2,14$; $SD = 1,11$). Hier antworten etwa zwei Drittel der Befragten, dass diese Aussage (eher) nicht auf ihre persönliche Einstellung zutrifft.

Bei den anderen Items ist die ambivalente Kategorie zwar ebenfalls mit mindestens 25 % stets gut besetzt, es finden sich mit einer Ausnahme aber jeweils mehr Befragte, die diesen Items (eher) zustimmen, als dass sie sie (eher) ablehnen (vgl. Tab. 19). Am stärksten fällt die Passung zwischen eigener Einstellung und vorgelegtem Item bei den drei Aussagen aus, dass die Bibel Quelle und Maßstab des christlichen Lebens und Glauben sei ($M = 3,50$), Christen gegenüber Gott durch niemanden vertretbar seien ($M = 3,49$) und sich das Christsein durch ein persönliches Verhältnis zu Jesus bestimme ($M = 3,48$). Auch den beiden Aussagen, dass kirchliche Feste, Bräuche und Frömmigkeitsformen selbstverständlich zum Vollzug des Glaubens gehören und dass sich im allgemeinen Priestertum die Gleichheit aller Gläubigen verwirkliche, wird tendenziell im Durchschnitt zugestimmt.

Nur bedingt mit der eigenen Einstellung übereinstimmend erleben die Studierenden dagegen die beiden Aussagen, dass die Realpräsenz Jesu in der Eucharistie die Mitte der Kirche bilde ($M = 3,05$) und dass Gemeinde und Kirche heilsnotwendig seien ($M = 2,95$) (vgl. Tab. 19). Da es sich hierbei um zwei typisch katholische Aussagen handelt, bedarf es einer Analyse konfessionsspezifischer Einflüsse, um entscheiden zu können, ob beide Aussagen nur von den katholischen Befragten als passend erachtet wurden, oder ob sich in der durchschnittlichen Ambivalenz eine grundsätzliche Unentschiedenheit in der Einschätzung beider Aussagen niederschlägt.

Alle acht Items des Instruments können faktoranalytisch auf latente Antwortmuster untersucht werden. Mit $KMO = 0,76$ ist das Meyer-Olkin-Kriterium erfüllt. Auch laden die Items untereinander hinreichend hoch und der Bartlett-Test auf Sphärizität ist signifikant. Die explorative Faktoranalyse ergibt zwei Faktoren, bei denen jeweils vier Items auf einen der beiden Faktoren laden (vgl. Tab. 20). Dabei bilden die vier als typisch katholisch konzipierten Items den ersten Faktor. Auf ihn lädt sowohl die Aussage, dass die Kirche heilsnotwendig ist, als auch die Notwendigkeit eines obersten Bischofsamtes, der Realpräsenz Jesu in der Eucharistie als Mitte der Kirche sowie der Feste und Bräuche als wesentlicher Vollzug des christlichen Glaubens. Der erste Faktor wird deshalb „katholisches Präferenzprofil" genannt. Entsprechend bilden die als typisch evangelisch konzipierten Items den zweiten Faktor. Hier findet sich, dass Christ*innen in ihrem Verhältnis zu Gott durch nichts und niemanden vertretbar sind, sich die Gleichheit aller Christ*innen im allgemeinen Priestertum aller Gläubigen verwirklicht, sich das Christsein durch ein persönliches Verhältnis zu Jesus bestimmt und die Bibel Quelle und Maßstab des christlichen Lebens und Glaubens ist. In diesem Sinn wird dieser Faktor „evangelisches Präferenzprofil" genannt.

Tab. 20: *Explorative Faktoranalyse der konfessionsspezifischen Präferenz*

	Faktoren	
	1	2
Gemeinde und Kirche sind nicht nur für den persönlichen Glauben wichtig, sondern auch heilsnotwendig.	0,755	
Ein oberstes Bischofsamt ist für die Konstitution als wahre Kirche Jesu Christi unverzichtbar.	0,744	
Die Realpräsenz Jesu in der Eucharistie bildet die Mitte der Kirche.	0,712	0,183
Kirchliche Feste, Bräuche und Frömmigkeitsformen (z.B. Fronleichnam, Buß- und Bettag) gehören selbstverständlich zum Vollzug des Glaubens.	0,707	0,168
Christen sind in ihrem Verhältnis zu Gott durch nichts und niemanden vertretbar.	−0,181	0,718
Die Gleichheit aller Christen verwirklicht sich im allgemeinen Priestertum aller Gläubigen.	0,100	0,660
Das Christsein wird durch ein persönliches Verhältnis zu Jesus bestimmt.	0,281	0,656
Besonders die Bibel ist Quelle und Maßstab des christlichen Lebens und Glaubens.	0,315	0,627
Eigenwert	2,78	1,42
Aufgeklärte Varianz: 52,4 %		

Legende: Hauptkomponentenanalyse, Varimax-Rotation. Die Rotation ist in 3 Iterationen konvergiert. Faktorladungen, deren Betrag kleiner ist als 0,100, werden nicht eigens ausgewiesen.

Für die Diskussion dieses Befundes sei darauf hingewiesen, dass sich bei den als typisch katholisch konzipierten Items keine nennenswerten Nebenladungen auf den zweiten Faktor finden lassen, während die Aussagen zum persönlichen Verhältnis zu Jesus und zur Bibel als Maßstab des christlichen Lebens und Glaubens eine gewisse Affinität zum typisch katholischen Präferenzprofil aufweisen. Hier könnte man überlegen, inwiefern eine typisch evangelische Spiritualität von katholischen Theologiestudierenden rezipiert wird. Umgekehrt kann man natürlich auch fragen, warum vonseiten der evangelischen Studierenden keine entsprechende Offenheit für Positionen, die typisch für die Partnerkonfession sind, anzutreffen ist. Vielleicht liegt beides aber auch in der Formulierung der Items begründet, denn die typisch evangelischen Positionen sind inklusiver formuliert als die typisch katholischen.

Das *Alter* bewirkt keine signifikanten Unterschiede in der Einschätzung der beiden konfessionsspezifischen Profile. Das *Geschlecht* wird auf beiden Profilen signifikant. Allerdings ist dieser Einfluss nur beim evangelischen Profil so stark, dass zumindest von einem kleinen Effekt gesprochen werden kann ($r = -0{,}11$).

Männliche Befragte weisen bzgl. des evangelischen Profils eine etwas höhere Rangsumme auf als weibliche Studierende (U = 278291,00; Z = − 5,037; p < 0,001). Erwartungsgemäß bedingt die *Konfessionszugehörigkeit* signifikante Effekte, wobei der hinsichtlich des katholischen Präferenzprofils groß (r = − 0,35) und der hinsichtlich des evangelischen Profils moderat ist (r = − 0,13). Die Richtung der Effekte ist entsprechend der Erwartungen, d.h. die Rangsumme ist bei katholischen Studierenden höher als bei ihren evangelischen Glaubensgeschwistern, wenn es um ein katholisches Präferenzprofil geht (U = 263155,00; Z = − 15,370; p < 0,001). Beim evangelischen Präferenzprofil liegt der Fall umgekehrt (U = 380002,00; Z = − 5,584; p < 0,001).

Die *Region* bedingt das katholische Präferenzprofil mit einem kleinen Effekt (ω^2 = 0,02), insofern sich die Studierenden aus Österreich und der Schweiz signifikant deutlicher darin erkennen als ihre Kommilitonen aus dem Norden und dem Osten Deutschlands (Welchs F = 7,441; df = 4; p < 0,001).

3.3.3 Identifikation mit der eigenen Konfession

Die Identifikation der Studierenden mit ihrer eigenen Konfession wurde anhand zweier Variablen erhoben. Zum einen kam eine sechsstufige Skala zum Einsatz, die diese Identifikation direkt erfragte. Zum anderen wurde ein Instrument aus der Parteienforschung adaptiert, das die emotionale Bindung der Befragten an die politische Partei, deren Mitglied sie sind, bemisst (Spier, 2012).
Unmittelbar nach ihrer Identifikation befragt, antworten 24,4 % der Befragten, dass es ihnen sehr wichtig ist, evangelisch bzw. katholisch zu sein; weiteren 34,4 % ist das wichtig und 23,2 % eher wichtig. Damit finden sich über 80 % der Antworten im Skalensektor, der eine gewisse Identifikation mit der eigenen Konfession anzeigt. Das schlägt sich auch im Mittelwert von M = 4,54 (SD = 1,27) nieder. Um dieses Item in den weiteren Analysen berücksichtigen zu können, wird es z-standardisiert.

Weniger stark fällt die Identifikation mit der eigenen Kirche aus, wenn man sie über das Mitgliedschaftsprofil erfasst (vgl. Tab. 21). So berührt eine kirchenkritische Medienöffentlichkeit die Befragten so gut wie gar nicht, denn nur 12 % ist das zumindest etwas peinlich. Ähnlich verhält es sich generell, wenn die Kirche kritisiert wird. Hierüber ärgern sich nur sehr wenige Theologiestudierende. Am ehesten freut man sich über Erfolge seiner Kirche und meint, dass man einige Eigenschaften habe, die typisch für die Mitglieder dieser Kirche seien. Allerdings liegen die Mittelwerte beider Items mit M = 3,19 bzw. M = 3,09 im ambivalenten Bereich der Skala. Das reziproke Item, dass man nicht viel gemein hat mit den meisten Mitgliedern der eigenen Kirche, wird entsprechend als eher nicht zutreffend eingestuft, wobei der Mittelwert mit M = 2,61 gerade so im skeptischen Bereich der Skala liegt.

Tab. 21: *Häufigkeiten und deskriptive Statistik der Identifikation mit der eigenen Kirche (geordnet nach Mittelwerten)*

	N	1	2	3	4	5	M	SD
Erfolge der ev. bzw. kath. Kirche sind für mich ein Grund zur Freude.	2513	8,5	17,0	31,4	33,3	9,9	3,19	1,10
Ich habe einige Eigenschaften, die typisch für Anhänger der ev. bzw. kath. Kirche sind.	2455	9,7	19,0	30,7	33,4	7,2	3,09	1,09
Wenn ich über die ev. bzw. kath. Kirche spreche, sage ich eher „wir" als „sie".	2558	22,9	27,3	21,7	18,2	9,9	2,65	1,28
Mit den meisten Mitgliedern der ev. bzw. kath. Kirche habe ich nicht viel gemeinsam.	2426	11,0	35,2	38,5	12,1	3,1	2,61	0,94
Es ärgert mich, wenn jemand die ev. bzw. kath. Kirche kritisiert.	2598	21,8	28,8	34,8	12,4	1,7	2,45	1,05
Wenn die ev. bzw. kath. Kirche in den Medien kritisiert wird, ist mir das peinlich.	2581	33,8	29,6	21,5	11,9	3,1	2,21	1,13

Legende: 1 = trifft gar nicht zu, 2 = trifft eher nicht zu, 3 = teils/teils, 4 = trifft eher zu, 5 = trifft sehr zu, M = Mittelwert, SD = Standardabweichung. Es werden die gültigen Prozentwerte berichtet.

Tab. 22: *Explorative Faktoranalyse der Identifikation mit der eigenen Kirche*

	Faktoren	
	1	2
Mit den meisten Mitgliedern der evangelischen Kirche habe ich nicht viel gemeinsam.	–0,774	0,172
Ich habe einige Eigenschaften, die typisch für Anhänger der evangelischen Kirche sind.	0,692	0,292
Wenn ich über die evangelische Kirche spreche, sage ich eher „wir" als „sie".	0,634	0,340
Erfolge der evangelischen Kirche sind für mich ein Grund zur Freude.	0,577	0,505
Wenn die evangelische Kirche in den Medien kritisiert wird, ist mir das peinlich.		0,830
Es ärgert mich, wenn jemand die evangelische Kirche kritisiert.	0,322	0,689
Eigenwert	3,56	1,00
Aufgeklärte Varianz: 59,5 %		

Legende: Hauptkomponentenanalyse, Varimax-Rotation. Die Rotation ist in 3 Iterationen konvergiert. Faktorladungen, deren Betrag kleiner ist als 0,100, werden nicht eigens ausgewiesen.

Eine explorative Faktoranalyse ist mit allen sechs Items des Instruments möglich, denn das Meyer-Olkin-Kriterium ist erfüllt (*KMO* = 0,79) und der Bartlett-

Test auf Sphärizität ist signifikant. Obwohl die Items theoretisch auf einen Faktor laden sollten und die Items relativ stark auf beide empirischen Faktoren laden, lassen sich doch zwei unterschiedliche Antwortmuster unter den Theologiestudierenden identifizieren (vgl. Tab. 22). Auf der einen Seite bilden die Aussagen, die das Gemeinsame der Kirchenmitglieder betonen, einen eigenständigen Faktor.

In dieser Hinsicht passt es ins Bild, dass das einzige Item, das diese Gemeinsamkeit verneint, negativ auf besagten Faktor lädt. Der Faktor wird deshalb „kirchenbezogene Gemeinsamkeiten" genannt. Die beiden anderen Items, die sich beide auf den Fall beziehen, dass die Kirche kritisiert wird, bilden den zweiten Faktor. Er wird deshalb „Kirchenkritik" genannt. Es sei nochmals darauf hingewiesen, dass beide Faktoren so konstruiert sind, dass sie nicht miteinander korrelieren, d.h. zwei unabhängige Dimensionen des Bezugs der Studierenden auf die eigene Kirche darstellen.

Weder bei den beiden kirchenbezogenen Faktoren noch bei der Identifikation mit der eigenen Konfession ergeben sich nennenswerte Unterschiede hinsichtlich Alter, Geschlecht, Konfession oder Region des Studienstandorts. Die meisten statistischen Routinen sind nicht signifikant und bei den wenigen signifikanten Verfahren ist die Effektstärke zu gering, um wenigstens einen kleinen Effekt berichten zu können.

3.3.4 Zusammenhang zwischen den Faktoren individueller Religiosität

Die sechs Faktoren zur individuellen Religiosität bilden untereinander ein mehr oder weniger zusammenhängendes Netz, innerhalb dessen sich keine Subcluster abzeichnen (vgl. Tab. 23). Allerdings ergibt sich mit der Zentralität von Religion, der Identifikation mit der eigenen Konfession und den kirchenbezogenen Gemeinsamkeiten eine Dreierstruktur, die wechselseitig mindestens moderat korreliert, wobei stets mindestens 10 % der Varianz aufgeklärt sind ($0,37 < r < 0, 47$). Diese Dreierstruktur kann als Kern des Netzes individueller Religiosität aufgefasst werden.

Neben dieser Dreierstruktur gibt es nur noch einen Zusammenhang, der stärker ist als die bereits genannten wechselseitigen Beziehungen (vgl. Tab. 23): Die Zentralität von Religion korreliert stark positiv mit dem evangelischen Präferenzprofil ($r = 0,50$). Alle weiteren Zusammenhänge sind schwächer als $r = 0,30$. Dennoch fällt auf, dass innerhalb der individuellen Religiosität nur die Faktoren nicht signifikant positiv miteinander korrelieren, die konstruktionsbedingt keinen Zusammenhang aufweisen können, weil sie faktoranalytisch orthogonal rotiert wurden.

Tab. 23: *Korrelationsanalyse der Faktoren zur individuellen Religiosität (Pearson)*

	1	2	3	4	5
evangelisches Präferenzprofil	0,246	0,252			
katholisches Präferenzprofil	0,248	0,264			
Identifikation mit eigener Konfession	0,467		0,256		
Zentralität von Religion	0,365	0,386	0,264	0,232	0,495

Legende: 1 = kirchenbezogene Gemeinsamkeiten, 2 = Identifikation mit eigener Konfession, 3 = Kirchenkritik, 4 = katholisches Präferenzprofil, 5 = evangelisches Präferenzprofil. Es werden nur die Faktoren aufgeführt, die berichtenswerte Korrelationen aufweisen. Korrelationen mit | r | < 0,23 werden nicht berichtet. Für alle Korrelationen gilt: p < 0,001. Die gepunkteten Rahmen markieren wechselseitig eng korrelierende Variablenkomplexe.

3.4   Personale und soziale Ressourcen

Die personalen und sozialen Ressourcen der Studierenden haben wir durch zwei Instrumente erhoben. Zum einen wurde die Wertorientierung der Studierenden erfasst, denn diese stellt in einer säkularen Gesellschaft die Normen zur Verfügung, anhand derer das eigene Leben ausgerichtet werden kann. Sie gilt dabei gemeinhin als personale Ressource. Zum anderen werden auch soziale Ressourcen erfasst, wobei darunter in der Regel die Einbettung ins soziale Umfeld verstanden wird. Demgemäß haben wir in der vorliegenden Erhebung das ehrenamtliche Engagement der Studierenden erhoben, und zwar sowohl in gesellschaftlicher als auch kirchlicher Hinsicht. Die Befunde zu beiden Aspekten werden im Folgenden beschrieben.

3.4.1 Wertorientierung

Die individuellen Ressourcen erfasste ein Instrument, das in Anlehnung an den Wertekreis Salomon Schwartz' (Schwartz, 1992) konstruiert wurde. Dazu wurden zu jedem Pol der beiden Grunddimensionen dieses Wertekreises (Bewahrung/Tradition vs. Offenheit für Wandel; Selbststeigerung vs. Selbsttranszendenz) drei Items gebildet, deren Item-Wording den Shell-Jugendstudien entlehnt ist. In der Summe enthält das Instrument damit zwölf Items, die anhand einer fünf-stufigen Likert-Skala von „sehr wichtig" bis „überhaupt nicht wichtig" eingeschätzt werden können.

Tab. 24: Häufigkeiten und deskriptive Statistik der Wertorientierung (geordnet nach Mittelwerten)

	N	1	2	3	4	5	M	SD
Anderen helfen	2677	0,1	0,2	1,3	27,1	71,3	4,69	0,51
in Sicherheit leben	2673	0,1	1,1	3,8	28,3	66,7	4,60	0,62
andere Meinungen achten	2676	0,2	0,4	4,0	30,3	65,1	4,60	0,61
sich für Schwache einsetzen	2675	0,2	0,3	4,1	36,2	59,1	4,54	0,61
Recht und Ordnung respektieren	2673	0,4	1,7	14,7	47,0	36,2	4,17	0,76
in Harmonie mit der Natur leben	2666	0,8	3,7	18,2	43,3	34,1	4,06	0,86
das Leben in vollen Zügen genießen	2672	0,9	3,8	20,0	40,0	35,3	4,05	0,88
Neues ausprobieren	2677	0,5	3,2	19,3	47,2	29,8	4,03	0,81
auf eigene Wünsche verzichten können	2662	0,9	3,6	39,9	39,4	16,2	3,67	0,82
die eigene Meinung durchsetzen	2672	2,5	13,8	48,3	26,0	9,3	3,26	0,90
stolz auf Deutschland sein	2596	24,1	24,1	33,3	15,2	3,2	2,49	1,11
mächtig und einflussreich werden	2664	33,2	43,4	18,5	3,7	1,2	1,96	0,88

Legende: 1 = gar nicht wichtig, 2 = eher nicht wichtig, 3 = teils/teils, 4 = eher wichtig, 5 = sehr wichtig, M = Mittelwert, SD = Standardabweichung. Es werden die gültigen Prozentwerte berichtet.

In den Antworten der Studierenden spiegelt sich das allgemeine Phänomen wider, dass derartige Instrumente tendenziell rechtsschief beantwortet werden, d.h. ein nennenswerter Anteil der Antworten auf die positiven bzw. zustimmenden Kategorien entfällt (vgl. Tab. 24). Dennoch lassen die Mittelwerte deutliche Unterschiede im Antwortverhalten erkennen. An der Spitze der Rangliste finden sich die drei Items aus der Dimension Selbsttranszendenz (Anderen helfen, andere Meinungen achten und sich für Schwache einsetzen), sowie das Item „in Sicherheit leben". Alle haben einen Mittelwert von mindestens M = 4,54. Dass bei derartigen Mittelwerten die Gruppe derjenigen, die derartige Werte nicht für wichtig erachten, kleiner als 5 % ist, liegt auf der Hand.

Es folgen vier Werte, deren Mittelwert knapp über M = 4,0 liegt, d.h. die für die Befragten ebenfalls noch sehr wichtig sind (vgl. Tab. 24). Es handelt sich um ein buntes Spektrum, das sowohl „Neues ausprobieren" und „mit der Natur in Harmonie leben" umfasst, wie „Recht und Ordnung respektieren" und „das Leben in vollen Zügen genießen". Im Unterschied zur ersten Gruppe der Werte in der Rangliste finden sich hier nennenswerte Anteile von Studierenden, die sich unsicher sind, ob ihnen die berichteten Werte wichtig sind oder nicht.

Ebenfalls wichtig, aber wiederum mit einem gewissen Abstand gegenüber den ersten beiden Wertgruppen ist es den Studierenden, auf eigene Wünsche verzichten zu können (M = 3,67) (vgl. Tab. 24). Allerdings ist bei diesem Wert die Gruppe derer, denen er eher wichtig ist (39,4 %), genauso groß wie die Gruppe derer, die sich nicht sicher sind, ob ihnen dieser Wert wichtig ist oder nicht (39,9 %). Noch größer ist diese Unsicherheit, wenn es darum geht, die eigene Meinung durchzusetzen. Hier macht die ambivalente Gruppe fast die Hälfte der Befragten aus (48,3 %), und diejenigen, die die entschiedenen Positionen einnehmen, sind mit 2,5 % (gar nicht wichtig) und 9,3 % (sehr wichtig) sehr klein.

Auf deutliche Ablehnung stoßen zwei Werte, was bei derartigen Umfragen bemerkenswert ist (vgl. Tab. 24). Stolz auf Deutschland finden 18,4 % der Befragten zumindest ansatzweise für wichtig und mächtig und einflussreich werden wollen knapp 5 %. Entsprechend niedrig fallen die Mittelwerte mit $M = 2,49$ und $M = 1,96$ aus. Insbesondere Macht und Einfluss sind Studierenden der evangelischen oder katholischen Theologie mehrheitlich nicht wichtig.

Die Voraussetzungen für eine explorative Faktoranalyse über sämtliche zwölf Items sind gegeben ($KMO = 0,72$). Allerdings ergibt sich keine eindeutige Lösung für die Anzahl der zu extrahierenden Faktoren. Folgt man dem Kaiser-Guttman-Kriterium, müssten vier empirische Faktoren rekonstruiert werden. Allerdings gilt für den Eigenwert des vierten Faktors $EW = 1,00$, d.h. sein Eigenwert liegt genau auf der Grenze dessen, was statistisch akzeptabel ist. Die vierfaktorielle Lösung ergibt jedoch zwei Faktoren mit jeweils zwei Items, von denen einige sehr starke Nebenladungen auf andere Faktoren aufweisen. Gibt man eine drei-faktorielle Lösung vor, bilden diese vier Items einen gemeinsamen Faktor mit hinreichender interner Kohäsion. Außerdem erweisen sich die drei derart rekonstruierten Faktoren als gut interpretierbar. Deshalb wird hier die drei-faktorielle Lösung bevorzugt (vgl. Tab. 25).

Tab. 25: *Explorative Faktoranalyse der Wertorientierung*

	Faktoren		
	1	2	3
sich für Schwache einsetzen	0,716	−0,225	0,111
Anderen helfen	0,673	−0,218	0,179
Neues ausprobieren	0,653	0,280	−0,187
andere Meinungen achten	0,574	−0,223	0,233
in Harmonie mit der Natur leben	0,511		
mächtig und einflussreich werden	−0,112	0,649	
das Leben in vollen Zügen genießen	0,531	0,541	
die eigene Meinung durchsetzen		0,540	0,202
auf eigene Wünsche verzichten können	0,184	−0,458	0,441
Recht und Ordnung respektieren	0,135		0,794
stolz auf Deutschland sein	−0,106	0,381	0,627
in Sicherheit leben	0,312	0,235	0,470
Eigenwert	2,69	1,74	1,28
Aufgeklärte Varianz: 56,0 %			

Legende: Hauptkomponentenanalyse, Varimax-Rotation. Die Rotation ist in 6 Iterationen konvergiert. Faktorladungen, deren Betrag kleiner ist als 0,100, werden nicht eigens ausgewiesen.

Auf den ersten Faktor laden fünf Items, von denen vier einen sorgsamen Umgang mit der sozialen und natürlichen Umwelt beinhalten (vgl. Tab. 25). Es geht darum, sich für Schwache einzusetzen und anderen zu helfen, andere Meinungen zu achten und in Harmonie mit der Natur zu leben. Dazu gesellt sich die Wertoption, offen für Neues zu sein und Neues auszuprobieren. Es geht also um alternative Lebensmöglichkeiten, wobei die Rücksicht auf die Schwachen und auf die bedrohte Natur die Richtung vorgibt. Deshalb wird dieser Faktor „altruistisch-alternative Wertorientierung" genannt.

Der zweite Faktor beinhaltet die vier Items, die sich bei der vier-faktoriellen Lösung auf zwei eigenständige Faktoren verteilt hätten (vgl. Tab. 25). Es liegt daher nahe, dass keines der Items eine sehr hohe Ladung aufweist. Inhaltlich erweist sich dieser Faktor jedoch als schlüssig. Es geht um Macht und Durchsetzungsvermögen, wobei der eigene Genuss im Mittelpunkt steht. In diesem Kontext macht es Sinn, dass das Item, auf eigene Wünsche verzichten zu können, negativ auf diesen Faktor lädt. Insgesamt geht es bei diesem Faktor somit um eine „egozentrisch-hedonistische Wertorientierung".

Der dritte Faktor schließlich versammelt die drei Items, die für eine „traditionell-konservative Wertorientierung" stehen (vgl. Tab. 25). Es geht vor allem um „Recht und Ordnung" und um „Stolz auf Deutschland" und mit etwas geringerer Bedeutung auch um „ein Leben in Sicherheit".

Weder das *Alter*, noch die *Konfessionszugehörigkeit* beeinflussen die drei Faktoren der Wertorientierung auf eine Art und Weise, dass sich ein nennenswerter Effekt einstellen würde. Beim *Geschlecht* ergibt sich lediglich bzgl. der altruistisch-alternativen Wertorientierung ein moderater Effekt ($r = -0{,}18$). Weiblichen Studierenden ist diese Wertorientierung etwas wichtiger als männlichen ($U = 382204{,}00$; $Z = -9{,}174$; $p < 0{,}001$). Schließlich bedingt noch die *Region* einen kleinen Effekt bzgl. der traditionell-konservativen Wertorientierung ($\omega^2 = 0{,}01$). Studierenden aus Österreich und der Schweiz ist dieses Wertmuster signifikant weniger wichtig als ihren Kommiliton*innen aus Deutschland (Welchs $F = 8{,}555$; $df = 4$; $p < 0{,}001$).

3.4.2   Ehrenamtliches Engagement

Die sozialen Ressourcen wurden im Fragebogen über das ehrenamtliche Engagement erfasst, welches sowohl säkulare Aktivitäten (Mitgliedschaft in einem Verein, Einsatz für politische Parteien oder NGOs, freiwillige Feuerwehr etc.) als auch religiöse (Jugend- und Kinderarbeit, Caritas bzw. Diakonie etc.) zur Auswahl stellte. Als Antwortoptionen standen „ja" oder „nein" zur Verfügung.

Demnach sind mit 84 % die meisten Befragten aktives Mitglied in einem Verein, wobei die Palette der Vereinsaktivitäten breit angelegt ist (z.B. Sport-/Musik-/ Gartenbau-/Karnevalsverein o.Ä.). Zwei Drittel der Studierenden waren oder sind in der gemeindlichen Kinder- oder Jugendarbeit engagiert (67 %).

Knapp über die Hälfte der Befragten beteiligt sich an der Gottesdienstvorbereitung bzw. -durchführung (z.B. Lektor*in; Kommunionhelfer*in etc.). Die weiteren zur Verfügung gestellten ehrenamtlichen Tätigkeiten werden von weniger als einem Drittel der Studierenden wahrgenommen, nämlich Katechese/gemeindliche Religionspädagogik (z.B. Bibelkreis, Mitarbeit bei der Vorbereitung auf Konfirmation/ Firmung etc.: 35 %), Mitarbeit in Caritas/Diakonie (z.B. Besuch von Kranken, Betreuung von Flüchtlingen, Spendensammlungen etc.: 19 %), Engagement in der Leitung und Verwaltung auf Kirchengemeindeebene (z.B. Kirchenvorstand, Pfarrgemeinderat etc.: 10 %), Hilfe bei Notfällen (z.B. freiwillige Feuerwehr/ Rettungssanitätsdienst/o.Ä.: 9 %), Mitgliedschaft in politischen Parteien, Initiativen oder NGOs (z.B. Greenpeace, Amnesty International o.Ä.: 8 %) und Mitarbeit bei der Leitung auf Ebene der politischen Gemeinde (z.B. Mitglied im Gemeinderat o.Ä.: 4 %.)

Tab. 26:   *Explorative Faktoranalyse zum ehrenamtlichen Engagement*

	Faktoren		
	1	2	3
Beteiligung an der Gottesdienstvorbereitung bzw. -durchführung	0,715		
Katechese/gemeindliche Religionspädagogik	0,702		
Gemeindliche Jugendarbeit/Kinderarbeit	0,643	−0,203	
Leitung und Verwaltung auf Kirchengemeindeebene	0,551	0,302	0,144
politische Partei/Initiative/NGO	−0,118	0,737	
Leitung auf Ebene der politischen Gemeinde	0,171	0,726	
aktives Mitglied in einem Verein			0,721
Notfall (z.B. freiwillige Feuerwehr/Rettungssanitätsdienst/o.Ä.)			0,696
Eigenwert	1,80	1,20	1,03
Aufgeklärte Varianz: 56,0 %			

Legende: Hauptkomponentenanalyse, Varimax-Rotation. Die Rotation ist in 4 Iterationen konvergiert. Faktorladungen, deren Betrag kleiner ist als 0,100, werden nicht eigens ausgewiesen.

Die Möglichkeit zu einer explorativen Faktoranalyse trifft auch beim ehrenamtlichen Engagement auf einen Grenzfall. Zwar sind in technischer Hinsicht sämtliche Voraussetzungen erfüllt (KMO = 0,66) und auch die Anzahl der Faktoren ist unstrittig, obwohl der dritte empirische Faktor auf einen Eigenwert von EW = 1,03 kommt. Allerdings stellen die Antwortoptionen „ja" und „nein" streng genommen eine Nominalskala dar, d.h. sie weisen nicht das Skalenniveau auf, das für eine Faktoranalyse notwendig ist. Dennoch lassen sich derartige bipolare Skalen, sofern man sie mit nein = 0 und ja = 1 kodiert, auch als metrische Skalen auffassen, auf denen es nur die beiden extremen Ausprägungen gibt. Will man die Faktoranalyse unter dieser Prämisse auf den Items zum ehrenamtlichen Engagement ausführen, muss das Item zum Engagement in Caritas oder Diakonie aus der Analyse genommen werden, weil es zu keinem der anderen Items die notwendige Korrelation von $|r| < 0{,}300$ aufweist. Die Faktoranalyse über den restlichen acht Items liefert drei inhaltlich gut interpretierbare Faktoren, weshalb diese Lösung für die weiteren Analysen akzeptiert wird.

Auf den ersten empirischen Faktor laden die vier Items, die ein Engagement im kirchlichen Bereich beinhalten (vgl. Tab. 26). Es handelt sich dabei um die Beteiligung an der Vorbereitung und Durchführung von Gottesdiensten, um das Engagement in der gemeindlichen Katechese bzw. Religionspädagogik, um die gemeindliche Kinder- und Jugendarbeit und um die Mitarbeit in der Leitung und der Verwaltung der Kirchengemeinde. Alle vier Items bilden den Faktor „kirchliches Engagement". Der zweite Faktor besteht aus den beiden Items, die ein „politisches Engagement" thematisieren (vgl. Tab. 26). Dabei handelt es sich um das Engagement für eine politische Partei, eine politische Initiative oder eine Nichtregierungsorganisation und um die Mitarbeit in politischen Leitungsgremien auf Gemeindeebene. Der dritte Faktor versammelt die beiden Items zur aktiven Mitgliedschaft in einem Verein und dem Engagement in der Notfallhilfe, wobei die meisten einschlägigen Organisationen ebenfalls als Verein auftreten (z.B. Freiwillige Feuerwehr; vgl. Tab. 26). Es handelt sich in beiden Fällen also um ein „Engagement im Verein".

Das *Alter* spielt für das ehrenamtliche Engagement der Studierenden ebenso wenig eine bedeutsamere Rolle wie die *Konfessionszugehörigkeit* und die *Region* des Studienortes. Lediglich das *Geschlecht* bewirkt einen moderaten Effekt beim politischen Engagement ($r = -0{,}13$), insofern männliche Studierende hier eine etwas höhere Rangsumme zeigen als weibliche ($U = 416923{,}00$; $Z = -6{,}459$; $p < 0{,}001$).

3.4.3 Der Zusammenhang zwischen Wertorientierung und ehrenamtlichem Engagement

Die Faktoren der Wertorientierung zeigen keinen nennenswerten Zusammenhang mit den Faktoren des ehrenamtlichen Engagements. Die wenigen signifikanten Korrelationen sind sämtlich deutlich kleiner als $|r| = 0{,}23$ und erklären damit weniger als 5 % der Varianz.

3.5 Der Zusammenhang zwischen den personalen Faktoren und der Evaluation des Studiums bzw. des idealen Religionsunterrichts

Nach dem Durchgang durch die einzelnen Aspekte, die im Fragebogen erfasst wurden, können nun Zusammenhänge zwischen diesen Aspekten untersucht werden. Ein zentrales Ziel der Umfrage ist es zu herauszuarbeiten, wie die personalen Faktoren der individuellen Religiosität, der personalen und sozialen Ressourcen und der Studiensituation sowohl die Evaluation des Studiums als auch die Perspektive auf den Religionsunterricht erklären. Im Folgenden wird erst der Zusammenhang zwischen den personalen Faktoren und der Evaluation des Studiums dargestellt, dann derjenige mit dem Ideal des Religionsunterrichts.

3.5.1 Der Einfluss der personalen Faktoren auf die Evaluation des Studiums

In der Evaluation des Studiums wurde unterschieden zwischen der Studienmotivation, den Erwartungen ans Studium, der Zufriedenheit mit dem Studium, der Sicherheit der Studiengangwahl, der Arbeitsbelastung im Studium und Verbesserungsvorschlägen. Sie werden im Folgenden in der beschriebenen Reihenfolge daraufhin untersucht, wie sie durch die individuelle Religiosität der Befragten, ihre personalen und sozialen Ressourcen, ihre Studiensituation und Personenmerkmale bedingt sind.

Die Faktoranalyse zu den Studiengangmotiven ergab fünf charakteristische Motivbündel, die für die Wahl eines Theologiestudiums entscheidend waren: den durch eigene Erfahrungen mit dem kirchlichen Leben stimulierten Wunsch, den Glauben weiterzugeben (1), die Erlebnisse mit dem eigenen Religionsunterricht (2), den Wunsch nach einer glaubensbasierten Wertevermittlung (3), ein wissenschaftliches Interesse (4) und fehlende Studiengangalternativen (5). Alle fünf Motivbündel werden als unabhängige Variable in eine multiple lineare Regression eingegeben (vgl. Tab. 27).

Studienmotivation

Beim Motivbündel einer kirchlich motivierten Glaubensweitergabe wird durch die eingegebenen Variablen 55 % der Varianz innerhalb der Antworten aufgeklärt, wobei das Gros dieser Erklärungskraft durch den ersten (38 %) und zweiten Block (15 %) beigesteuert wird (vgl. Tab. 27). Konkret bedeutet dies, dass die individuelle Religiosität sowie die personalen und sozialen Ressourcen der Studierenden eine große Rolle spielen, wenn sie Theologie studieren, um später einen in Erfahrungen mit kirchlichem Leben gründenden Glauben weitergeben zu können. Im Detail sind es vor allem die Zentralität von Religion (β = 0,31) und das kirchliche Engagement (β = 0,44), die dieses Motivbündel bedingen. Je bedeutsamer Religion im Leben der Studierenden ist und je stärker sie sich in der Kirche engagieren, umso eher wählen sie ein Theologiestudium aus besagtem Motivbündel heraus. Das Gewicht des katholischen Präferenzprofils (β = 0,13) deutet an, dass es sich hierbei etwas stärker um Studierende handelt, die sich in typisch katholischen Glaubenspositionen wiederfinden.

Die Varianz innerhalb des Motivbündels des eigenen Religionsunterrichts wird zu 40 % durch die ausgewählten Variablen erklärt (vgl. Tab. 27). Hier ist es vor allem der Block der Studiensituation, der den größten Teil zu dieser Aufklärung beiträgt (37 %). Das liegt vor allem daran, dass die Beurteilung des eigenen Religionsunterrichts das ausschlaggebende Ereignis für dieses Motivbündel ist (β = 0,61). Das negative Gewicht des Alters (β = − 0,11) könnte andeuten, dass diese Erfahrungen vor allem bei jüngeren Studierenden etwas präsenter sind als bei ihren älteren Kommiliton*innen. Es könnte aber auch dafür stehen, dass der Religionsunterricht in den letzten Jahren als etwas positiver erlebt wurde als in den Jahren davor.

Immerhin noch 21 % der Varianz wird bei der glaubensbasierten Wertevermittlung aufgeklärt (vgl. Tab. 27). Hier sind es die Blöcke zwei (8 %) und drei (10 %), die den größten Teil der Erklärungskraft beisteuern. Es sind vor allem Lehramtsstudierende, die aus derartigen Motiven heraus Theologie studieren (β = 0,31), die eine altruistisch-alternative Wertorientierung zeigen (β = 0,24). Dass dieses Motivbündel durch eine gewisse Distanz gegenüber der Kirche bedingt ist, zeigen sowohl die relative Bedeutung der Kirchenkritik (β = 0,14), als auch das negative Gewicht eines kirchlichen Engagements (β = − 0,10).

Die Varianz innerhalb des Motivbündels eines wissenschaftlichen Interesses wird durch die gegebene Regression nur zu 12 % aufgeklärt (vgl. Tab. 27). Es sind vor allem die Zentralität von Religion (β = 0,17) und eine altruistisch-alternative Wertorientierung (β = 0,16), die es stimulieren. Auch für das wissenschaftliche Interesse ist eine gewisse Distanz zu kirchlichem Engagement von Bedeutung (β = − 0,12).

Schließlich wurden noch fehlende Studienalternativen als ein Motivbündel identifiziert (vgl. Tab. 27). Die Varianz in ihm wird durch die gegebenen Variablen zu 9 % aufgeklärt. Insofern das Gewicht der Zentralität von Religion negativ ist (β = − 0,18), ist dieses Motivbündel für die Wahl des Studiengangs umso bedeutsamer, je weniger Bedeutung Religion im Leben der Befragten hat. Auch wirkt sich eine egozentrisch-hedonistische Wertorientierung tendenziell positiv auf derartige Studienmotive aus (β = 0,14).

Lineare Regression der personalen Faktoren auf die Studienmotive

	1 β	2 β	3 β	4 β	5 β
Zentralität von Religion	0,31***	−0,06*	0,07*	0,17***	−0,18***
kirchenbezogene Gemeinsamkeiten	0,10***				
Kirchenkritik			0,14***		0,09**
Identifikation mit eigener Konfession	0,05*	−0,05			−0,08*
katholisches Präferenzprofil	0,13***				
evangelisches Präferenzprofil	0,08***			0,09**	0,07*
altruistisch-alternative Wertorientierung			0,24***	0,16***	
egozentrisch-hedonistische Wertorientierung	0,04*		−0,07**		0,14***
traditionell-konservative Wertorientierung					
kirchliches Engagement	0,44***		−0,10***	−0,12***	
politisches Engagement	−0,05**			0,07*	
Engagement im Verein					
Fachsemester	−0,05*	0,08**	−0,09*		
Magister Theologiae vs. Lehramt		0,06**	0,31***	0,10***	0,07*
Erleben des eigenen RU		0,61***			−0,07*
Praktikum im Studium					
Praxis im eigenverantwortlichen RU			0,05*		
Geschlecht (männlich)	−0,6**	−0,05*	−0,05*		
Alter		0,11***		0,06*	−0,07*
Konfession (katholisch)				0,06*	
adjust. R^2	0,55	0,40	0,21	0,12	0,09
ANOVA	$F_{(20; 1349)}$ = 86,156; $p < 0,001$	$F_{(20; 1349)}$ = 47,308; $p < 0,001$	$F_{(20; 1349)}$ = 19,479; $p < 0,001$	$F_{(20; 1349)}$ = 9,999; $p < 0,001$	$F_{(20; 1349)}$ = 7,984; $p < 0,001$

Legende: 1 = kirchlich motivierte Glaubensweitergabe; 2 = eigener Religionsunterricht; 3 = glaubensbasierte Wertevermittlung; 4 = wissenschaftliches Interesse; 5 = fehlende Studiengangalternative; *: $p < 0,05$; **: $p < 0,01$; ***: $p < 0,001$. Die gepunkteten Linien markieren die Variablenblöcke in der Reihenfolge, in der sie in die Regression eingegeben wurden.

Erwartungen ans Studium

Bei den Erwartungen ans Studium konnten bei den Befragten die folgenden fünf Faktoren unterschieden werden: Theologie als Wissenschaft erleben zu dürfen (1), eine Einführung in den eigenen Glauben zu erhalten (2), zur Auseinandersetzung mit anderen Religionen stimuliert zu werden (3), auf den Religionsunterricht vorbereitet zu werden (4) und später mal einen guten Arbeitsplatz zu haben (5). Wiederum bildeten diese fünf Faktoren die unabhängigen Variablen einer multiplen linearen Regression (vgl. Tab. 28). Die in die Regression eingespeisten unabhängigen Variablen klären 14 % der Varianz innerhalb der Erwartungshaltung, Theologie im Studium als Wissenschaft präsentiert zu bekommen, auf (vgl. Tab. 28), wobei der zweite und dritte Block jeweils 5 % zu dieser Aufklärung beitragen. Geht man ins Detail, sind es vor allem eine altruistisch-alternative Wertorientierung (β = 0,20) und die Tatsache, einen Magister Theologiae anzustreben (β = – 0,17), die diese Erwartungshaltung bedingen.

Immerhin 27 % der Varianz werden aufgeklärt, wenn es um die Erwartung geht, im Studium eine Einführung in den eigenen Glauben zu erhalten (vgl. Tab. 28). Dabei trägt der erste Block fast die gesamte Erklärungslast (22 %). Es sind vor allem die Zentralität von Religion (β = 0,26) und die Identifikation mit einem katholischen Präferenzprofil (β = 0,20), die diese Erwartungshaltung stimulieren. Etwas schwächer tragen auch ein evangelisches Präferenzprofil (β = 0,11), eine traditionell-konservative Wertorientierung (β = 0,11) und die Tatsache, weiblich zu sein (β = – 0,11), zu dieser Erwartung ans Studium bei. Studierende, die sich kirchlich engagieren, tendieren dagegen dazu, vom Studium weniger stark eine Einführung in den eigenen Glauben zu erhalten (β = – 0,10).

Die Erwartung, im Studium zu einer Auseinandersetzung mit anderen Religionen angeregt zu werden, wird zu 14 % durch die personalen Faktoren aufgeklärt (vgl. Tab. 28). Diese Erwartung wird vor allem von Studierenden mit einer altruistisch-alternativen Wertorientierung gezeigt (β = 0,23) und steigt mit dem Fachsemester (β = 0,13). Außerdem wird diese Erwartung umso wichtiger, je geringer die Rolle von Religion im eigenen Leben ist (β = – 0,19).

Tab. 28: *Lineare Regression der personalen Faktoren auf die Erwartungen ans Studium*

	1 β	2 β	3 β	4 β	5 β
Zentralität von Religion		0,26***	-0,19***		
kirchenbezogene Gemeinsamkeiten	0,06*				
Kirchenkritik		0,07**			
Identifikation mit eigener Konfession			-0,06*	0,08**	
katholisches Präferenzprofil	-0,07*	0,20***			
evangelisches Präferenzprofil	0,06*	0,11***			
altruistisch-alternative Wertorientierung	0,20***		0,23***	0,08***	0,09**
egozentrisch-hedonistische Wertorientierung	-0,08**	0,05*		-0,06*	0,29***
traditionell-konservative Wertorientierung		0,11***		0,09***	0,06*
kirchliches Engagement		-0,10***		0,06*	
politisches Engagement			0,06*	-0,05*	
Engagement im Verein		0,06**			
Fachsemester	0,11*		0,13***	0,09**	
Magister Theologiae vs. Lehramt	-0,17***			0,42***	
Erleben des eigenen RU	0,09***		0,06*		
Praktikum im Studium			-0,07*	0,10**	
Praxis im eigenverantwortlichen RU					
Geschlecht (männlich)		-0,11***		-0,09***	
Alter			-0,06*	-0,06*	-0,09*
Konfession (katholisch)	0,07**			-0,05*	
adjust. R²	0,14	0,27	0,14	0,27	0,09
ANOVA	F(20; 1427) = 12,685; p < 0,001	F(20; 1427) = 27,292; p < 0,001	F(20; 1427) = 12,932; p < 0,001	F(20; 1427) = 27,143; p < 0,001	F(20; 1427) = 7,399; p < 0,001

Legende: 1 = Theologie als Wissenschaft; 2 = Einführung in den eigenen Glauben; 3 = Auseinandersetzung mit anderen Religionen; 4 = Vorbereitung auf den Religionsunterricht; 5 = guter Arbeitsplatz; *: $p < 0,05$; **: $p < 0,01$; ***: $p < 0,001$. Die gepunkteten Linien markieren die Variablenblöcke in der Reihenfolge, in der sie in die Regression eingegeben wurden.

Die Varianz innerhalb des Motivbündels der Vorbereitung auf den Religionsunterricht als Erwartung des Studiums wird zu 27 % aufgeklärt (vgl. Tab. 28). Fast die gesamte Erklärungslast trägt dabei die Studiensituation (20 %), wobei es faktisch die Tatsache ist, auf Lehramt Religion zu studieren ($\beta = 0{,}42$), die diese Erwartung speist. Alle weiteren Faktoren, die diese Erwartungshaltung bedingen, spielen dagegen eine untergeordnete Rolle.

Schließlich wurde auch die Erwartung geäußert, durch ein Studium der Theologie die Chance auf einen guten Arbeitsplatz zu steigern. Die unabhängigen Variablen klären 9 % der Varianz dieser Erwartungshaltung auf (vgl. Tab. 28). Konkret sind es Studierende mit einer egozentrisch-hedonistischen Wertorientierung, die vor allem diese Erwartung hegen ($\beta = 0{,}29$).

Zufriedenheit, Arbeitsbelastung und Sicherheit der Studiengangwahl

Die Aspekte der Zufriedenheit mit dem Studium (1), der Arbeitsbelastung im Studium (2) und der Sicherheit der Studiengangwahl (3) haben wir anhand von einzelnen Items erfasst, die für die weitergehenden Analysen z-standardisiert wurden. In ihrer standardisierten Form wurden sie als abhängige Variablen für die multiplen linearen Regressionen herangezogen (vgl. Tab. 29).

Insgesamt tragen die personalen Faktoren nur sehr eingeschränkt dazu bei, die Varianz innerhalb der drei Bezugsgrößen Zufriedenheit, Arbeitsbelastung und Sicherheit in der Studiengangwahl aufzuklären (vgl. Tab. 29). Bei der Zufriedenheit liegt sie bei 8 % und bei der Arbeitsbelastung bei 4 %. Lediglich bei der Sicherheit der Studiengangwahl erreicht die Quote der aufgeklärten Varianz mit 14 % ein nennenswertes Niveau.

Achtet man auf die einzelnen Variablen, ist es vor allem das Erleben des eigenen Religionsunterrichts, das die Zufriedenheit mit dem Studium etwas bedingt ($\beta = 0{,}16$; vgl. Tab. 29). Die anderen Variablen mit signifikantem Zusammenhang fallen kaum ins Gewicht. Bei der Arbeitsbelastung sind es die Anzahl der Fachsemester ($\beta = -0{,}11$), das Geschlecht ($\beta = 0{,}12$) und das Alter ($\beta = 0{,}10$), die einen gewissen Einfluss aufweisen. Die Arbeitsbelastung wird umso größer erachtet, je stärker sich die Studierenden am Beginn des Studiums befinden und je älter sie sind. Außerdem wird sie von männlichen Studierenden als etwas aufwändiger erlebt als von weiblichen. Das Gefühl, das richtige Studium gewählt zu haben, wird vor allem von der individuellen Religiosität und von der Studiensituation beeinflusst. So sind sich vor allem diejenigen Befragten sicher, mit Theologie das Richtige zu studieren, in deren Leben Religion von Bedeutung ist ($\beta = 0{,}21$) und die sich mit ihrer eigenen Konfession identifizieren ($\beta = 0{,}16$). Gleichzeitig steigt diese Sicherheit mit der Anzahl der Fachsemester ($\beta = 0{,}11$) und mit dem positiven Erleben des eigenen Religionsunterrichts ($\beta = 0{,}11$).

Tab. 29: *Lineare Regression der personalen Faktoren auf Zufriedenheit mit, Arbeitsbelastung im Studium und Sicherheit in der Studiengangwahl*

	1 β	2 β	3 β
Zentralität von Religion	0,08*		0,21***
kirchenbezogene Gemeinsamkeiten	0,09**		
Kirchenkritik			
Identifikation mit eigener Konfession	0,07*	0,06*	0,16***
katholisches Präferenzprofil			
evangelisches Präferenzprofil			
altruistisch-alternative Wertorientierung	0,09**	0,08**	
egozentrisch-hedonistische Wertorientierung	–0,06*		–0,05
traditionell-konservative Wertorientierung		0,09**	
kirchliches Engagement			
politisches Engagement			
Engagement im Verein			
Fachsemester		–0,11**	0,11***
Magister Theologiae vs. Lehramt		–0,09**	
Erleben des eigenen RU	0,16***		0,11***
Praktikum im Studium			
Praxis im eigenverantwortlichen RU			
Geschlecht (männlich)		–0,12***	0,020
Alter		0,10**	–0,009
Konfession (katholisch)	0,06*		–0,038
adjust. R^2	0,08	0,04	0,14
ANOVA	$F(20; 1465)$ = 7,105; $p < 0,001$	$F(20; 1467)$ = 4,423; $p < 0,001$	$F(20; 1474)$ = 13,060; $p < 0,001$

Legende: 1 = Theologie als Wissenschaft; 2 = Einführung in den eigenen Glauben; 3 = Auseinandersetzung mit anderen Religionen; 4 = Vorbereitung auf den Religionsunterricht; 5 = guter Arbeitsplatz; *: $p < 0,05$; **: $p < 0,01$; ***: $p < 0,001$. Die gepunkteten Linien markieren die Variablenblöcke in der Reihenfolge, in der sie in die Regression eingegeben wurden.

Verbesserungsvorschläge

Unter den Vorschlägen, wie sich das Studium der Theologie verbessern lassen könnte, ließen sich vier empirische Faktoren rekonstruiert, nämlich eine intensivere Betreuung (1), mehr interkonfessionelle/-religiöse Begegnung (2), eine flexiblere Studienorganisation (3) und mehr Praxisbezug (4). Diese vier Faktoren sind die abhängigen Variablen der nächsten multiplen linearen Regression (vgl. Tab. 30).

Tab. 30:   *Lineare Regression der personalen Faktoren auf die Verbesserungsvorschläge*

	1	2	3	4
	β	β	β	β
Zentralität von Religion	0,08*		−0,10**	
kirchenbezogene Gemeinsamkeiten				
Kirchenkritik	0,09**			
Identifikation mit eigener Konfession	−0,08*			
katholisches Präferenzprofil	0,13***	−0,09*		
evangelisches Präferenzprofil	0,07*			
altruistisch-alternative Wertorientierung	0,11***	0,23***		0,11***
egozentrisch-hedonistische Wertorientierung	0,08**			
traditionell-konservative Wertorientierung		−0,10***		0,06*
kirchliches Engagement				
politisches Engagement				
Engagement im Verein				
Fachsemester	−0,12**	0,23***		0,15***
Magister Theologiae vs. Lehramt				0,25***
Erleben des eigenen RU	0,07*		−0,05*	
Praktikum im Studium				
Praxis im eigenverantwortlichen RU				
Geschlecht (männlich)				−0,11***
Alter			0,10**	−0,08**
Konfession (katholisch)	−0,08**			−0,11***
adjust. R^2	0,10	0,13	0,03	0,13
ANOVA	$F(20; 1405)$ = 8,441; $p < 0,001$	$F(20; 1405)$ = 11,338; $p < 0,001$	$F(20; 1405)$ = 3,019; $p < 0,001$	$F(20; 1405)$ = 11,957; $p < 0,001$

Legende: 1 = intensivere Betreuung; 2 = mehr interkonfessionelle/-religiöse Begegnung; 3 = flexiblere Studienorganisation; 4 = mehr Praxisbezug; *: $p < 0,05$; **: $p < 0,01$; ***: $p < 0,001$. Die gepunkteten Linien markieren die Variablenblöcke in der Reihenfolge, in der sie in die Regression eingegeben wurden.

Die Varianz innerhalb des Vorschlages zu intensiverer Betreuung kann durch die unabhängigen Variablen zu 10 % aufgeklärt werden (vgl. Tab. 30). Das wird insbesondere von den Befragten gewünscht, die sich mit einem katholischen Präferenzprofil identifizieren (β = 0,13) und eine altruistisch-alternative Wertorientierung zeigen (β = 0,11). Außerdem verringert sich dieser Wunsch mit der Anzahl der Fachsemester (β = − 0,12).

Mehr interkonfessionelle bzw. interreligiöse Begegnung ist ein Verbesserungsvorschlag, dessen Varianz durch die personalen Faktoren zu 13 % aufgeklärt werden kann (vgl. Tab. 30). Je höher die Anzahl das Fachsemester ist, desto stärker wird dieser Verbesserungsvorschlag vertreten (β = 0,23). Auch eine altruistisch-alternative Wertorientierung bedingt diesen Vorschlag (β = 0,23). Studierende, die eine traditionelle-konservative Wertorientierung haben, neigen dagegen eher nicht dazu, auf interkonfessionelle bzw. -religiöse Begegnungen Wert zu legen (β = – 0,10).

Die erhobenen personalen Faktoren tragen nahezu nichts dazu bei, die Varianz innerhalb der Verbesserungsvorschläge einer flexibleren Studienorganisation aufzuklären (3 %; vgl. Tab. 30). Dieser Vorschlag wird etwas stärker vertreten, je weniger Bedeutung Religion im Leben der Studierenden hat (β = – 0,10). Außerdem neigen ältere Studierende etwas stärker zu diesem Vorschlag als ihre jüngeren Kommiliton*innen (β = 0,10).

Schließlich kann die Varianz innerhalb der Forderung nach mehr Praxisbezug durch die Regression zu 13 % aufgeklärt werden (vgl. Tab. 30). Sie wird vor allem von Studierenden auf Lehramt Religion erhoben (β = 00,25). Auch steigt der Wunsch nach mehr Praxisbezug mit der Anzahl der Fachsemester (β = 0,15) und mit der Neigung zu altruistisch-alternativen Werten (β = 0,11). Schließlich wird er von weiblichen Studierenden ebenso etwas stärker vertreten (β = – 0,11) wie von evangelischen Studierenden (β = – 0,11).

3.5.2 Der Einfluss der personalen Faktoren auf das Ideal des Religionsunterrichts

Das Ideal des Religionsunterrichts wurde anhand von vier Perspektiven erhoben, nämlich den Bildungszielen (1), den Rollenbildern für eine Religionslehrperson (2), der Positionalität von Lehrpersonen (3) und der präferierten Organisationsform dieses Unterrichts (4). Die empirischen Faktoren dieser vier Perspektiven stellen die abhängigen Variablen in den multiplen linearen Regressionen dar, mittels derer der Einfluss der personalen Faktoren auf das Ideal des Religionsunterrichts bemessen wird.

Präferierte Bildungsziele und Rollenbilder

Die explorative Faktoranalyse erbrachte für Bildungsziele des Religionsunterrichts ein konfessionelles, ein pädagogisches und ein fachwissenschaftliches Zielspektrum. Bei den Rollenbildern konnte zwischen einem konfessionellen und einem pädagogischen Rollenprofil unterschieden werden. Alle fünf Faktoren werden als unabhängige Variablen in die Regression eingegeben (vgl. Tab. 31).

Tab. 31:   *Lineare Regression der personalen Faktoren auf die präferierten Bildungsziele und Rollenbilder*

	1 β	2 β	3 β	4 β	5 β
Zentralität von Religion	0,31***			0,26***	−0,07*
kirchenbezogene Gemeinsamkeiten				0,09***	
Kirchenkritik	0,07**			0,09***	
Identifikation mit eigener Konfession				0,08**	
katholisches Präferenzprofil	0,23***	−0,18***		0,25***	
evangelisches Präferenzprofil	0,18***		0,09**	0,19***	
altruistisch-alternative Wertorientierung		0,35***	0,10***		0,30***
egozentrisch-hedonistische Wertorientierung		−0,05*		−0,05**	
traditionell-konservative Wertorientierung	0,12***			0,07***	
kirchliches Engagement		−0,06*			
politisches Engagement	−0,06*		0,06*	−0,06**	
Engagement im Verein					
Fachsemester		0,11***			0,07*
Magister Theologiae vs. Lehramt		0,06*			0,07**
Erleben des eigenen RU		0,11***	0,07**		0,11***
Praktikum im Studium	0,07*			0,08**	0,08*
Praxis im eigenverantwortlichen RU			0,07**		
Geschlecht (männlich)	−0,08***	−0,05*		−0,07**	
Alter	0,09***		−0,08**		
Konfession (katholisch)		0,07**		0,05**	
adjust. R^2	0,37	0,19	0,04	0,43	0,17
ANOVA	$F_{(20; 1457)}$ = 45,165; $p < 0,001$	$F_{(20; 1457)}$ = 18,805; $p < 0,001$	$F_{(20; 1457)}$ = 3,883; $p < 0,001$	$F_{(20; 1470)}$ = 57,570; $p < 0,001$	$F_{(20; 1470)}$ = 16,165; $p < 0,001$

Legende: 1 = konfessionelles Zielspektrum; 2 = pädagogisches Zielspektrum; 3 = fachwissenschaftliches Zielspektrum; 4 = konfessionelles Rollenprofil; 5 = pädagogisches Rollenprofil; *: $p < 0,05$; **: $p < 0,01$; ***: $p < 0,001$. Die gepunkteten Linien markieren die Variablenblöcke in der Reihenfolge, in der sie in die Regression eingegeben wurden.

Ein konfessionelles Zielspektrum, das Bildungsziele umfasst, die die Schüler*innen mit ihrem eigenen Glauben und mit dem kirchlichen Leben vertraut machen wollen, wird durch die abgefragten personalen Faktoren sehr gut getroffen, denn diese Faktoren klären 37 % der Varianz in den Antworten auf (vgl. Tab. 31).

Dabei trägt die individuelle Religiosität mit 34 % das Gros zu dieser Aufklärung bei. Es ist vor allem die Zentralität von Religion, die hier ein wesentlicher Bedingungsfaktor ist (β = 0,31). Je wichtiger Religion im Leben der Studierenden ist, desto wichtiger sind ihnen konfessionelle Bildungsziele. Auch die Identifikation mit einem katholischen Präferenzprofil bewirkt eine Tendenz zu solchen Zielen (β = 0,23). Für die Identifikation mit einem evangelischen Präferenzprofil gilt das zwar ebenso, jedoch etwas weniger ausgeprägt (β = 0,18). Von den weiteren Faktoren erweist sich nur eine traditionell-konservative Wertorientierung als bedingt einflussreich (β = 0,12), wobei auch hier mit der Ausprägung dieser Orientierung die Akzeptanz konfessioneller Bildungsziele steigt.

Die Varianz innerhalb des pädagogischen Zielspektrums wird zu 19 % aufgeklärt, wobei es vor allem die personalen Ressourcen sind, die diese Aufklärung leisten (14 %; vgl. Tab. 31). Je stärker die Studierenden eine altruistisch-alternative Wertorientierung zeigen, desto stärker bevorzugen sie ein pädagogisches Zielspektrum (β = 0,35). Auch mit der Anzahl der Fachsemester (β = 0,11) und mit dem positiven Erleben des eigenen Religionsunterrichts (β = 0,11) steigt die Bedeutung dieses Spektrums. Umgekehrt gilt, dass ein pädagogisches Zielspektrum umso weniger wichtig wird, je stärker sich die Studierenden mit einem katholischen Präferenzprofil identifizieren (β = − 0,18).

Die Varianz eines fachwissenschaftlichen Zielspektrums wird durch die abgefragten personalen Faktoren praktisch nicht aufgeklärt (4 %; vgl. Tab. 31). Deshalb muss an dieser Stelle auf die Bedeutung der einzelnen Faktoren nicht im Detail eingegangen werden. Es sei nur erwähnt, dass im vorliegenden Fall zum ersten Mal die Erfahrung mit eigenverantwortlichem Religionsunterricht signifikant wird. Allerdings trägt sie nicht wesentlich zur Erklärung dieser Zielpräferenz bei.

Ein konfessionelles Rollenprofil für Religionslehrpersonen wird dagegen wieder hinreichend aufgeklärt (43 %), wobei die individuelle Religiosität den größten Teil dazu beiträgt (40 %; vgl. Tab. 31). Was diese Religiosität angeht, zeigen sich vergleichbare Tendenzen wie beim konfessionellen Zielspektrum: Erneut sind es die Zentralität von Religion (β = 0,26) und die Identifikation mit einem katholischen (β = 0,25) und einem evangelischen Präferenzprofil (β = 0,19), die vor allem dieses Einstellungsmuster bestimmen. Weitere Faktoren spielen keine wesentliche Rolle, auch wenn viele Facetten der personalen Faktoren einen signifikanten Einfluss erreichen.

Die Varianz im pädagogischen Rollenprofil wird zu 17 % durch die abgefragten Variablen aufgeklärt, wobei abermals die personalen Faktoren das Meiste davon erklären (12 %; vgl. Tab. 31). Im Detail ist es die altruistisch-alternative Wertorientierung, die die Befürwortung eines solchen Rollenprofils zu großen Teilen bedingt (β = 0,30). Auch das positive Erleben des eigenen Religionsunterrichts spielt für diese Präferenz eine gewisse Rolle (β = 0,11).

Positionalität von Religionslehrpersonen

Hinsichtlich der Positionalität von Religionslehrpersonen im Unterricht konnte zwischen einer am Bekenntnis orientierten (1), einer an den Gemeinsamkeiten orientierten (2), einer an den Unterschieden orientierten (3) und einer an Kritik orientierten Positionalität (4) unterschieden werden. Diese vier Positionalitätsprofile bilden die abhängigen Variablen der Regressionen.

Tab. 32:   *Lineare Regression der personalen Faktoren auf die Positionalität von Religionslehrpersonen*

	1 β	2 β	3 β	4 β
Zentralität von Religion	0,34***			
kirchenbezogene Gemeinsamkeiten	0,09***			
Kirchenkritik	0,11***			−0,10***
Identifikation mit eigener Konfession		0,11***		−0,08**
katholisches Präferenzprofil	0,14***	0,14***	−0,07*	−0,20***
evangelisches Präferenzprofil	0,16***	0,08*		
altruistisch-alternative Wertorientierung			0,23***	
egozentrisch-hedonistische Wertorientierung				
traditionell-konservative Wertorientierung	0,06*	0,12***		
kirchliches Engagement				
politisches Engagement				0,11***
Engagement im Verein				
Fachsemester	−0,06*		0,07*	
Magister Theologiae vs. Lehramt		−0,07**		
Erleben des eigenen RU				0,06**
Praktikum im Studium				
Praxis im eigenverantwortlichen RU				
Geschlecht (männlich)		0,08**	−0,0*	0,06*
Alter	0,05*	−0,09**		
Konfession (katholisch)	0,14*	−0,17***		0,20***
adjust. R^2	0,36	0,10	0,07	0,15
ANOVA	$F_{(20; 1466)}$ = 40,771; $p < 0,001$	$F_{(20; 1466)}$ = 9,540; $p < 0,001$	$F_{(20; 1466)}$ = 6,843; $p < 0,001$	$F_{(20; 1466)}$ = 14,327; $p < 0,001$

Legende: 1 = intensivere Betreuung; 2 = mehr interkonfessionelle/-religiöse Begegnung; 3 = flexiblere Studienorganisation; 4 = mehr Praxisbezug; *: $p < 0,05$; **: $p < 0,01$; ***: $p < 0,001$. Die gepunkteten Linien markieren die Variablenblöcke in der Reihenfolge, in der sie in die Regression eingegeben wurden.

Die Varianz des Profils, das Positionalität am Bekenntnis ausrichtet, wird zu 37 % aufgeklärt (vgl. Tab. 32). Der größte Teil davon stammt mit 32 % aus dem ersten Block. Vor allem die Bedeutung von Religion im eigenen Leben bedingt die Zustimmung zu diesem Positionalitätsprofil (β = 0,34). Je größer diese Bedeutung ist, desto stärker fällt die Akzeptanz dafür aus, dass die Lehrperson das Bekenntnis, dem sie angehört, zu erkennen gibt. Auch die Identifikation mit einem katholischen (β = 0,14) oder einem evangelischen Präferenzprofil (β = 0,16) befördert diese Akzeptanz. Allerdings gilt das auch für die Zugehörigkeit zur katholischen Kirche (β = 0,14), was in der Konsequenz bedeutet, dass diese Akzeptanz mit der Zugehörigkeit zur evangelischen Kirche tendenziell abnimmt.

Eine Positionalität, die vor allem die Gemeinsamkeiten der Konfessionen und Religionen betont, wird zu 10 % durch die personalen Faktoren aufgeklärt (vgl. Tab. 32). Hier ist es vor allem die Zugehörigkeit zur evangelischen Kirche, die diese Einstellung befördert (β = – 0,17). Aber auch die Identifikation mit der eigenen Konfession wirkt sich ebenso positiv auf diese Einstellung aus (β = 0,11) wie die Identifikation mit einem katholischen Präferenzprofil (β =0,14) und eine traditionell-konservative Wertorientierung (β = 0,12).

Die gegenteilige Positionalität, die sich vor allem an den Unterschieden zwischen den Konfessionen und Religionen orientiert, wird durch die abgefragten Variablen kaum aufgeklärt (7 %; vgl. Tab. 32). Erstaunlicherweise ist es vor allem eine altruistisch-alternative Wertorientierung, die sich hier auswirkt (β = 0,23). Schließlich konnte eine an Kritik orientierte Positionalität identifiziert werden, deren Varianz zu 15 % aufgeklärt wird (vgl. Tab. 32). Es liegt auf der Hand, dass Studierende, die sich an Kirchenkritik stören, ein solches Profil eher ablehnen (β = – 0,10). Dafür wirkt sich ein politisches Engagement stützend auf dieses Profil aus (β = 0,11). Den größten Einfluss hat jedoch ein Bezug zur katholischen Kirche, wobei sich dieser Bezug ambivalent auswirkt. Neigen Studierende, die der katholischen Kirche angehören, tendenziell dazu, eine kritische Positionalität zu bevorzugen (β = 0,20), wird diese Kirche von den von den Studierenden, die sich mit typisch katholischen Glaubensüberzeugungen identifizieren, eher abgelehnt (β = – 0,20).

Präferierte Organisationsform

Die präferierte Organisationsform des Religionsunterrichts wurde durch einzelne Items erfasst, von denen im Folgenden diejenigen zum konfessionellen Religionsunterricht (1), zum konfessionell-kooperativen Religionsunterricht (2), zum interreligiösen Religionsunterricht (3) und zur Religionskunde (4) weiter untersucht werden. Sie wurden z-standardisiert als abhängige Variablen in multiple lineare Regressionsanalysen eingespeist (vgl. Tab. 33).

Tab. 33: *Lineare Regression der personalen Faktoren auf die präferierte Organisationsform des RU*

	1 β	2 β	3 β	4 β
Zentralität von Religion	0,13**	0,11**		−0,08**
kirchenbezogene Gemeinsamkeiten	0,06*			−0,08**
Kirchenkritik				
Identifikation mit eigener Konfession	0,17***		−0,07*	
katholisches Präferenzprofil	0,07**		−0,07*	
evangelisches Präferenzprofil	0,20***	0,10**	−0,10**	−0,19***
altruistisch-alternative Wertorientierung	−0,14***	−0,06*	0,14***	
egozentrisch-hedonistische Wertorientierung		−0,05*		0,05*
traditionell-konservative Wertorientierung			−0,07**	
kirchliches Engagement				
politisches Engagement				
Engagement im Verein				
Fachsemester		0,09*	0,10**	−0,12***
Magister Theologiae vs. Lehramt				
Erleben des eigenen RU				
Praktikum im Studium	0,10**			−0,11***
Praxis im eigenverantwortlichen RU				
Geschlecht (männlich)				
Alter	−0,06*			
Konfession (katholisch)	0,09***	0,09**	−0,06*	−0,10***
adjust. R^2	0,23	0,08	0,11	0,14
ANOVA	$F_{(20; 1480)}$ = 22,836; $p < 0,001$	$F_{(20; 1480)}$ = 7,756; $p < 0,001$	$F_{(20; 1480)}$ = 9,174; $p < 0,001$	$F_{(20; 1480)}$ = 13,625; $p < 0,001$

Legende: 1 = konfessioneller Religionsunterricht; 2 = konfessionell-kooperativer Religionsunterricht; 3 = interreligiöser Religionsunterricht; 4 = Religionskunde; *: $p < 0,05$; **: $p < 0,01$; ***: $p < 0,001$. Die gepunkteten Linien markieren die Variablenblöcke in der Reihenfolge, in der sie in die Regression eingegeben wurden.

Die personalen Faktoren erklären 23 % der Varianz innerhalb der Antworten zur Präferenz eines konfessionellen Religionsunterrichts in seiner herkömmlichen Organisationsform (vgl. Tab. 33). 19 % dieser Aufklärungsquote entfällt dabei auf den Block der individuellen Religiosität. Im Detail kann festgehalten werden, dass die Zustimmung zum konfessionellen Religionsunterricht durch die Identifikation mit der eigenen Konfession (β = 0,17) und durch die Bedeutung von Religion im Leben der Studierenden (β = 0,13) steigt. Auch die Tatsache, im Studium bereits praktische Erfahrungen mit diesem Unterricht gemacht zu haben, bedingt in gewisser Weise die Einstellung, am herkömmlichen Organisationsmodell festzuhalten (β = 0,10). Gegenläufig erweist sich eine altruistisch-alternative Wertorientierung (β = – 0,14). Je stärker die Befragten den Einsatz für andere und für ein Leben in Harmonie mit der Natur für wichtig erachten, desto weniger neigen sie dazu, den herkömmlichen konfessionellen Religionsunterricht als zukunftsfähig einzustufen.

Die Varianz innerhalb des konfessionell-kooperativen Modells wird zu 8 % aufgeklärt, sodass die diagnostizierten Zusammenhänge eine eingeschränkte Aussagekraft zu dem haben, was für eine Bevorzugung dieser Organisationsform von Religionsunterricht ausschlaggebend ist (vgl. Tab. 33). Auch der konfessionell-kooperative Religionsunterricht wird tendenziell von den Studierenden unterstützt, in deren Leben Religion von Bedeutung ist (β = 0,11). Auch die Identifikation mit einem evangelischen Präferenzprofil wirkt sich positiv auf die Einschätzung der Zukunftsfähigkeit dieses Modells aus (β = 0,10) aus.

Die Erklärungskraft der personalen Faktoren beim interreligiösen Religionsunterricht beläuft sich auf 11 % (vgl. Tab. 33). Er wird vor allem von den Studierenden wertgeschätzt, die eine altruistisch-alternative Wertorientierung zeigen (β = 0,14). Auch mit der Anzahl der Fachsemester steigt die Unterstützung dieser Organisationsform von Religionsunterricht leicht (β = 0,10). Wer sich jedoch mit Glaubensüberzeugungen identifiziert, die als typisch evangelisch gelten, neigt eher dazu, einen interreligiös angelegten Religionsunterricht skeptisch zu sehen (β = – 0,10).

Schließlich wurde auch der Einfluss der personalen Faktoren auf die Einschätzung von Religionskunde erfasst (vgl. Tab. 33). 14 % der Varianz dieses Antwortmusters wird dadurch aufgeklärt, wobei das Gros der Aufklärung durch die individuelle Religiosität geschieht (9 %). Alle Faktoren dieses Blocks, die einen signifikanten Zusammenhang aufweisen, haben ein negatives β-Gewicht. Nennenswert ist insbesondere der negative Zusammenhang zwischen der Identifikation mit einem evangelischen Präferenzprofil und Religionskunde (β = – 0,19). Je stärker sich somit die Studierenden mit typisch evangelischen Glaubensüberzeugungen identifizieren, desto weniger erachten sie die Religionskunde als angemessene Form, Religion in der öffentlichen Schule zu erteilen. Anders liegt der Fall bei der Konfessionszugehörigkeit, denn hier sind es tendenziell die katholischen Studierenden, die Religionskunde stärker ablehnen als ihre evangelischen Kommiliton*innen (β = – 0,10). Weiterhin gilt, dass Befragte, die bereits ein Praktikum im Studium absolviert haben, Religionskunde etwas skeptischer einschätzen als diejenigen ohne eine solche Praxiserfahrung (β = – 0,11). Schließlich sinkt auch mit der Anzahl der Fachsemester die Akzeptanz von Religionskunde etwas (β = – 0,12).

3.6 Studiengangspezifische Auswertung

Zum Abschluss der empirischen Analyse soll untersucht werden, wie die einzelnen Aspekte, die im Rahmen dieser Untersuchung erhoben wurden, innerhalb der Studiengänge, die für ein Studium der evangelischen oder katholischen Theologie charakteristisch sind, ausgeprägt sind. In vielen Fällen stellen die Studiengänge das handlungsleitende Kriterium im Rahmen eines solchen Studium dar, seien es die an die Studierenden gestellten Anforderungen, seien es die zu besuchenden Veranstaltungen, seien es die zu absolvierenden Prüfungen.

Um diese Analyse zu ermöglichen, wurden die Variablen, aus denen der jeweils belegte Studiengang erschlossen werden kann, zu einer neuen Variablen umkodiert. Sie unterscheidet zwischen einem Lehramtsstudium Grundschule, einem Lehramtsstudium Sekundarstufe I, einem Lehramtsstudium Gymnasium, einem Lehramtsstudium Berufsschule und einem Studium Magister Theologiae. Die Rekonstruktion des Typs Lehramtsstudium Sekundarstufe I ist dem Sachverhalt geschuldet, dass in diesem Bereich die Studiengänge zwischen den Ländern extrem variieren. Eine spezifischere Charakterisierung ist deshalb nicht möglich. Ebenfalls war es nicht möglich, einen Typ Lehramtsstudium Förderschule zu rekonstruieren, weil diese Studienrichtung in einigen Bundesländern in die regulären Studiengänge integriert wurde, um den Inklusionsanforderungen an Schule gerecht zu werden.

Besagte fünf Studiengänge bilden die Klassifizierungsvariable für die Berechnung charakteristischer Mittelwertdifferenzen mittels einfaktorieller A-NOVA. Bei Letzterer kommt der Welch-Test zum Einsatz, der robust ist gegenüber der Verletzung der Voraussetzung einer Normalverteilung der abhängigen Variablen. Für die Post-hoc-Tests wird die Games-Howell-Prozedur eingesetzt. Im Folgenden orientiert sich die studiengangspezifische Auswertung an den inhaltlichen Blöcken der obigen Analyse, d.h. es wird zuerst die Evaluation des Studiums in den Blick genommen, dann das Ideal des Religionsunterrichts und dann die personalen Faktoren.

Evaluation des Studiums

Der erste Aspekt der Evaluation des Studiums waren die *Studienmotive*. Hier zeigen sich signifikante Unterschiede auf allen fünf empirischen Faktoren. So ist die kirchlich motivierte Glaubensweitergabe für Studierende, die einen Magister Theologiae anstreben, signifikant bedeutsamer für die Wahl ihres Studiums als für sämtliche Lehramtsstudierenden, während sich die Befragten, die ein Lehramtsstudium belegen, nicht weiter untereinander unterscheiden (Welchs F = 15,760; df = 4, p < 0,001). Exakt umgekehrt liegt der Fall bei der Aufnahme des Theologiestudiums wegen der Erfahrungen im eigenen Religionsunterricht

(Welchs $F = 7,325$; $df = 4$, $p < 0,001$). Sie sind für die Lehramtsstudierenden wichtiger als für diejenigen auf Magister Theologiae. Wiederum gibt es keine signifikanten Unterschiede innerhalb der verschiedenen Lehramtsstudiengänge. Gleiches gilt für eine glaubensbasierte Wissensvermittlung (Welchs $F = 91,274$; $df = 4$, $p < 0,001$) und eine fehlende Studiengangalternative (Welchs $F = 6,764$; $df = 4$, $p < 0,001$). Etwas differenzierter fällt die Bilanz aus, wenn es um ein Theologiestudium aus wissenschaftlichem Interesse geht (Welchs $F = 28,892$; $df = 4$, $p < 0,001$). Dieses Motiv wirkt am stärksten bei den Studierenden auf Magister Theologiae. Signifikant geringer ist es bei den Studierenden auf Gymnasium und Berufsschule ausgeprägt. Beide Gruppen unterscheiden sich aber nochmals signifikant gegenüber den Studierenden auf Lehramt Grundschule. Die Befragten mit einem Lehramt für die Sekundarstufe I liegen zwischen den Grundschulstudierenden und denjenigen auf Lehramt Gymnasium, ohne sich signifikant von beiden Gruppen zu unterscheiden.

Unter den Faktoren, die *Erwartungen* ans Theologiestudium formulieren, unterscheiden sich die abgefragten Studiengänge nicht, wenn es um einen guten Arbeitsplatz geht. Die Erwartung, im Studium Theologie als Wissenschaft präsentiert zu bekommen, ergibt die bereits aus dem einschlägigen Studienmotiv bekannten Unterscheidungen, außer dass sie im vorliegenden Fall deutlicher ausfallen (Welchs $F = 46,704$; $df = 4$, $p < 0,001$). Wiederum ist die Erwartung bei den Magister-Studierenden am deutlichsten ausgeprägt und wiederum unterscheiden sie sich signifikant von den Studierenden auf Gymnasium und Berufsschule. Neu ist, dass die Studierenden auf Grundschule und Sekundarstufe I eine in sich homogene Gruppe bilden, die sich signifikant von den anderen beiden Gruppen unterscheidet und in der die Erwartung an eine wissenschaftliche Theologie am schwächsten ausgeprägt ist. Bei der Erwartung, im Studium eine Einführung in den eigenen Glauben zu erfahren, unterscheiden sich lediglich die Studierenden auf Magister Theologiae signifikant von denjenigen, die ein Gymnasiallehramt anstreben (Welchs $F = 6,259$; $df = 4$, $p < 0,001$). Erstere hegen diese Erwartung überdurchschnittlich, Letztere unterdurchschnittlich. Eine Auseinandersetzung mit anderen Religionen während des Studiums wird vor allem von Lehramtsstudierenden auf Gymnasium, Sekundarstufe I und Berufsschule erwartet. Hierin unterscheiden sie sich signifikant von den Magister-Studierenden, bei denen diese Erwartung unterdurchschnittlich ausgeprägt ist (Welchs $F = 6,447$; $df = 4$, $p < 00,001$). Die Studierenden auf Lehramt Grundschule liegen zwischen beiden Gruppen, ohne sich signifikant von beiden zu unterscheiden. Letztere zeigen dagegen die größte Erwartungshaltung, wenn es um die Vorbereitung auf den Religionsunterricht im Studium geht. Die entsprechende Erwartung der Studierenden auf Berufsschule und Gymnasium liegt signifikant niedriger (Welchs $F = 174,460$; $df = 4$, $p < 0,001$); und die derer, die einen Magister Theologiae anstreben, nochmals signifikant niedriger als diejenige der eben beschriebenen Gruppe.

Bei den *Verbesserungsvorschlägen* ergeben sich keine Unterschiede, wenn es um eine intensivere Betreuung, mehr interkonfessionelle bzw. interreligiöse Begegnung und eine flexiblere Studienorganisation geht. Lediglich beim Praxisbezug des Studiums unterscheiden sich die Studiengänge signifikant (Welchs F = 58,775; df = 4, p < 0,001). Wiederum sind es die Grundschulstudierenden, die diesen zusammen mit den Studierenden auf Lehramt Sekundarstufe I am stärksten einfordern. Signifikant niedriger fällt dieser Verbesserungsvorschlag bei den zukünftigen Berufsschullehrpersonen aus. Nochmals signifikant niedriger äußern diesen Verbesserungsvorschlag die Studierenden auf Magister Theologiae. Gymnasialstudierende liegen in dieser Hinsicht zwischen denjenigen auf Grundschule und Sekundarstufe I auf der einen Seite und denen auf Berufsschule auf der anderen Seite.

In der *Zufriedenheit* mit dem Studium sind sich sämtliche Befragte einig, denn hier bewirkt der Studiengang keine signifikanten Unterschiede. Anders liegt der Fall bei der *Sicherheit* der Studiengangwahl (Welchs F = 2,597; df = 4, p = 0,035) und bei der empfundenen *Arbeitsbelastung* (Welchs F = 3,352; df = 4, p = 0,010). In beiden Fällen unterscheiden sich die Studierenden auf Magister Theologiae signifikant von denjenigen auf Lehramt Grundschule, während die anderen zwischen beiden Gruppen liegen. Konkret fühlen sich die Magister-Studierenden sicherer in der Wahl ihres Studiengangs als diejenigen im Grundschullehramt, empfinden dafür aber auch eine signifikant höhere Arbeitsbelastung.

Das Ideal des Religionsunterrichts

Die erste Perspektive auf den idealen Religionsunterricht stellen die präferierten *Bildungsziele* dar. Wenn es um ein konfessionelles Zielspektrum geht, wird dieses von den Studierenden auf Magister Theologiae am stärksten vertreten (Welchs F = 13,946; df = 4, p < 0,001). Sie unterscheiden sich darin signifikant von den Studierenden auf Lehramt Gymnasium, Sekundarstufe I und Berufsschule. Grundschulstudierende liegen zwischen beiden Gruppen. Beim pädagogischen Zielspektrum geht die Trennlinie zwischen Lehramt auf der einen und Magister Theologiae auf der anderen Seite (Welchs F = 6,793; df = 4, p < 0,001). Erstere schreiben einer pädagogischen Zielperspektive für den Religionsunterricht eine überdurchschnittliche Bedeutung zu, Letztere eine unterdurchschnittliche. Das fachwissenschaftliche Zielspektrum wiederum wird von den Gymnasiallehramtsstudierenden signifikant bedeutsamer für den Religionsunterricht eingeschätzt als von den Befragten mit Lehramt Grundschule, Sekundarstufe I und Berufsschule (Welchs F = 17,421; df = 4, p < 0,001). Die Magister-Studierenden bewegen sich mit ihrer Einschätzung zwischen beiden Gruppen.

Beim *Rollenprofil* einer Religionslehrperson wurde zwischen einem konfessionellen und einem pädagogischen unterschieden. In beiden Fällen ergeben sich signifikante Unterschiede. Ein konfessionelles Rollenprofil ist den Studierenden auf Magister Theologiae am wichtigsten (Welchs $F = 17,113$; $df = 4$, $p < 0,001$). Signifikant weniger wichtig ist es den Studierenden auf Lehramt Grundschule und Lehramt Berufsschule. Nochmals signifikant weniger wichtig ist ein konfessionelles Rollenprofil den Gymnasiallehramtsstudierenden. Diejenigen, die Lehramt Sekundarstufe I studieren, liegen zwischen Gymnasium und Berufs-/Grundschule. Beim pädagogischen Rollenprofil gibt es dagegen wieder nur einen signifikanten Unterschied zwischen Lehramtsstudium und Magisterstudium, mit der erwartbaren Verteilung (Welchs $F = 19,245$; $df = 4$, $p < 0,001$).

Wenn es um die *Positionalität* einer Lehrperson im Religionsunterricht geht, bezieht sich der erste empirische Faktor darauf, dass die Lehrkraft ihren eigenen Glauben zur Kenntnis gibt. Einer derartigen Positionalität schreiben die Magister-Studierenden eine deutlich überdurchschnittliche Bedeutung zu, die Gymnasiallehramtsstudierenden eine deutlich unterdurchschnittliche (Welchs $F = 9,511$; $df = 4$, $p < 0,001$). Die anderen Lehrämtler liegen zwischen beiden Polen des Antwortspektrums, ohne sich klar von ihnen zu unterscheiden. Wenn sich die Positionalität der Lehrkraft an den Gemeinsamkeiten der Konfessionen und Religionen orientiert, sind es wiederum die Studierenden auf Magister Theologiae, die ihr die größte Bedeutung für den Religionsunterricht zuschreiben. Dieses Mal sind es jedoch die Studierenden auf Lehramt Grundschule oder Berufsschule, die sich signifikant von ihnen unterscheiden (Welchs $F = 5,786$; $df = 4$, $p < 0,001$). Die anderen beiden Lehramtsstudiengänge liegen wiederum zwischen beiden Gruppen. Eine an den Unterschieden zwischen den Konfessionen und Religionen orientierte Positionalität erbringt keine signifikanten Unterschiede bzgl. des Studiengangs. Schließlich konnte noch eine Positionalität rekonstruiert werden, die sich im Religionsunterricht kritisch gegenüber der Kirche äußert. Ihr schreiben die Studierenden auf Lehramt Gymnasium und Berufsschule sowie auf Magister Theologiae eine signifikant größere Rolle für den Religionsunterricht zu als ihre Kommiliton*innen mit Lehramt Grundschule (Welchs $F = 15,866$; $df = 4$, $p < 0,001$). Studierende auf Lehramt Sekundarstufe I liegen zwischen beiden Gruppen.

Die letzte Perspektive auf den idealen Religionsunterricht fragt nach der *Zukunftsträchtigkeit* verschiedener *Organisationsformen*. Dem konfessionellen Religionsunterricht wird von den Magister-Studierenden signifikant stärker eine zukünftige Bedeutung zugeschrieben als denjenigen mit Lehramt Sekundarstufe I (Welchs $F = 3,450$; $df = 4$, $p = 0,006$). Die anderen Lehrämter stehen zwischen beiden Gruppen. Das gleiche Bild ergibt sich, wenn es um den konfessionell-kooperativen Religionsunterricht geht (Welchs $F = 3,644$; $df = 4$, $p = 0,008$). Genau spiegelbildlich verhält sich das Antwortverhalten bei der Religionskunde (Welchs $F = 2,733$; $df = 4$, $p = 0,028$). Hier sind es die Studierenden im Lehramt Sekundarstufe I, die dieser das größte Zukunftspotenzial zuschreiben, und die Magister-Studierenden, die dieses signifikant weniger ausgeprägt sehen. Beim interreligiösen Religionsunterricht ergeben sich keine signifikanten Unterschiede.

Die individuelle Religiosität und die personalen und sozialen Ressourcen

Hinsichtlich der individuellen Religiosität erweisen sich die verschiedenen Variablen bis auf eine Ausnahme stets bei den Magister-Studierenden als signifikant stärker ausgeprägt als bei den Lehramtsstudierenden. Das gilt für die Zentralität von Religion (Welchs F = 26,803; df = 4, p < 0,001) ebenso wie für die Identifikation mit der eigenen Konfession (Welchs F = 6,979; df = 4, p < 0,001), kirchenbezogene Gemeinsamkeiten (Welchs F = 8,592; df = 4, p < 0,001), die Empfindlichkeit gegenüber Kirchenkritik (Welchs F = 6,135; df = 4, p < 0,001) und das evangelische Präferenzprofil (Welchs F = 5,248; df = 4, p < 0,001). Lediglich beim katholischen Präferenzprofil ergeben sich keine signifikanten Unterschiede.

Beim kirchlichen *Engagement* unterscheiden sich ebenfalls Magister und Lehramt signifikant, insofern sich Studierende auf Magister Theologiae stärker in ihren Gemeinden engagieren (Welchs F = 15,759; df = 4, p < 0,001). Auch das politische Engagement ist bei Magister-Studierenden am stärksten ausgeprägt. Signifikant schwächer engagieren sich Studierende auf Lehramt Berufsschule im politischen Bereich (Welchs F = 14,567; df = 4, p < 0,001). Nochmals signifikant schwächer fällt dieses Engagement bei Grundschulstudierenden aus. Die Studierenden auf Gymnasium und Sekundarstufe I liegen zwischen Berufsschule und Grundschule. Beim Engagement im Verein sind es schließlich die Berufsschulstudierenden, die das stärkste Engagement zeigen. Hierin unterscheiden sie sich signifikant von allen anderen Studiengängen (Welchs F = 4,865; df = 4, p < 0,001).

Wenn es um die *Wertorientierung* geht, ergeben sich nur bei der egozentrisch-hedonistischen (Welchs F = 13,245; df = 4, p < 0,001) und bei der traditionell-konservativen Wertorientierung signifikante Unterschiede (Welchs F = 10,417; df = 4, p < 0,001). In beiden Fällen verläuft die Trennlinie zwischen Magister Theologiae auf der einen und Lehramtsstudium auf der anderen Seite. In beiden Fällen ist die jeweilige Wertorientierung bei Lehramtsstudierenden stärker ausgeprägt als bei ihren Kommiliton*innen aus dem Magister.

Das Geschlecht der Studierenden

Der letzte Blick der Studienganganalyse soll der Geschlechtsverteilung innerhalb der Studiengänge gelten, denn auch hier ergeben sich signifikante Unterschiede (Welchs F = 43,628; df = 4, p < 0,001). So liegt der Anteil männlicher Befragter im Lehramt Grundschule mit 8 % signifikant unter allen anderen Studiengängen. Es folgt das Lehramt Sekundarstufe mit einem Männeranteil von 17 %. Signifikant höher ist der männliche Anteil in den Studiengängen Gymnasium und Berufsschule mit jeweils 27 %. Nochmals signifikant höher fällt er im Magister Theologiae mit 41 % aus.

4.   Diskussion

Die vorliegende Studie fragt Studierende der evangelischen und der katholischen Theologie sowohl nach ihrer Evaluation ihres Studiums als auch nach ihren Vorstellungen zum Religionsunterricht. Sie steht damit in einer langen Reihe von Befragungen, die mit Gerhard Schmidtchens (1975) Erhebung unter Priesteramtskandidaten ihren Anfang nahm. In diesem Kapitel werden die Ergebnisse der vorliegenden Studie zusammengefasst, mit den Befunden der anderen Studien abgeglichen und daraufhin befragt, welche Konsequenzen sich für das Studium der Theologie und für den Religionsunterricht aus ihr ergeben könnten.

4.1   Zur Reichweite der Befunde

Bei der vorliegenden Stichprobe handelt es sich um eine Klumpenstichprobe, denn das Verfahren der Datenerhebung zielte nicht auf alle Studierenden der Theologie, sondern lediglich auf diejenigen zweier Kurse pro Studienstandort. Da die Studiengangverantwortlichen gebeten wurden, die Kurse am Studienbeginn und am Studierende zu nominieren, die möglichst viele Studierende eines Semesters erfassen, relativiert dieser Zugriff die Reichweite der Befunde, für sich genommen, nicht.

Das Verfahren legte auch fest, die Studiengangverantwortlichen aller Studienstandorte anzuschreiben, die im katholischen und evangelischen Fakultätentag sowie in der Konferenz der Institute für evangelische Theologie organisiert sind. Der Rücklauf auf diese Anfrage war sehr lückenhaft, weshalb in einer zweiten Runde gezielt Kolleg*innen an den noch fehlenden Studienstandorten angesprochen wurden. Streng genommen handelt es sich bei der vorliegenden Umfrage somit um eine Gelegenheitsstichprobe, in der die Zufälligkeit der Ziehung jedoch relativ stark ausgeprägt ist. Die Reichweite der Befunde bemisst sich daher dadurch, wie stark die vorliegende Stichprobe die Studiensituation in evangelischer und katholischer Theologie im WS 2020/21 abbildet.

Laut statistischem Bundesamt studierten im WS 2020/21 17.874 Personen Theologie, darunter 10.227 Frauen und 7.647 Männer. 10.803 Personen (60 %) belegten dabei einen Studiengang in evangelischer Theologie und 7.071 (40 %) in katholischer Theologie. Weiterhin liegt der Frauenanteil in evangelischer Theologie mit 59 % etwas über demjenigen in katholischer Theologie (55 %). Bezogen auf die Region, studieren, sofern man die in dieser Studie verwendete Zuordnung zugrunde legt, 11 % an einer Hochschule im Norden, 11 % an einer im Osten, 25 % an einer im Süden und 52 % an einer im Westen.

Im Vergleich mit diesen Zahlen erfasst die vorliegende Stichprobe, die 3.568 Datensätze beinhaltet, 20 % aller Studierenden auf evangelische oder katholische Theologie. Die konfessionelle Verteilung der Befragten stimmt bei 61 % evangelischen und 39 % katholischen Studierenden praktisch mit der Verteilung der Studierenden auf die Studiengänge beider Konfessionen in der Grundgesamtheit überein. Allerdings haben mit 80 % weiblicher Befragter deutlich mehr Frauen geantwortet, als sich in der Grundgesamtheit (57 %) befinden. Auch die regionale Verteilung der Befragten ist leicht verzerrt. Legt man die Zuordnung dieser Studie zugrunde, befinden sich mehr Studierende mit einem Studienort im Norden (19 % zu 11 %) und im Süden (31 % zu 25 %) in der Stichprobe. Die Anteile des Ostens (8 % zu 11 %) und Westens (42 % zu 53 %) liegen damit zum Teil deutlich unter ihren Anteilen in der Gesamtstichprobe.

Statistisch repräsentativ im strengen Sinn ist die vorliegende Untersuchung damit nicht. Bedenkt man jedoch, dass die meisten Unterschiede bei den Hintergrundvariablen durch die Konfessionszugehörigkeit bedingt sind, während das Geschlecht und die regionale Verortung des Studienstandorts in der Regel keine bis eine geringe Bedeutung haben, dürften die vorliegenden Befunde durchaus belastbar sein. Denn hinsichtlich der Konfessionszugehörigkeit bildet diese Stichprobe die Grundgesamtheit sehr gut ab.

Damit bleibt abschließend die Frage, inwiefern anderweitig eine Verzerrung in die Daten eingetragen worden sein könnte. Die Daten zur individuellen Religiosität sind insgesamt schlüssig. Bei der Zentralität liegen die Werte dieser Stichprobe etwas über denen der Gesamtbevölkerung (z.B. Pickel, 2019, S. 55), was bei einer Stichprobe unter Studierenden der Theologie aber erwartet werden kann. Die Ergebnisse zur Wertorientierung weichen nicht wesentlich von den Befunden ab, die z.B. in der aktuellen Shell-Jugendstudie gemessen wurden (Schneekloth, 2019). Beide Vergleiche verweisen darauf, dass es keinen allzu großen Bias in der vorliegenden Stichprobe geben sollte. Wir schätzen die Daten deshalb zwar nicht als repräsentativ im strengen Sinn ein, aber als durchaus hinreichend aussagekräftig, um sie in den Diskussionen um das Studium der Theologie und die Weiterentwicklung des Religionsunterrichts ernst zu nehmen.

4.2 Zur Evaluation des Studiums

Die Wahrnehmung des eigenen Studiums bildet den Kern dieser Untersuchung. Konkret wurde nach den Studienmotiven, den Erwartungen ans Studium, der

Zufriedenheit mit diesem, der Sicherheit in der Studiengangwahl, der Arbeitsbelastung und nach Verbesserungsvorschlägen gefragt (vgl. Forschungsfrage 1). Im Folgenden gehen wir zuerst auf die Bedeutung der einzelnen Items ein und gleichen diese mit den anderen in Kap. 1 aufgeführten Studien ab, sofern dies sinnvoll möglich ist: Rein qualitative Studien mit geringer Stichprobe bieten sich ebenso wenig für einen Vergleich an wie beispielsweise sehr alte oder stark räumlich begrenzte Untersuchungen; in der Folge ist somit keine Vollständigkeit angestrebt, sondern eine Einordnung unserer Ergebnisse in den Wissenschaftsdiskurs in einer Art und Weise, welche diesen substanziell bereichern kann. Zudem diskutieren wir die latenten Faktoren hinter diesen Items, um schließlich die Relevanz der Hintergrundvariablen Alter, Geschlecht, Konfessionszugehörigkeit und Region des Studienstandorts aufzugreifen.

4.2.1 Abgleich auf Itemebene

Bei der *Studienmotivation* zeigte sich, dass es vor allem der eigene Glaube und der Wunsch, Werte an die kommenden Generationen weiterzugeben, sind, welche die Befragten zu einem Theologiestudium bewegten. Dem wissenschaftlichen Interesse, dem Wunsch, den Glauben weiterzugeben, und den eigenen Erfahrungen in kirchlicher Jugendarbeit kommt zwar auch eine gewisse Bedeutung zu, diese Motive sind aber deutlich schwächer ausgeprägt als der eigene Glauben und der Wunsch nach Wertevermittlung. Insgesamt scheinen der eigene Glaube und in etwas schwächerem Maß die eigenen Erfahrungen mit Kirche für die Entscheidung, ein Studium der Theologie aufzunehmen, die größte Bedeutung zu haben. Dass beide Faktoren oft mit der Überlegung verbunden sind, etwas an die nächsten Generationen weiterzugeben, liegt in der Natur der beiden Berufsfelder Schule und Pfarramt/Priesteramt/Gemeinde, für die dieses Studium in der Regel qualifiziert.

Analog zu diesem Befund spielen die beiden pragmatischen Beweggründe, dass man kein anderes Studienfach gefunden hat und mit Theologie ein schwereres Fach umgehen kann, überhaupt keine Rolle in der Studienmotivation. Damit schreiben die vorliegenden Befunde diejenigen der vorausgegangenen Studien bruchlos fort: Das persönliche Interesse am Studienfach ist häufig als ausschlaggebender Grund für die Studiengangentscheidung genannt worden (z.B. Baden, 2021, S. 248; Caruso, 2019, S. 169; Barz, 2013, S. 73; Riegel & Mendl, 2011, S. 349; Feige et al., 2007, S. 14; Wolfes, 2000, S. 74). Dazu trat aber zumeist ähnlich stark der Wunsch nach Lehrtätigkeit, d.h. dem Weitergeben von Inhalten und Werten (z.B. Brieden, 2018, S. 30; Lück, 2012, S. 69–70; Heller, 2011, S. 190; Weiß et al., 2010, S. 24; Feige et al., 2007, S. 14). Ebenso wie in den aktuellen Ergebnissen waren auch in früheren Studien pragmatische Erwägungen nur in den allerseltensten Fällen von Belang (z.B. Riegel & Mendl, 2011, S. 350; Heller, 2011, S. 190;

Bucher & Arzt, 1999, S. 27; anders Quaing et al., 2003, S. 83) und werden z.B. bei Baden (2021) nicht einmal auf Itemebene aufgenommen.

Unter den *Erwartungen ans Studium* sind es die beiden unterrichtspraktischen, welche die größte Zustimmung der Befragten erfahren. Fast alle wollen im Studium der Theologie Unterrichtspraxis für den Religionsunterricht und methodische Hilfen für dieses Fach vermittelt bekommen. Aber auch eine kritische Auseinandersetzung mit kirchlichen Traditionen, eine umfassende theologische Bildung und eine Einführung in die Theologie als Wissenschaft sind den meisten Studierenden sehr wichtig. Erwartungen hinsichtlich des späteren Arbeitsplatzes und der Entwicklung des eigenen Glaubens sind durchschnittlich zwar ebenfalls noch von gewisser Bedeutung, aber nur noch wenigen wirklich wichtig. Damit nimmt die durchschnittliche Erwartungshaltung die Dynamik auf, die sich bereits in der Studienmotivation gezeigt hat: Man studiert Theologie, um den Glauben (und entsprechende Werte) weiterzugeben. Dazu bedarf es zum einen methodischer Kompetenz, zum anderen aber auch einer fachwissenschaftlichen. Beide Facetten prägen die Erwartungshaltung der Studierenden. Dass Letzteres nicht ganz so stark ausgeprägt ist wie Erstere, könnte in der spezifischen Lage begründet sein, in der sich die Studierenden befinden. Wer etwas an andere weitergeben will, muss zuerst das kleine Einmaleins dieser Praxis kennen. Mit der Sicherheit in der Methodik kommt dann auch das Gespür für inhaltliche Anforderungen.

Frühere Studien waren in diesem Punkt durchaus ambivalent: Wie auch in der aktuellen Studie wurden zwar hauptsächlich die fachwissenschaftliche und die methodische Kompetenz als primäre Erwartungen an das Studium genannt, jedoch war es durchaus unterschiedlich, ob eben die fachwissenschaftliche (z.B. Baden, 2021, S. 260; Feige et al., 2007, S. 21; Wolfes, 2000, S. 78) oder die methodische Kompetenz (z.B. Lück, 2012, S. 82–83) als wichtiger angesehen wurde. Dazu muss jedoch auch gesagt werden, dass beide Kompetenzfelder wie aktuell meistens eng beieinanderlagen. Das bedeutet gleichzeitig, dass sich die Erwartungen an das Theologiestudium in den letzten zehn Jahren praktisch nicht verändert haben. Ob man das begrüßt oder ob einen dieser Befund stutzig macht, hängt wohl von der individuellen Erwartungshaltung ab. In älteren Studien fällt zudem auf, dass die Klärung von Glaubensfragen z.T. einen breiteren Raum eingenommen hat als aktuell (z.B. Traupe, 1990, S. 138; anders jedoch auch schon Wolfes, 2000, S. 78; in Bezug auf Studienanreize bei ev. Pfarramtsstudierenden durchaus bedeutsam: Baden, 2021, S. 256, 265). In der neuesten Untersuchung zur Motivation von Erstsemestern zum Pfarrberuf wird deutlich, dass der Religionsunterricht in der Beurteilung seiner Attraktivität im Tätigkeitsfeld Pfarramt eher am unteren Ende der aufgeführten Liste liegt (Rang 15 von 20; vgl. Baden, 2021, S. 292). In den aufgeführten Rollenbildern kommt „Religionslehrkraft" gar nicht explizit vor (ebd., S. 315), obwohl 15 % das als alternativen Berufswunsch angeben (ebd., S. 343).

Außerdem zeigen sich die Befragten als insgesamt *zufrieden mit dem Studium*, d.h. sie weisen einen Mittelwert von $M = 4{,}74$ auf einer sechs-Punkt-Skala auf. Auch die *Sicherheit* mit der Wahl des Studiengangs wurde anhand einer derartigen Skala gemessen. Hier weist der Mittelwert von $M = 5{,}02$ auf eine relativ große Sicherheit hin. Da wir auch Studierende am Beginn ihres Studiums befragt haben, wo man sich häufig noch im Studium orientiert, ist dieser Mittelwert durchaus bemerkenswert. Die *Arbeitsbelastung* wird mit $M = 4{,}51$ als insgesamt tendenziell hoch eingeschätzt. Alle diese Befunde stellen, für sich genommen, dem Theologiestudium ein gutes Zeugnis aus. – Dieses Zeugnis entspricht im Wesentlichen dem, welches vorangegangene Studierende ihm ausgestellt haben. So waren 2012 in der Befragung Lücks (2012, S. 42) die meisten Teilnehmer*innen ähnlich zufrieden mit ihrem Studium (ähnlich auch Quaing et al., 2003, S. 83, 86; differenzierter in Unterscheidung von wissenschaftlichen und praktischen Kompetenzen Wolfes, 2000, S. 78–79). Da sich bereits bei alten Studien (Riess, 1986, S. 166; Schmidtchen, 1975, S. 29) ähnliche Werte finden lassen, scheint diese Studienzufriedenheit tatsächlich sehr stabil zu sein. Die Einschätzung der Arbeitsbelastung wird von der vorliegenden Generation jedoch als höher eingestuft als von der vor zehn Jahren (Lück, 2012, S. 108; etwas differenzierter mit $M = 3{,}4$ bei kleiner Stichprobe Caruso, 2019, S. 170). Da wir keinen Vergleich mit der Arbeitsbelastung in anderen Fächern abgefragt haben, kann nicht abgeschätzt werden, ob diese dort als vergleichbar hoch bewertet wird.

Unter den *Verbesserungsvorschlägen* für das Studium der Theologie dominiert der Wunsch nach mehr Praxiserfahrung. Fast alle Befragten sind sich darin einig, dass diese im Studium noch zu kurz kommt. Aber auch verstärkte Begegnungen mit anderen Konfessionen und Religionen werden gefordert, ebenso wie eine bessere Betreuung durch die Dozierenden und mehr Möglichkeiten, die eigene Spiritualität zu entwickeln. Die basalen organisatorischen Strukturen des Theologiestudiums scheinen dagegen gegeben zu sein. Zumindest erachten die Befragten es als nicht dringlich, dass in diesem Studium weniger Pflichtveranstaltungen und kleinere Veranstaltungen angeboten werden. Auch mehr Tutorien oder ein freierer Studienaufbau werden nicht als Verbesserungsbedarf angemeldet. Wiederum zeugt diese Bilanz davon, dass das Theologiestudium in seinem Kern solide aufgestellt zu sein scheint. – Hier ist auch eine markante Veränderung gegenüber der Befragung Lücks (2012, S. 122) vor zehn Jahren festzuhalten; denn in dieser weisen strukturelle Veränderungen wie kleinere Veranstaltungen, mehr Tutorien und ein freierer Studienaufbau die höchste Dringlichkeit auf. Vor allem Letzteres scheint uns bemerkenswert zu sein, weil die Umstellung auf Bachelor und Master vielfach vom Vorwurf der Verschulung des Studiums begleitet wurde. Entweder hat diese Verschulung also nicht im befürchteten Maß stattgefunden – oder aber die heutige Generation Studierender nimmt ein verschultes Studium als selbstverständlich hin.

Der Wunsch nach mehr Praxisbezug gehört zu den Klassikern einschlägiger Umfragen (z.B. Lück, 2012, S. 123; Quaing et al., 2003, S. 85; Wolfes, 2000, S. 85;

sogar bereits bei Schmidtchen, 1975, S. 30). Bemerkenswert ist, dass die Einführung des sog. Praxissemesters in vielen Bundesländern diesen Wunsch nicht zu relativieren scheint. Eine gewisse Brisanz könnte die relativ starke Forderung nach mehr Kontakt mit anderen Konfessionen und Religionen mit sich bringen (Baden, 2021, S. 248; auch bereits bei Quaing et al., 2003, S. 86). Sie hat an vielen Standorten noch keinen Eingang in die Modulhandbücher gefunden (Zimmermann, 2020a) und kollidiert vor allem in den Lehramtsstudiengängen, in denen Theologie nicht vertieft studiert wird, mit dem sowieso schon knappen Budget an Workload, der für die Einführung in die Theologie der eigenen Konfession zur Verfügung steht. Hier kreative Lösungen zu finden, die den Kontakt mit anderen konfessionellen und religiösen Traditionen ermöglichen, ohne die Auseinandersetzung mit der eigenen Tradition und deren Theologie zu vernachlässigen, ist ein grundsätzliches Problem, das bei zukünftigen Studienreformen bearbeitet werden muss.

4.2.2 Abgleich auf Ebene der empirischen Faktoren

Die bisherige Diskussion hat die Befunde auf der Ebene der einzelnen Items berücksichtigt. Diese Antworten werden in der Regel jedoch von Einstellungsmustern bzw. Haltungen geleitet, die man als latente Variablen in den Daten rekonstruieren kann, den sog. Faktoren. Innerhalb der Evaluation des Studiums sind es die Items zu den Studienmotiven, zu den Erwartungen ans Studium und zu den Verbesserungsvorschlägen, die die Rekonstruktion von solchen Faktoren erlauben.

Dass bei den vorgelegten Items der Religionsunterricht (Motive: eigener Religionsunterricht – Erwartungen: Vorbereitung auf den Religionsunterricht), die Theologie als Wissenschaft (Motive: wissenschaftliches Interesse – Erwartungen: Theologie als Wissenschaft – Verbesserungen: mehr Praxisbezug) und pragmatische Perspektiven (Motive: fehlende Studiengangalternative – Erwartungen: guter Arbeitsplatz – Verbesserungen: flexiblere Studienorganisation) eigenständige Faktoren bilden, konnte erwartet werden. Derartige Motiv-, Erwartungs- und Verbesserungsmuster finden sich auch in vorangegangenen Studien (z.B. Lück, 2012, S. 74–75).

Bemerkenswert erscheint uns die spezifische Konstellation in den beiden Motivbündeln „kirchlich motivierte Glaubensweitergabe" und „glaubensbasierte Wertevermittlung", denn in beiden werden Items aus unterschiedlichen theoretischen Konzepten aufeinander bezogen. Im ersten Faktor ist es der Wunsch nach Weitergabe des Glaubens, der mit den Erfahrungen aus der eigenen kirchlichen Jugendarbeit zusammenhängt. Im zweiten wird die auch säkular schlüssige Vermittlung von Werten mit dem eigenen Glauben konnotiert. In beiden Fällen ist es also die eigene religiöse Erfahrung, die die Vermittlung von

Glaube und Werten bedingt. Dass sich diese Kombinationen in der Studie Christhard Lücks nicht ergeben, kann durch die Vielzahl an Items erklärt werden, die Lück seinen Befragten vorlegt. Angesichts der zunehmend kleiner werdenden Erfahrungsräume einer derartigen religiösen Praxis stellt sich aber die Frage, was das für die Zukunft des Studienwunsches Theologie bedeutet.

Schließlich konnten innerhalb dieser empirischen Faktoren zwei Netzwerke rekonstruiert werden, deren Faktoren jeweils stärker miteinander korrelieren. Auf der einen Seite hängt die Zufriedenheit mit dem Studium enger zusammen mit der Sicherheit in der Studienwahl und den beiden Faktoren, die die Wissenschaftlichkeit der Theologie betonen (Theologie als Wissenschaft und wissenschaftliches Interesse). Dieses Faktornetzwerk weist eine hohe Passung zum Selbstverständnis akademischer Theologie auf. Daneben steht ein zweites Netzwerk, das vor allem das spätere Berufsfeld zum Ziel hat (Vorbereitung auf den Religionsunterricht, mehr Praxisbezug und glaubensbasierte Wertevermittlung). Beide Netzwerke zielen auf die Kernaufgaben des Faches, nämlich die fachwissenschaftliche Bildung und die Qualifikation für den späteren Beruf.

4.2.3 Bedeutung der Hintergrundvariablen

Bei allen Analysen zur Evaluation des Studiums wurden mit dem Alter, dem Geschlecht, der Konfessionszugehörigkeit und der Region des Studienstandorts klassische soziodemographische Variablen auf ihre Bedeutung für die vorliegenden Ergebnisse hin geprüft, wobei das Alter auch einen indirekten Indikator für die Position der Befragten im Studienverlauf darstellt: Grosso modo kann man davon ausgehen, dass sich ältere Befragte tendenziell weiter im Studium befinden als jüngere. Im Vergleich zu den bisherigen Studien haben wir dabei nicht jedes signifikante Ergebnis berichtet, sondern uns auf die beschränkt, die einen wenigstens kleinen Effekt auf das Ergebnis haben. Dieses Vorgehen ist der Größe der Stichprobe geschuldet, denn in ihr werden auch minimale Unterschiede ohne weitere Bedeutung bereits als signifikant ausgewiesen. Eine heuristische Bilanz der Bedeutung der Hintergrundvariablen bietet Abb. 2.

Das *Alter* – und damit in gewisser Weise auch die Position im Studienverlauf – spielt für die Wahrnehmung des Studiums praktisch keine Rolle. Beim *Geschlecht* ergeben die wenigen bedeutsamen Unterschiede dagegen ein klares Muster. So studieren männliche Befragte Theologie etwas stärker aus einem wissenschaftlichen Interesse heraus als ihre weiblichen Kommilitoninnen, während Letztere etwas stärker die spätere Vermittlung von Glaube und Werten im Auge haben. Bei ihnen haben nicht nur die beiden Motivfaktoren der kirchlich motivierten Glaubensweitergabe und der glaubensbasierten Wertevermittlung eine etwas stärkere Bedeutung als bei den männlichen Befragten, sondern sie erwarten vom Studium auch etwas stärker eine Vorbereitung auf den Religionsunterricht und wünschen sich etwas mehr Praxisbezüge im Studium.

Abb. 2: *Heuristischer Überblick über die Wirkung der Hintergrundvariablen auf die Evaluation des Studiums*

	Alter	Geschlecht	Konfessions-zugehörigk.	Region
Studienmotive				
kirchlich motivierte Glaubensweitergabe	–	w > m	k > e	S > N
eigener Religionsunterricht	–	–	–	–
glaubensbasierte Wertevermittlung	–	w > m	–	–
wissenschaftliches Interesse	–	m > w	k > e	–
fehlende Studiengangalternative	–	–	–	–
Studienerwartungen				
Einführung in den eigenen Glauben	–	–	k > e	S/Ö > N/O
Theologie als Wissenschaft	–	–	–	–
Auseinandersetzung mit anderen Religionen	–	–	–	–
Vorbereitung auf den Religionsunterricht	–	w > m	–	–
Guter Arbeitsplatz	–	–	–	–
Zufriedenheit mit d. Studium	–	–	–	Ö > S/O
Sicherheit der Studiengangwahl	–	–	–	–
Arbeitsbelastung	–	–	–	–
Verbesserungsvorschläge				
intensivere Betreuung	–	–	–	–
mehr interkonfessionelle/-religiöse Begegnung	–	–	–	–
flexiblere Studienorganisation	–	–	–	–
mehr Praxisbezug	–	w > m	–	–

Legende: Es werden nur Effekte berichtet, die eine mindestens kleine Effektstärke aufweisen. w = weiblich; m = männlich; k = katholisch; e = evangelisch; N = Norden; O = Osten; W = Westen; S = Süden; Ö = Österreich & Schweiz.

Die *konfessionelle Zugehörigkeit* bedingt drei bedeutsame Unterschiede, wobei in allen Fällen die Relevanz bei den katholischen Befragten etwas größer ist als bei den evangelischen. Konkret studieren die befragten Katholiken Theologie etwas stärker aufgrund ihres Wunsches, ihren im Raum der Kirche erfahrenen Glauben weiterzugeben, und aufgrund ihres wissenschaftlichen Interesses. Auch erwarten sie vom Studium etwas stärker eine Einführung in den eigenen Glauben als ihre evangelischen Kommiliton*innen. Allerdings sind diese Unterschiede in sich nicht hinreichend konsistent, um darin ein beide Konfessionen unterscheidendes Muster zu rekonstruieren.

Die *Region* des Studienorts erweist sich auf drei Faktoren als bedeutsam, wobei es in gewisser Weise immer ein Nord-Süd-Gefälle gibt. So spielt das Motivbündel einer kirchlich motivierten Glaubensweitergabe für Studierende, die im Süden der Bundesrepublik eine theologische Fakultät oder ein theologisches Institut besuchen, eine etwas größere Rolle als für diejenigen aus dem Norden. Ebenso wünschen sich Studierende aus Österreich, der Schweiz oder dem deutschen Süden im Studium etwas stärker eine Einführung in den eigenen Glauben als diejenigen aus dem Norden oder dem Osten. Schließlich sind die Studierenden aus Österreich und der Schweiz mit ihrem Studium etwas zufriedener als diejenigen aus dem Süden oder dem Osten der Bundesrepublik. Geht man davon aus, dass ein großer Teil der Studierenden heimatnah studiert (KMK, 2019), scheint der Zugang zum Theologiestudium in der südlichen Hälfte des Befragungsgebiets, die Österreich, die Schweiz, Baden-Württemberg und Bayern umfasst, etwas stärker durch einen institutionalisierten Glauben geprägt zu sein als in der anderen Hälfte.

4.3 Zur Vorstellung vom Religionsunterricht

Die zweite Forschungsfrage bezieht sich auf die Vorstellung der Studierenden vom Religionsunterricht. Konkret wurde nach den präferierten Bildungszielen, den Rollenidealen für die Lehrperson, die Haltung zur Positionalität der Lehrkraft im Unterricht und den präferierten Organisationsformen gefragt. Die Diskussion folgt wieder der Ordnung, die schon im vorangegangenen Abschnitt zur Anwendung kam.

4.3.1 Abgleich auf Itemebene

Bei der Abfrage möglicher Bildungsziele ergibt sich das bereits bekannte Phänomen, dass die Befragten nahezu allen vorgeschlagenen Aussagen einigermaßen zustimmen können (so z.B. auch bei Riegel & Mendl, 2013, S. 207; Feige et al., 2007, S. 28; Feige et al., 2000, S. 226). Das liegt nahe, wurden doch keine Formulierungen gewählt, die dem Mainstream einer heutigen Pädagogik diametral entgegenstehen. Umso mehr fällt auf, dass die Studierenden im Durchschnitt zwei Items absprechen, für den Religionsunterricht angemessen zu sein, nämlich dem Einüben von Formen gelebter Religion und einer Beheimatung in der Kirche ($M = 2{,}04$). Letzteres sei deshalb eigens hervorgehoben, weil es auch in aktuellen religionspädagogischen Reflexionen sowohl von Religionslehrpersonen (Boll, 2017, S. 175–177) als auch kirchlichen Dokumenten (z.B. Die Deutschen Bischöfe, 2005, S. 24) zumindest auf katholischer Seite immer wieder anzutreffen ist. Ersteres kollidiert mit dem sog. performativen Ansatz, der gerade angesichts einer mehrheitlich nur noch rudimentär religiös sozialisierten Schülerschaft die Lernenden im Religionsunterricht mit gelebter Religion bekannt machen will. Allerdings passt dieses Ergebnis zu den Befunden bisheriger Studien (z.B. Riegel & Mendl, 2013, S. 201; Lück, 2012, S. 139; Feige et al., 2007, S. 28; Feige et al., 2000, S. 226), wo analoge Items bereits mehrheitlich abgelehnt wurden. Diese Tendenz bleibt jedoch nicht unwidersprochen, da sich durchaus – freilich in Studien mit sehr kleinen Stichproben – auch die Tendenz findet, den Kontakt zu Kirchen und Glauben aktiv fördern zu wollen (Caruso, 2019, S. 181; Barz, 2013, S. 74–75).

Bei den weiteren Bildungszielen für den Religionsunterricht, die nahezu sämtlich auf die ungeteilte Zustimmung der Befragten treffen, fällt vor allem auf, dass diejenigen Ziele, die auch ohne konfessionellen Hintergrund plausibel erscheinen (z.B. Wertevermittlung, Unterstützung in der Persönlichkeitsentwicklung etc.) durchgängig stärker präferiert werden als diejenigen, die diesen konfessionellen Hintergrund voraussetzen (z.B. christliche Grundbildung, Zugänge zur Bibel schaffen etc.). Immerhin wurden Studierende mit dem Fach Theologie befragt, die später einmal Religion erteilen wollen bzw. sollen. Auch hier ist eine leichte Verschiebung zur Umfrage Lücks (2012, S. 139; ähnlich auch Barz, 2013, S. 75; Feige et al., 2007, S. 27; Feige et al., 2000, S. 224–226) zu verzeichnen, denn dort findet sich die Aussage „mit dem Leben und Wirken Jesu vertraut machen" an fünfter Stelle der Rangliste, gefolgt von der Aussage „den christlichen Glauben mit menschlichen Fragen und Erwartungen in Beziehung setzen". In der Befragung der Religionslehrpersonen Anfang dieses Jahrtausends kommen Andreas Feige und Werner Tzscheetzsch zum Schluss, dass die Befragten die Entwicklung ihrer Schüler*innen auf der Grundlage des christlichen Glaubens fördern wollen (Feige & Tzscheetzsch, 2005, S. 12; ähnlich auch Quaing et al., 2003, S. 82). Angesichts des vorliegenden Befunds kann gefragt werden, wie wichtig der kommenden Generation der Lehrkräfte in diesem Fach das christliche Fundament für die Entwicklung der Kinder und Jugendlichen noch ist, zumal auch weitere Studien aus jüngerer Zeit eine ähnliche Tendenz andeuten (Caruso, 2019, S. 179; Riegel & Mendl, 2013, S. 200; aber auch bereits Gramzow, 2008, S. 159–160).

Die präferierten Rollenbilder, welche die Befragten für eine Religionslehrkraft als angemessen erachten, passen zum eben rekapitulierten Zielspektrum dieses Unterrichts. Demnach regt die Lehrperson vor allem zur Urteilsbildung an und begleitet die Schüler*innen in ihrer Persönlichkeitsentwicklung. Erst weit hinter diesen beiden Rollenidealen kommt die Lehrperson als Vermittlerin des christlichen Glaubens und als Vertreterin der Kirche (so auch Pohl-Patalong et al., 2016, S. 336). Zu etwas anderen Ergebnissen kommt hier Caruso (2019) bei einer eher kleinen Stichprobe, da sich ihre Proband*innen zwar primär als Pädagog*innen mit einem Unterrichts-, Erziehungs- und Bildungsauftrag verstanden, zugleich aber als Theolog*innen und sogar als Glaubensvermittler*innen und Seelsorger*innen.

Hierzu passt auch, dass es für die Befragten prinzipiell möglich ist, dass die Lehrperson im Religionsunterricht über ihren eigenen Glauben Auskunft gibt. Positionalität, solange sie die Position des Gegenübers achtet, gehört für heutige Theologiestudierende offensichtlich zum Aufgabenfeld einer Lehrkraft im Fach Religion. Dabei ist es den Befragten viel wichtiger, dass die Gemeinsamkeiten zwischen den Konfessionen und Religionen zur Sprache kommen, als die Unterschiede. Positionalität im Religionsunterricht soll zusammenführen, nicht trennen. Analog bevorzugen die Studierenden diejenigen Modelle des Religionsunterrichts, die aufgrund ihrer Organisationsform Kinder und Jugendliche unterschiedlicher Konfessionen und Religionen zusammenführen, nämlich den konfessionell-kooperativen Religionsunterricht, den interreligiösen und die Religionskunde. Zum herkömmlichen konfessionellen Religionsunterricht finden sich zwar ebenfalls viele stark zustimmende Antworten, aber eben auch viele, die diese Organisationsform ablehnen. An ihm scheiden sich offensichtlich die Geister der Befragten. Vor zehn Jahren ergab die etwas anders angelegte Frage Lücks (2012, S. 151) noch relativ schwache Zustimmungswerte für das interreligiöse und das religionskundliche Modell (ähnlich bei Feige et al., 2007, S. 56; stärkere Offenheit auch bei Cramer, 2013, S. 96). Bei den von Feige und Tzscheetzsch (2005, S. 56) befragten Lehrpersonen aus Baden-Württemberg, von Pohl-Patalong et al. aus Schleswig-Holstein und von Feige et al. Befragten aus Niedersachsen (2017, S. 334; schon vor mehr als 20 Jahren Feige, et al., 2000, S. 315) war der Unterricht im Klassenverband jedoch das attraktivste Modell.

4.3.2 Abgleich auf Ebene der empirischen Faktoren

Bei der Rekonstruktion der latenten Rationalität, die das Antwortverhalten der Befragten leitet, konnte sowohl bei den Bildungszielen als auch beim Rollenprofil zwischen einem an Konfession orientierten (konfessionelles Zielspektrum und konfessionelles Rollenprofil) und einem an Pädagogik (pädagogisches Zielspektrum und pädagogisches Rollenprofil) orientierten Antwortmuster unterschieden werden. Damit ändert sich die im Studium rekonstruierte Grundunterscheidung von Wissenschaft und Unterricht beim Religionsunterricht in Konfession und Unterricht. Offensichtlich wird der Religionsunterricht stärker von seinem konfessionellen Charakter her bedacht als das Studium, obwohl Letzteres ebenfalls dezidiert konfessionell ausgerichtet ist.

Oben wurde angesichts der Gewichtung der unterschiedlichen Bildungsziele für den Religionsunterricht die Frage aufgeworfen, wie wichtig der kommenden Lehrkräftegeneration noch die christliche Grundlage für die Persönlichkeitsentwicklung ihrer Schüler*innen ist. Nimmt man die Zusammenhänge der empirischen Faktoren zur Kenntnis, werden darin zwei grundlegende Orientierungen sichtbar. Auf der einen Seite sehen die Befragten ein Netzwerk mit dezidiert konfessionellem Bezug, denn die Faktoren konfessionelles Zielspektrum, konfessionelles Rollenprofil, eine am Bekenntnis orientierte Positionalität, konfessioneller Religionsunterricht und konfessionell-kooperativer Religionsunterricht korrelieren wechselseitig untereinander. Der gemeinsame Nenner aller Faktoren ist ihr enger Bezug zu einem konfessionell verstandenen Christentum. Auf der anderen Seite ergibt sich ein analoges Netzwerk mit dezidiert pädagogischem Bezug (pädagogisches Rollenprofil, pädagogisches Zielspektrum, an Unterschieden orientierte Positionalität und an Kirchenkritik orientierte Positionalität). Beide Netzwerke weisen darauf hin, dass beide Rationalitäten – die konfessionelle und die pädagogische – bei den Befragten wirken. Da es keine nennenswerten Korrelationen zwischen Faktoren beider Netzwerke gibt, stehen sie erst einmal unabhängig nebeneinander. Es ist also nicht so, dass sich die konfessionelle und die pädagogische Rationalität in den Augen der Theologiestudierenden gegenseitig ausschließen. Vielmehr scheint es sich um zwei Beine zu handeln, auf denen sie stehen. Berücksichtigt man allerdings zusätzlich die Zustimmungswerte zu den Items, aus denen sich die Faktoren ableiten, stellt das pädagogische Bein deutlich das Standbein der Befragten dar. Beim konfessionellen Bein hängt es von den Zustimmungswerten ab, ob es sich um ein Spielbein handelt oder ob dieses Bein nur aus optischen Gründen gebraucht wird.

Man kann überlegen, wieso eine an Gemeinsamkeiten orientierte Positionalität für beide Netzwerke keine Rolle spielt. Würde sie eine Brücke zwischen konfessionellem und pädagogischem Netzwerk darstellen, müsste sie mit Faktoren aus beiden Netzwerken nennenswert korrelieren. Das ist nicht der Fall. Faktisch weist diese Form von Positionalität in den Augen der Befragten keinerlei Beziehungen sowohl zum einen als auch zum anderen Netzwerk auf.

4.3.3 Bedeutung der Hintergrundvariablen

Die Zusammenschau der Effekte, die durch die Hintergrundvariablen bedingt sind, erbringt in vielen Fällen ein ähnliches Bild wie bei den Studienmotiven. Wiederum spielt das *Alter* – und damit in gewisser Weise die Lage im Studium – keine Rolle, weder für die Einschätzung der Bildungsziele noch für die Rollenbilder, die Frage nach der Positionalität oder die präferierte Organisationsform.

Hinsichtlich des *Geschlechts* sind das pädagogische Zielspektrum und das pädagogische Rollenprofil weiblichen Befragten etwas wichtiger als männlichen (vgl. Abb. 3). Die Männer erachten dafür eine an Gemeinsamkeiten orientierte Positionalität als etwas plausibler im Religionsunterricht als die befragten Frauen. Das fällt insofern auf, als Konkurrenzfähigkeit zum männlichen Geschlechterstereotyp gehört, man also hätte erwarten können, dass männliche Studierende eher das an Konfessionalität oder an den Unterschieden orientierte Positionalitätsprofil bevorzugen.

Abb. 3:   *Heuristischer Überblick über die Wirkung der Hintergrundvariablen auf die Vorstellungen zum Religionsunterricht*

	Alter	Ge-schlecht	Konfessions-zugehörigkeit	Region
Bildungsziele				
konfessionelles Zielspektrum	–	–	–	Ö > S > N/O
pädagogisches Zielspektrum	–	w > m	–	–
theologisches Fachwissen	–	–	–	–
Rollenbilder				
konfessionelles Rollenprofil	–	–	k > e	Ö > S/W > N/O
pädagogisches Rollenprofil	–	w > m	–	–
Positionalität der Lehrperson				
am Bekenntnis orientiert	–	–	k > e	Ö > S > N/O
an den Gemeinsamkeiten orientiert	–	m > w	e > k	–
an den Unterschieden orientiert	–	–	–	–
an Kirchenkritik orientiert	–	–	k > e	–
Organisationsform				
konfessionell	–	–	k > e	Ö/S > O/W > N
konfessionell-kooperativ	–	–	k > e	–
interreligiös	–	–	–	N > O/W > Ö/S
religionskundlich	–	–	e > k	N > O/W > Ö/S

Legende: Es werden nur Effekte berichtet, die eine mindestens kleine Effektstärke aufweisen. w = weiblich; m = männlich; k = katholisch; e = evangelisch; N = Norden; O = Osten; W = Westen; S = Süden; Ö = Österreich & Schweiz.

Die Konfession der Studierenden betreffend, zeigt sich eine relativ konstante größere Wertschätzung der konfessionellen Aspekte unter katholischen Befragten im Vergleich zu ihren evangelischen Kommiliton*innen (vgl. Abb. 3). Das gilt für das konfessionelle Rollenprofil, eine am Bekenntnis orientierte Positionalität, den konfessionellen und den konfessionell-kooperativen Religionsunterricht. Lediglich beim konfessionellen Zielspektrum ist keine bedeutsame Differenz anzutreffen. Die evangelischen Befragten scheinen dagegen eher Positionen stärker wertzuschätzen, die auf Gemeinsamkeiten setzen, nämlich eine an Gemeinsamkeiten orientierte Positionalität und einen religionskundlichen Unterricht. Damit entsprechen die Studierenden in gewisser Weise ihren beiden Kirchen; denn zieht man deren einschlägige Dokumente zum Religionsunterricht heran, betonen die Deutschen Bischöfe immer wieder den konfessionellen Charakter des Unterrichts, während sich die EKD schon sehr früh für kooperative Formate in diesem Unterricht ausgesprochen hat.

In regionaler Hinsicht ergibt sich wiederum eine relativ deutliche Nord-Süd-Differenz (vgl. Abb. 3). Grob zugespitzt gilt, dass Studierende umso stärker den konfessionellen Aspekten zustimmen, je südlicher ihr Studienstandort liegt. Umgekehrt wächst mit der Lage des Uni-Ortes entlang der Nord-Süd-Achse die Akzeptanz interreligiöser und religionskundlicher Formate. Hier spiegelt sich die Bildungspolitik der verschiedenen (Bundes-)Länder deutlich wider, wenn man die Schweiz mit ihrer – auch in Religion – an religionskundlichem Lernen orientierten Neuausrichtung im Lehrplan 21 ausnimmt.

4.4 Zur individuellen Religiosität und den personalen und sozialen Ressourcen

Die individuelle Religiosität wurde über die Zentralität von Religion, die Identifikation mit der eigenen Konfession und die konfessionsspezifische Präferenz erfasst, die Ressourcen über die Wertorientierung und das ehrenamtliche Engagement. Der Abgleich folgt wieder dem bekannten Muster, wobei auf den Abgleich der latenten Faktoren verzichtet wird, weil dieser wenig Neues erbringt. Dafür wird die Bedeutung von Religiosität und Ressourcen für die Studienmotive und die Vorstellung zum Religionsunterricht diskutiert.

4.4.1 Abgleich auf Itemebene

Mittlerweile stellt die Zentralität von Religion, gemessen in den Kategorien von Stefan Huber (2003), einen klassischen Indikator sozialwissenschaftlich angelegter Studien dar. Auch wenn die Itemformulierungen in theologischer Perspektive defizitär erscheinen mögen, bleiben die einzelnen Ergebnisse tendenziell hinter dem zurück, was man zumindest laut offizieller Anforderungsprofile für Menschen, die den Glauben in der Schule und in der Gemeinde weitergeben wollen, erwarten könnte. So glauben zwar 70 % der Befragten an Gott, was aber auch bedeutet, dass sich 30 % der Studierenden hier mindestens nicht sicher sind und 7 % explizit angeben, eher nicht an Gott zu glauben. Eine ausgeprägte Gebets- oder Gottesdienstpraxis trifft man bei weniger als der Hälfte der Befragten an. Die Präsenz Gottes im eigenen Leben erfahren 11 % sehr oft, 26 % aber auch gar nicht. Studierende der Theologie bilden somit in gewisser Weise den Durchschnitt der Gesamtbevölkerung ab, auch wenn die Werte Ersterer leicht über denen Letzterer liegen (s.o.). Dieses recht durchwachsene Bild schreibt das fort, was in früheren Studien zutage getreten ist, d.h. für eine recht hohe Zahl der Studierenden spielen Gottesglaube, Gottesdienstpraxis etc. eine Rolle als Teil ihres Alltags, allerdings nicht bei so vielen, wie man dies gemeinhin von angehenden Theolog*innen erwarten würde; auch die Schwankungen in den Ergebnissen verschiedener Studien passen dabei durchaus ins Bild (z.B. Baden, 2021, S.

135; Caruso, 2019, S. 168; Brieden, 2018, S. 21–22; Barz, 2013, S. 73–74; Heller, 2011, S. 202; Quaing et al., 2003, S. 87).

Dieses Bild ändert sich mit der Identifikation mit der eigenen Konfession. Knapp 25 % der Befragten ist es sehr wichtig, evangelisch oder katholisch zu sein, und weiteren 35 % wichtig. Diese relativ starke Identifikation mit der eigenen Konfession korrespondiert jedoch nicht mit einer entsprechend starken Identifikation mit der zugehörigen Kirche. So lässt Kritik an der Kirche die Befragten ebenso weitgehend kalt, wie nur wenige von „wir" sprechen würden, wenn es um die Kirche geht. Konfession und Institution stellen somit für die Studierenden zwei Größen mit unterschiedlicher Bedeutung dar. Darauf verweisen auch die korrelativen Zusammenhänge, denn Zentralität und Identifikation korrelieren bedeutsam miteinander, während die Korrelationen mit den beiden Faktoren zur Identifikation mit der Kirche nur schwach ausfallen. Diese Ergebnisse schreiben den Befund bisheriger Studien fort (z.B. Barz, 2013, S. 73; Quaing et al., 2003, S. 87–88).

Aufgrund des konfessionellen Charakters des Religionsunterrichts wird von seinen Lehrpersonen ein ausgeprägtes konfessionelles Bewusstsein erwartet (Heger, 2021). In dieser Hinsicht fällt auf, dass die als typisch evangelisch eingestuften Aussagen zur konfessionsspezifischen Präferenz von fast allen Befragten als für ihre eigene Einstellung angemessen erachtet werden. Bei den typisch katholischen Aussagen fallen die Ergebnisse tendenziell ambivalent aus, was sich vor allem dadurch erklärt, dass sie besonders von den evangelischen Befragten als für sie nicht angemessen eingestuft werden. Wenn es um das oberste Bischofsamt des Papstes geht, stellen zudem auch viele katholische Befragte keine wirkliche Passung fest. Salopp formuliert können der evangelischen Lesart des Christentums sehr viele Befragte sehr viel abgewinnen, während die katholische Lesart bestenfalls für einige der katholischen Befragten eine gewisse Überzeugungskraft entfaltet.

Hinsichtlich der Wertorientierung wurde oben bereits festgestellt, dass sich die Befragten in etwa im Spektrum dessen bewegen, was die aktuelle Shell-Jugendstudie erwarten lässt (anders die Ergebnisse für evangelische Pfarramtsstudierende vgl. Baden, 2021, 135–149). Studierende der Theologie sind im Durchschnitt somit weder erzkonservative Zeitgenossen, noch weisen sie ein Helfer-Syndrom auf. Auch beim ehrenamtlichen Engagement ergibt sich keine wesentlich höhere Engagementquote als in anderen Gruppen der Bevölkerung (DZA, 2021). Dass sich Studierende der Theologie stärker in kirchlichen Gruppen und Arbeitsfeldern engagieren, konnte erwartet werden.

4.4.2   Bedeutung der Hintergrundvariablen

Da der Abgleich der empirischen Faktoren im vorliegenden Bereich wenig ergiebig ist, wird gleich die Bedeutung der Hintergrundvariablen rekapituliert. Weil sich nur wenige effektive Einflüsse ergeben, kann auf eine eigene Abbildung verzichtet werden.

Das *Alter* hat wiederum keinen Einfluss auf eine der latenten Variablen. Hinsichtlich des *Geschlechts* erweisen sich weibliche Befragte als etwas stärker altruistisch-alternativ orientiert als männliche, wogegen die Studenten ein etwas ausgeprägteres evangelisches Präferenzprofil zeigen und sich etwas öfter in der Politik engagieren als Studentinnen. Die *Konfessionszugehörigkeit* zeigt die erwartbaren Ausprägungen bei den beiden konfessionsspezifischen Präferenzprofilen. Zudem ist die Zentralität von Religion bei katholischen Befragten etwas stärker ausgeprägt als bei evangelischen. In *regionaler* Hinsicht gibt es die erwartbare Nord-Süd-Differenz beim konfessionellen Präferenzprofil und bei der Zentralität von Religion. Beim evangelischen Präferenzprofil finden sich keine bedeutsamen regionalen Unterschiede, was nochmals darauf hinweist, dass typisch evangelische Prämissen mittlerweile auch für Katholiken akzeptabel sind. Schließlich erweisen sich die Befragten aus Österreich und der Schweiz in ihrer Wertorientierung als etwas konservativer als diejenigen aus Deutschland.

4.4.3 Bedeutung von Religiosität und Ressourcen für die Evaluation des Studiums und die Vorstellung vom Religionsunterricht

Die folgende Bilanz orientiert sich an den einzelnen Aspekten der Religiosität sowie der personalen und sozialen Ressourcen und liest die Regressionstabellen von oben damit quer. Dabei zeigt sich, dass die Zentralität von Religion vor allem dann ihre Bedeutung entfaltet, wenn es um den Glauben bzw. den konfessionellen Aspekt von Religionsunterricht geht. So sind die einschlägigen β-Werte nicht nur die größten in allen Analysen, sondern sie treten auch nur bei den einschlägigen Variablen auf: kirchlich motivierte Glaubensweitergabe (β = 0,31), Einführung in den eigenen Glauben (β = 0,26), konfessionelles Zielspektrum (β = 0,31), konfessionelles Rollenprofil (β = 0,26) und am Bekenntnis orientierte Positionalität (β = 0,34). Lediglich auf die Sicherheit der Studiengangwahl (β = 0,21) hat die Zentralität von Religion einen vergleichbaren Einfluss.

Einen nominell größeren Einfluss hat das kirchliche Engagement auf das Motivbündel der kirchlich motivierten Glaubensweitergabe (β = 0,44). Dieser Zusammenhang liegt nahe, bleibt aber auch der einzige nennenswerte des kirchlichen Engagements in der gesamten Untersuchung. Dieses Ergebnis relativiert in gewisser Weise die obige Beobachtung, dass sich die Motivation, Theologie zu studieren, auch aus den eigenen Erfahrungen im Raum der Kirche speist. Solche kirchlichen Erfahrungen scheinen für die Konstellation der Motivbündel wichtig zu sein. Für die Entscheidung zum Theologiestudium sind sie es jedoch nur,

wenn man dieses aufnimmt, um den eigenen kirchlichen Glauben weiterzugeben. Für alle anderen abgefragten Aspekte sowohl des Theologiestudiums als
auch der Vorstellungen zum Religionsunterricht spielt dieses Engagement dagegen keine bedeutsame Rolle mehr.

Neben der Zentralität von Religion ist es vor allem eine altruistisch-alternative Wertorientierung, die einen größeren Einfluss auf mehrere Aspekte des Studiums und des Religionsunterrichts hat. Wer derartige Werte besonders vertritt,
ist auch stärker geneigt, das Studium der Theologie aufzunehmen, weil er/sie
später einmal Werte auf der Grundlage des christlichen Glaubens weitergeben
will (β = 0,24), er/ sie vom Studium erwartet, dass es Theologie als Wissenschaft
inszeniert (β = 0,20) und eine Auseinandersetzung mit anderen Konfessionen
und Religionen ermöglicht (β = 0,23), verlangt entsprechend auch mehr interkonfessionelle und -religiöse Begegnungsmöglichkeiten im Studium (β = 0,23),
bevorzugt für den Religionsunterricht ein pädagogisches Zielprofil (β = 0,35) und
für die Lehrkraft ein pädagogisches Rollenprofil (β = 0,30), kann sich im Religionsunterricht aber auch eine an den Unterschieden zwischen den Konfessionen
und Religionen orientierte Positionalität vorstellen (β = 0,23). Damit erweist sich
eine altruistisch-alternative Wertorientierung als Indikator für einen pädagogischen Zugang zum Religionsunterricht, der Religion und Glaube auf der Grundlage vorfindlicher religiöser Pluralität wahr- und ernst nimmt. Diese Wertorientierung bildet damit in gewisser Weise den Gegenpol zur Zentralität von Religion.

Schließlich kann festgehalten werden, dass das Erleben des eigenen Religionsunterrichts vor allem die Aufnahme des Theologiestudiums wegen dieses Erlebens sehr stark bedingt (β = 0,61). Dieser Zusammenhang ist nominell der
stärkste in der gesamten Untersuchung. Inhaltlich liegt er nahe. Für die weitere
religionspädagogische Reflexion entscheidender scheint es jedoch zu sein, dass
das Erleben des eigenen Religionsunterrichts neben diesem Einfluss keinen weiteren bedeutsamen mehr entfaltet, d.h. dass sowohl die Wahrnehmung des Studiums als auch die Vorstellungen vom Religionsunterricht kaum von den Erfahrungen mit dem eigenen Religionsunterricht in der Kindheit und Jugend beeinflusst werden. Damit entfällt aber mit dem eigenen Religionsunterricht neben
den Erfahrungen mit kirchlicher Jugendarbeit (s.o.) ein zweiter klassischer Bedingungsfaktor der Vorstellungen vom Religionsunterricht.

Die letzte Variable mit bemerkenswert hohen β-Werten ist die Unterscheidung zwischen Lehramtsstudiengang und Vollstudium. Die beiden einschlägigen Zusammenhänge verweisen aber bereits auf die studiengangspezifische
Auswertung der Daten, die im Folgenden bilanziert und diskutiert wird.

4.5 Zur studiengangspezifischen Auswertung

Diese Analyseperspektive verdankt sich der unterschiedlichen Intensität, mit der die Studierenden in den verschiedenen Studiengängen der Theologie begegnen. Wird im Magister Theologiae die Theologie in ihrer vollen Breite entfaltet, kommt diese Breite in den Gymnasialstudiengängen elementarisiert zum Tragen. In den sog. nicht vertieften Studiengängen auf Lehramt ist dagegen oft nur eine punktuelle, exemplarische Begegnung mit den grundlegenden Disziplinen der Theologie möglich. In den Studiengängen der beruflichen Bildung hängt es vom angezielten Bildungsniveau ab, wie stark in die Theologie eingestiegen wird. Hinzu kommt, dass den verschiedenen Studiengängen sehr unterschiedliche pädagogische Orientierungen eingeschrieben sind. Im Lehramt Grundschule ist der grundschulpädagogische Zugang zu allen Themen dominant, was jegliche thematische Auseinandersetzung in die Frage einbettet, wie das Thema unter den Verständnismöglichkeiten von Kindern entfaltet werden kann. In den anderen nicht vertieften Lehramtsstudiengängen wird diese pädagogische Rahmung entlang der Herausforderungen des Jugendalters entfaltet. In Gymnasialstudiengängen wird die pädagogische Fragestellung häufig unter die propädeutische Aufgabe, die Jugendlichen für ein Studium vorzubereiten, subsummiert, was der Fachwissenschaft einen grundständigen Charakter verleiht. In den Studiengängen für berufliche Bildung ist die Pädagogik ans Lernfelder-Kalkül verwiesen, das Religion vor allem als Lebenskunde im beruflichen Rahmen begreift. Im Vollstudium schließlich weitet sich der pädagogische Fokus in die verschiedenen kirchlichen Handlungsfelder, unter denen das Handlungsfeld Schule nur eines unter vielen darstellt. Es liegt damit nahe, dass innerhalb der einzelnen Studiengänge Theologie eine jeweils eigene Perspektive auf Studium und Religionsunterricht vorherrscht.

Tatsächlich finden sich in der vorliegenden Studie viele empirische Ergebnisse, die schlüssig in dieses Szenario eingepasst werden können. Erstens weist das Vollstudium des Magister Theologiae bei fast allen Variablen bedeutsame Differenzen gegenüber den Lehramtsstudiengängen auf. Studierende in diesem Magister nehmen das Theologiestudium deutlich stärker aus einem wissenschaftlichen Interesse auf als Lehramtsstudierende und weil sie stärker an einer kirchlich motivierten Glaubensweitergabe interessiert sind. Umgekehrt spielen der eigene Religionsunterricht und eine glaubensbasierte Wertevermittlung in ihrer Studienmotivation eine deutlich geringere Rolle als bei allen Lehrämtlern. In der Folge erwarten sie vom Theologiestudium auch viel stärker eine wissenschaftliche Theologie und eine Einführung in den eigenen Glauben. Dafür erwarten Studierende auf Magister Theologiae deutlich weniger als Lehramtsstudierende, dass dieses Studium auf den Religionsunterricht vorbereitet oder einen guten Arbeitsplatz ermöglicht. Studierende im Vollstudium sind sich deutlich sicherer, den richtigen Studiengang gewählt zu haben, schätzen die Arbeitsbelastung in diesem Studium aber auch deutlich höher ein. Sodann sind es vor allem diese Studierenden, die ein konfessionelles Zielprofil für den Religionsunterricht und ein ebensolches Rollenprofil für die Lehrkraft befürworten. In den beiden entsprechenden pädagogischen Variablen liegen die Lehrämtler dagegen signifikant über den Studierenden im theologischen Vollstudium. Außerdem vertreten Erstere die Positionalität von Lehrpersonen im Religionsunterricht viel profilierter, und zwar sowohl eine solche, die am Bekenntnis orientiert ist, wie auch eine, die an den Gemeinsamkeiten orientiert ist, und sogar diejenige, die an Kirchenkritik orientiert ist. Schließlich befürworten Magister-Studierende sowohl einen konfessionellen als auch einen konfessionell-kooperativen Religionsunterricht viel stärker, während sich Lehramtsstudierende stärker für einen interreligiösen Religionsunterricht und Religionskunde aussprechen. Der rote Faden, der sich durch diese Differenzen zieht, scheint die konfessionelle Komponente zu sein. Studierende auf Magister Theologiae nehmen sowohl das Studium als auch den Religionsunterricht viel stärker aus der Perspektive des Glaubens wahr und weisen dem existenziellen Aspekt dieses Glaubens eine größere Rolle zu. Eine Herausforderung wird diese Haltung spätestens dann, wenn sie im schulischen Religionsunterricht auf eine Wirklichkeit trifft, die sich aus dem pädagogischen Referenzrahmen speist, in den schulisch religiöses Lernen eingebettet ist. Hier ist die Priorität konfessioneller Aspekte nicht selbstverständlich.

Innerhalb der Lehramtsstudiengänge finden sich weitere Differenzen, die das obige Szenario bestätigen. So urteilen die Studierenden auf Lehramt Gymnasium oft signifikant anders als diejenigen auf Lehramt Grundschule. Das ist zum Beispiel der Fall, wenn es um die Entscheidung für ein Theologiestudium aus wissenschaftlichem Interesse geht (Gym > G), von diesem Studium eine Auseinandersetzung mit anderen Konfessionen und Religionen erwartet wird (Gym > G) oder aber eine Vorbereitung auf den späteren Religionsunterricht (G > Gym), wenn der Religionsunterricht ein fachwissenschaftliches Zielspektrum erfüllen soll (Gym > G), wenn von der Lehrperson ein konfessionelles Rollenprofil erwartet (G > Gym) oder wenn der Lehrperson eine an Kirchenkritik orientierte Positionalität zugestanden wird (Gym > G). In allen diesen Effekten spürt man, dass sich der Religionsunterricht im Gymnasium stärker am fachwissenschaftlichen Gehalt orientiert und sich an als kritikfähig erachtete Jugendliche wendet, während der Religionsunterricht in der Grundschule in vielfacher Weise eine Einführung in den Glauben der jeweiligen Konfession repräsentiert, die bei ansprechender Inszenierung zumeist von den Kindern begeistert aufgenommen wird. Produktiv könnte gefragt werden, inwiefern eine an Kirchenkritik orientierte Positionalität den Religionsunterricht der Grundschule weiterentwickeln könnte. Denn das Gros der Kinder, die diesen Unterricht besuchen, erleben eine solche Kritik in ihren Familien tagtäglich – sofern die Kirche daheim überhaupt noch ein Thema ist. Den meisten Studierenden auf Lehramt Grundschule scheint eine solche Perspektive weit hergeholt zu sein. Umgekehrt könnte man auch fragen, inwiefern ein stärker am gelebten Glauben der eigenen Konfession orientierter Religionsunterricht im Gymnasium neue Möglichkeiten erschließen könnte. In Bezug auf diese Dimension scheinen die Studierenden dieses Lehramts weniger sensibel zu sein als ihre Kommiliton*innen auf Lehramt Grundschule.

Die Studierenden auf Lehramt Berufsschule pendeln zwischen den Positionen der beiden soeben beschriebenen Gruppen. Wenn es um ein Studium der Theologie aus wissenschaftlichem Interesse geht, die Erwartung, Theologie als Wissenschaft zu erleben, die Erwartung, im Theologiestudium andere Konfessionen und Religionen kennenzulernen, die Erwartung, gut auf den Religionsunterricht vorbereitet zu werden oder eine an Kirchenkritik orientierte Positionalität, antworten sie analog zu denjenigen, die ein Lehramt an Gymnasien anstreben. Beim fachwissenschaftlichen Zielspektrum für den Religionsunterricht und beim konfessionellen Rollenprofil, aber auch bei einer an Gemeinsamkeiten orientierten Positionalität der Religionslehrkraft liegen die Berufsschulstudierenden nahe bei denen, die Lehramt Grundschule studieren. Offensichtlich sehen sich Studierende auf Lehramt Berufsschule vor allem als Brückenbauer zwischen den verschiedenen Konfessionen und Religionen auf der Grundlage eines eigenen konfessionellen Standpunkts. Es wäre interessant zu erfahren, inwiefern diese Haltung durch die Tatsache bedingt ist, dass der Religionsunterricht an der Berufsschule faktisch nahezu ausschließlich im Klassenverband stattfindet. Zumindest wäre die von den Studierenden auf Berufsschule gezeigte Haltung schlüssig, wenn sie um diese Tatsache wüssten.

Die Studierenden auf Sekundarstufe I tauchen in der studiengangspezifischen Auswertung relativ selten auf. Das bedeutet erst einmal, dass sie mit ihren Antworten zwischen den Antworten sich signifikant unterscheidender Gruppen liegen, selbst aber weder im Sinn der einen, noch im Sinn der anderen Gruppe antworten. Studierende auf Sekundarstufe I liegen mit ihren Einschätzungen damit oft zwischen den Studierenden auf Gymnasium und denen auf Grundschule. Mit den Grundschulstudierenden haben sie gemeinsam, dass sie das Studium der Theologie am wenigsten aus einem wissenschaftlichen Interesse heraus aufnehmen, dem Religionsunterricht kein ausgeprägtes fachwissenschaftliches Zielspektrum unterstellen, und dass sie sich mehr Praxisbezug im Studium wünschen. Mit den Studierenden auf Lehramt Gymnasium teilen sie dagegen die hohe Wertschätzung der Auseinandersetzung mit anderen Konfessionen und Religionen im Studium. In diesem Ergebnis wird die besondere Lage des Religionsunterrichts an Haupt-, Mittel- oder Realschulen bzw. der Sekundarstufe I an Gesamtschulen deutlich. Oder etwas provokanter gefragt: Was ist das Eigene des Religionsunterrichts in dieser Stufe, das den Studierenden eine eigene Identität vermitteln könnte? Im Antwortverhalten der Studierenden ist ein solcher Anknüpfungspunkt kaum zu entdecken.

4.6   Fazit und Ausblick

Im Folgenden fassen wir die obige Diskussion zusammen, ziehen knappe Fazits und überlegen, was die obigen Befunde für die religionspädagogische Forschung und Praxis bedeuten könnten.

4.6.1   Forschungsstand und Forschungsperspektiven

Die vorliegende Befragung schließt an eine lange Tradition von Befragungen Theologiestudierender an. Das Gros der quantitativen und qualitativen Umfragen stammt vor allem aus den Jahren 2005 bis 2013. Aktuelle Daten sowohl zur Evaluation des Studiums als auch zur Vorstellung Theologiestudierender zum Religionsunterricht gibt es nur sehr begrenzt. Diese Forschungslücke schließt die vorliegende Untersuchung. Oben wurde außerdem festgestellt, dass immer noch repräsentative Untersuchungen zu den Themen Studienwahl, Erwartungen ans Studium, Einschätzung des Studiums oder Einschätzung des (zukünftigen) Religionsunterrichts fehlen. Ein Großteil der vorliegenden Studien arbeitet regional mit Gelegenheitssamples bzw. ist nur auf einen Standort beschränkt und verwendet beim quantitativen Zugriff einfache statistische Routinen. Eher selten werden beide Konfessionen (vergleichend) berücksichtigt. Die vorliegende Studie wird diesem Desiderat nur zum Teil gerecht. So werden zwar Studierende beider Konfessionen befragt, die Befragung erfasst die Studienstandorte aus ganz Deutschland und ist so angelegt, dass auch komplexere statistische Routinen möglich sind. Die Datenerhebung erfolgte aber nicht mit dem Anspruch einer repräsentativen Ziehung. Durch die Adressierung aller Studienstandorte Deutschlands hätte diese Studie zwar repräsentativ werden können, es gab aber kein definiertes Erhebungsverfahren, das diese Repräsentativität sicherstellt. In der Folge bleibt auch diese Studie eine Gelegenheitsstichprobe, deren Aussagekraft für ganz Deutschland zwar passabel ist, die jedoch kaum spezifische regionale Schlüsse zulässt.

Hat man bisherige Studien im Blick, fehlen außerdem Forschungen, die aus der Unterrichtspraxis heraus auf dieses Studium zurückblicken. Für den Bereich der Pfarramtsausbildung hat Matthias Wolfes (2000) eine derartige Untersuchung für evangelische Pfarrer*innen im Bereich Berlin-Brandenburg vorgelegt, die ihr Studium im Rückblick bewerten. Eine derartige, retrospektive Untersuchung für die Praxisrelevanz des Theologiestudiums für Religionslehrpersonen stellt u.E. ein Desiderat für zukünftige religionspädagogische Forschung dar. Bereichernd wären außerdem qualitative Zugänge, die z.B. den Blick auf Studierende durch Hochschullehrer*innen einholen (so z.B. explorativ Schulz & Plüss, 2019).

Auch empirische Studien, die die Lernausgangslage Theologiestudierender (zu den Themen Bibel, Glaubenswissen, Religionsunterricht u.a.) umfassender darzulegen helfen, wären im Kontext einer kompetenzorientierten (Aus-)Bildung und als Unterstützung bei der Studienreform, möglicherweise bei der Planung von Vorbereitungskursen hilfreich, wie sie z.B. in den Naturwissenschaften üblich sind.

4.6.2 Was sind *die* typischen Theologiestudierenden?

Ein Drittel der Studierenden ist sich nicht sicher, ob sie an Gott glauben, knapp ein Zehntel gibt explizit an, eher nicht an Gott zu glauben. Eine ausgeprägte Gebets- oder Gottesdienstpraxis trifft man bei weniger als der Hälfte der Befragten an. Die Präsenz Gottes im eigenen Leben erfährt ein Viertel gar nicht. Studierende der Theologie bilden mit nur leicht überdurchschnittlichen Werten in gewisser Weise den Durchschnitt der Gesamtbevölkerung in Deutschland ab, wobei sich die Magister Theologiae-Studierenden hier durchaus von den Lehramtsstudierenden abheben (vgl. auch Baden, 2021).

Schauen wir auf die Unterschiede zu den Studierenden des Magister Theologiae, zeigen sich viele Differenzen gegenüber den Lehramtsstudiengängen. Studierende im Magister nehmen das Theologiestudium stärker aus einem wissenschaftlichen Interesse auf und sind stärker an einer kirchlich motivierten Glaubensweitergabe interessiert. Sie vertreten eher ein konfessionelles Zielprofil für den Religionsunterricht und ein ebensolches Rollenprofil für die Lehrkraft. Studierende im Vollstudium sind sich deutlich sicherer, den richtigen Studiengang gewählt zu haben und schätzen die Arbeitsbelastung in diesem Studium deutlich höher ein. Studierende auf Magister Theologiae nehmen sowohl das Studium als auch den Religionsunterricht viel stärker aus der Perspektive des Glaubens wahr und weisen dem existenziellen Aspekt dieses Glaubens eine größere Rolle zu. In dieser Hinsicht passt es, dass sie sich auch stärker in ihren Gemeinden engagieren und für sie eine gelebte Religiosität im Vergleich wichtiger ist.

Bei den Lehramtsstudierenden hat der eigene Religionsunterricht und eine glaubensbasierte Wertevermittlung in ihrer Studienmotivation eine deutlich zentralere Rolle und sie wünschen sich, dass dieses Studium auf den Religionsunterricht vorbereitet oder einen guten Arbeitsplatz ermöglicht. Nahezu durchgängig schreiben diese Studierenden den pädagogisch orientierten Variablen eine größere Bedeutung zu als ihre Kommiliton*innen aus dem Magister. Sie bestimmen sowohl die Rolle der Lehrperson im Religionsunterricht als auch dessen Zielspektrum deutlich pädagogischer und akzeptieren es eher, wenn dieser Religionsunterricht konfessionelle Unterschiede oder Kritik an der Kirche thematisiert. Schließlich befürworten Studierende auf Lehramt stärker einen interreligiösen Religionsunterricht und Religionskunde.

Angesichts dieser Unterschiede hätten wir erwartet, dass sich typische Konstellationen innerhalb der Studierenden auf Theologie finden lassen. Technisch gesprochen war unsere Annahme, dass eine Clusteranalyse im Datensatz charakteristische Typen identifiziert. Zumindest die Studiengänge hätten solche Unterschiede hervorbringen können. Faktisch haben jedoch sämtliche technisch möglichen Lösungen keine sinnvoll gegeneinander abgrenzbaren Profile ergeben. Selbst eine Lösung mit zwei Clustern erbrachte keine klare Trennung zwischen Studierenden auf Magister Theologiae einerseits und Studierenden auf Lehramt andererseits. Das bedeutet letzten Endes, dass sich die Studierenden der Theologie, trotz der oben beschriebenen Unterschiede im Detail, in vielfältiger Art und Weise ähneln. Wenn sich also Magister-Studierende bei sämtlichen konfessionsbezogenen Merkmalen signifikant von Lehramtsstudierenden unterscheiden, handelt es sich hierbei um einen graduellen Unterschied, keinen prinzipiellen. Es ist nicht so, dass ausschließlich Magister-Studierende den konfessionellen Elementen im Studium und im Religionsunterricht zustimmen, wie es umgekehrt nicht nur die Lehramtsstudierenden sind, die pädagogische Merkmale im Studium und im Religionsunterricht wertschätzen. Entsprechende Unterschiede lassen sich zwar entlang der Unterscheidung nach Studiengängen finden, ohne dass diese jedoch zwei eigenständige Typen von Theologie-Studierenden definieren. Das hat aber die Konsequenz, dass die Rede in alltagsweltlichen Stereotypen von „den Priesteramtskandidaten", „den Pfarramtsstudierenden" oder „Grundschulstudierenden" zumindest im vorliegenden Sample nur ansatzweise einen empirischen Referenzpunkt haben.

Neben den Studiengängen finden sich nur noch wenige Unterschiede, die sich an äußeren Merkmalen festmachen lassen. Männliche Befragte studieren Theologie etwas stärker aus einem wissenschaftlichen Interesse heraus als ihre weiblichen Kommilitoninnen, während Letztere etwas stärker die spätere Vermittlung von Glaube und Werten im Auge haben. Die befragten Katholiken studieren Theologie etwas stärker aufgrund ihres Wunsches, ihren im Raum der Kirche erfahrenen Glauben weiterzugeben, und erwarten vom Studium etwas stärker eine Einführung in den eigenen Glauben als ihre evangelischen Kommiliton*innen. Das Motivbündel einer kirchlich motivierten Glaubensweitergabe spielt für Studierende, die im Süden der Bundesrepublik eine theologische Fakultät oder ein theologisches Institut besuchen, eine etwas größere Rolle als für diejenigen aus dem Norden. Das Alter und damit quasi auch die Länge der Studienerfahrung hat für die Wahrnehmung des Studiums in unserer Auswertung keine Relevanz.

4.6.3 Studienbeweggründe und Werbung fürs Studium

Betrachtet man das Studium der Theologie, gehen insbesondere im Vollstudium des Magister Theologiae die Studierendenzahlen seit Jahren zurück. Das scheint die katholischen Studiengänge noch etwas stärker zu treffen, spielt aber auch bei den evangelischen Studiengängen eine bedeutende Rolle. Das wirft etwa die Frage auf, wie viele Fakultäten der evangelischen und katholischen Theologie notwendig sind, um die Nachfrage zu befriedigen. Zugespitzt wird die Frage nach der Anzahl theologischer Vollfakultäten im katholischen Bereich zusätzlich durch die Pläne der Deutschen Bischofskonferenz, das Studium der katholischen Theologie mit dem Ziel Priesteramt auf drei Fakultäten zu konzentrieren. Aber auch mit Blick auf die Pfarrämter bzw. die Gemeindeversorgung wirkt sich der Rückgang Studierender im Magister Theologiae aus, auch weil sich der aktuelle Engpass bis 2030 durch die hohe Anzahl an Ruhestandseintritten noch vergrößern wird. Laut EKD gilt: „In den kommenden zehn bis 15 Jahren werden 30 bis 40 Prozent der Pfarrer*innen in den Ruhestand gehen. Tausende Pfarrstellen sind neu zu besetzen." (vgl. https://www.evangelisch.de)

Vor diesem Hintergrund wirkt es erst einmal beruhigend, dass die Studienzufriedenheit durchaus hoch ist (M = 4,74 bei einer Antwortskala von 1 = „gar nicht zufrieden" bis 6 = „sehr zufrieden") und die Befragten im Rückblick aus dem Studium heraus sich fast durchweg sehr sicher sind, den richtigen Studiengang gewählt zu haben (M = 5,02). Praktisch bedeutet dies, dass die Quote der Studienabbrüche sehr niedrig ist und sich diejenigen, die sich einmal für das Theologiestudium entschieden haben, dort gut aufgenommen fühlen.

Letzteres könnte auch daran liegen, dass die pragmatischen Beweggründe, dass man kein anderes Studienfach gefunden hat und dass man mit Theologie ein vermeintlich schwereres Fach umgehen kann, in der Selbstwahrnehmung der Studierenden überhaupt keine Rolle bezüglich der Studienmotivation spielen. Wer sich aus inhaltlichen Gründen für ein Studium entscheidet, wird – wenn sie oder er keine völlig überspannten Vorstellungen von diesem Studium hat – sehr wahrscheinlich das im Studium finden, was sie oder er erwartet hat.

Natürlich kann man fragen, ob die geringe Bedeutung pragmatischer Studienmotive nicht ein Messartefakt ist, insofern diejenigen Studierenden, die aus pragmatischen Gründen Theologie belegt haben, dieses entweder nicht entsprechend ausdrücken oder erst gar nicht an der Befragung teilgenommen haben. Beides ist möglich. Allerdings legen die gesellschaftlichen Säkularisierungsprozesse und das schlechte Image beider Kirchen in weiten Teilen der Bevölkerung (Riegel et al., 2018) es nahe, dass Pragmatiker*innen eher nicht ein Studium der Theologie wählen. Ein Vollstudium würde in dieser Perspektive nur als Wartesemester Sinn machen. Wer aber ein Wartesemester belegt, fällt in den Veranstaltungen des Studiums eher nicht auf. Und beim Lehramt könnte das Motiv, ein leichtes Fach zu belegen, Pragmatiker*innen zu diesem Studiengang bewegen. Allerdings sind die kirchlichen Anforderungen an die sich daraus ergebende Berufswahl so hoch, dass sie diesen Typ Studierenden eher abschrecken sollte. Auch wenn also nicht ausgeschlossen werden kann, dass die Pragmatik im Studium Theologie eine etwas größerer Rolle spielt, als sie in den vorliegenden Daten aufscheint, spricht einiges dafür, dass diese Rolle insgesamt untergeordnet ausfällt.

Dieser Befund wirft aber auch die Frage auf, inwiefern Aktionen gerechtfertigt sind, die für die Aufnahme eines Theologiestudiums pragmatische Anreize setzen. Incentives wie z.b. ein Büchergeld oder ein Stipendium nach Erwerb der Sprachen dürften den vorliegenden Befunden gemäß die Motivation für ein Theologiestudium ebenso wenig steigern wie Kampagnen, die die Familienfreundlichkeit der Berufe herausheben, für die dieses Studium qualifiziert. Derartige Aktionen könnten eventuell denen helfen, die sowieso Theologie studieren wollen, und haben daher durchaus ihr Gutes. Neue Interessierte für ein Theologiestudium werden sich ausschließlich durch sie aber eher nicht gewinnen lassen.

Schwerwiegender erscheint uns ein anderer Aspekt unserer Befunde. Zentral sind bei den Studienbeweggründen vor allem der eigene Glaube und der Wunsch, Werte an die kommenden Generationen weiterzugeben. Dem wissenschaftlichen Interesse, dem Wunsch, den Glauben weiterzugeben, und den eigenen Erfahrungen in kirchlicher Jugendarbeit kommt ebenfalls eine gewisse Bedeutung zu, wenn diese Motive auch schwächer ausgeprägt sind. Dieser Befund kann auf der einen Seite erwartet werden, insofern die Theologie die Wirklichkeit unter der Prämisse betrachtet, dass es Gott gibt. Wer für die wissenschaftliche Reflexion einen christlichen Glauben voraussetzt, spricht vor allem diejenigen jungen Menschen an, die eine derartige Perspektive teilen. Die späteren Arbeitsfelder stehen noch viel stärker unter dieser Prämisse, d.h. Seelsorge und konfessioneller Religionsunterricht setzen bei den Menschen, die in diesen Berufsfeldern arbeiten, eine Identifikation mit dem christlichen Glauben voraus.

Diese Befunde verweisen aber auch auf ein strukturelles Problem, denn zugespitzt formuliert bedeuten sie, dass sich vor allem die Studierenden auf Magister Theologiae, aber bis zu einem gewissen Grad auch die Studierenden auf Lehramt Religion zu großen Teilen aus dem eigenen Milieu rekrutieren. Es sind vor allem Erfahrungen, die eine mehr oder weniger lebendige Beziehung zu beiden Kirchen bzw. den sie konstituierenden Glauben voraussetzen, die ein Studium der Theologie motivieren. Selbst die, für sich genommen, ernüchternden Befunde zur Zentralität von Religion sprechen nicht wirklich gegen diesen Eindruck, denn sie passen zwar nicht zum Idealbild Theologie-Studierender, liegen aber dennoch leicht über dem allgemeinen Durchschnitt. Oder etwas salopper formuliert: Auch wenn Religion im Leben der aktuellen Theologie Studierenden eine geringere Rolle spielt, als man es für Menschen dieser Studiengänge erwarten würde, sind diese Studierenden immer noch etwas religiöser als der Durchschnitt der deutschen Bevölkerung. Es ist aber kein Geheimnis, dass diese Milieus gegenwärtig nachhaltig abschmelzen. Akzeptiert man etwa die sog. „Projektion 2060", die für das Jahr 2060 nur noch ein Drittel der Menschen in Deutschland als Mitglieder einer der beiden großen christlichen Kirchen sieht (Gutmann & Peters, 2020), schrumpft das Reservoir derjenigen, die sich für ein Studium der

Theologie interessieren, stark. Provokant formuliert, könnte man fragen, woher in Zukunft die jungen Menschen kommen sollen, die die zur Verfügung stehenden Studienplätze belegen.

Lässt sich dieses strukturelle Dilemma durch Werbung für ein Theologiestudium lösen? Vielleicht ist es möglich, in Seminaren für Schüler*innen der Oberstufe an deren Glauben anzuschließen und darauf aufzubauen. Zu bedenken gilt es dabei in Bezug auf die Gruppe, in der konkret geworben wird, dass es der kirchlich rückgebundene Glaube ist, der ein solches Studium attraktiv erscheinen lässt. Die zunehmend kleiner werdenden kirchlichen Erfahrungsräume müssen dabei berücksichtigt werden. Insbesondere angesichts des mehrheitlich schlechten Images beider Kirchen (Riegel et al., 2018) stellt sich die Frage, wie breit die Ränder entlang der kirchlichen Erfahrungsräume sind, die in solchen Seminaren angesprochen werden könnten. Hinsichtlich der Geschlechter ist hierbei vielleicht bedeutsam, dass junge Männer eher aus wissenschaftlichem Interesse ein Studium aufnehmen und möglicherweise hier abgeholt werden können, Frauen dagegen eher die spätere Vermittlung von Glaube und Werten im Auge haben und sich mehr Praxisbezüge und eine stärkere Vorbereitung auf den Religionsunterricht im Studium wünschen.

Nüchtern betrachtet, dürften derartige Initiativen aber keinen allzu spürbaren Effekt haben. Die große Zufriedenheit mit dem Theologiestudium und der sehr hohe Grad an Sicherheit, das Richtige zu studieren, dürften wesentlich dadurch bedingt sein, dass sich die Studierenden dieser Studiengänge aus einem sehr spezifischen Milieu rekrutieren, das sich mehr oder weniger stark mit dem kirchlich geprägten Glauben arrangiert hat. Wer die Attraktivität dieses Studiums und damit die Zahlen der Studierenden auf Theologie steigern will, muss wohl das öffentliche Ansehen der Kirchen steigern. Das ist aber kein triviales Unterfangen. „Aus der Reputationsliteratur kann entnommen werden, dass es nichts hilft, eine Werbekampagne zu starten, welche die Attraktivität der katholischen Kirche als Arbeitgeberin lobt, wenn dies in der Praxis nicht zutrifft. Es nützt nichts, wenn die Kirche auf ihre Glaubwürdigkeit verweist und um Vertrauen wirbt, wenn sich herausstellt, dass in gewissen Situationen der Erhalt der Organisation über Menschen und ihre körperliche und seelische Integrität gestellt wird." (Winter-Pfändler, 2015, o. S.)

4.6.4 Beurteilung des Studiums und notwendige Aspekte der Studienreform

Wenn es um die Struktur des Studiums geht und Anregungen, das Studium weiterzuentwickeln, fällt auf, dass die Studierenden mit den grundlegenden gegebenen Möglichkeiten insgesamt sehr zufrieden sind. Strukturelle Veränderungen wie kleinere Veranstaltungen, mehr Tutorien und ein freierer Studienaufbau werden in dieser Befragung nicht als besondere Probleme markiert. Hier ist eine markante Veränderung gegenüber früheren Befragungen festzustellen, bei denen genau das gefordert wurde.

Oft wurde der Umstellung des Theologiestudiums auf Bachelor und Master vorgeworfen, dieses Studium zu verschulen (z.B. Hilpert, 2015). Die heutige Generation Studierender scheint ein in diesem Sinne verschultes Studium hinzunehmen, sofern es tatsächlich so verschult ist, wie man ihm vorwirft. Faktisch dürften die von uns Befragten die Diskussionen um die Umstellung des Studiums auf Bachelor und Master nicht mehr mitbekommen haben. Sie sollten ihr Studium mehrheitlich in der aktuelle Studienstruktur begonnen haben. Deshalb ist es bemerkenswert, dass diese Struktur als hinreichend frei empfunden wird. Darüber hinaus dürften die sinkenden Studierendenzahlen in der Beurteilung des Studiums insofern eine Rolle gespielt haben, als sie die Zugänglichkeit von Seminaren und das Betreuungsverhältnis zwischen Lehrenden und Studierenden, gerade wenn die Anzahl der Lehrkräfte/Professuren staatskirchenrechtlich garantiert ist, automatisch verbessern. Zumindest fällt an unserem Studienstandort Siegen auf, dass es in der Regel die anderen Fächer im Lehramtsstudium sind, zu deren Veranstaltungen man wegen Überbelegung keinen Zugang mehr erhält. Es wäre erstaunlich, wenn es an anderen Studienstandorten hier ernsthafte Engpässe gäbe.

Der Wunsch nach besserer Betreuung könnte sich innerhalb dieses Szenarios auch darauf beziehen, dass hochschuldidaktisch nicht adäquat auf die neue Situation reagiert wurde und bisweilen weiterhin im alten Stil z.B. Vorlesungen mit weniger als 10 Personen stattfinden oder Referate-Seminare in Kleinstgruppen abgehalten werden. Sicherlich müsste man genauer prüfen, welche Wünsche die Studierenden hier hinsichtlich einer besseren Betreuung formulieren. Kleinere Teilnehmerzahlen in den Veranstaltungen ermöglichen eine veränderte Didaktik mit individueller Betreuung. Die in den USA z.B. üblichen individuellen Essay-Seminare mit ausführlichen (Mehrfach-)Korrekturen und persönlich-individueller fachlicher (!) Studienbegleitung wäre in der aktuellen Situation an vielen Standorten praktisch durchführbar. Dafür bedarf es aber eines Bewusstseins für die Notwendigkeit einer solchen Umstellung aufseiten der Professor*innen bzw. des Mittelbaus und andererseits eine Wertschätzung von universitärer Lehre in den aktuellen, durch Drittmittel geprägten Geltungsdiskursen.

Bedenkenswert erscheint uns auch der Wunsch der Studierenden nach verstärkten Begegnungen mit anderen Konfessionen und Religionen. Hier spiegelt sich ein Defizit wider, das auch in der Befragung der Fakultäten und Institute zur Lehramtsausbildung Evangelische Religion deutlich wurde: Zwar kooperieren 84 % der Einrichtungen im Durchschnitt der Schulformen in unterschiedlichen Veranstaltungen mit Institutionen anderer Religionen. Davon arbeiten aller-

dings 23 % der befragten Einrichtungen gelegentlich, 63 % regelmäßig wieder-
kehrend und nur 13 % ständig zusammen (Zimmermann, 2020a, S. 331). Dabei
kann dieser Wunsch als ein Zeichen der Zeit betrachtet werden. Religiöse Plura-
lisierung findet auch in einer sich säkularisierenden Gesellschaft gut wahrnehm-
bar im Alltag statt. Manches davon wird als bereichernd wahrgenommen, anderes als bedrohlich. Die Unterscheidung der Geister stellt eine alltägliche Herausforderung dar, der sich in den Augen der Studierenden auch das Lehrangebot in
der evangelischen und der katholischen Theologie noch stärker stellen müsste.

4.6.5 Praxisbedürfnis und Umgang mit dem Mangel an Religionslehrkräften

Innerhalb der Darstellung der Studie wurden die beiden Erwartungen ans Theologiestudium, die den stärksten Zuspruch erhalten, noch nicht bilanzierend in
den Blick genommen: Fast alle Befragten wollen im Studium der Theologie Unterrichtspraxis für den Religionsunterricht und methodische Hilfen für dieses
Fach vermittelt bekommen. Das konnte erwartet werden, wenn man bedenkt,
dass das Gros der Antwortenden das Ziel haben, diesen Unterricht später einmal
selbstständig zu erteilen. Allerdings wurde seit den letzten Studierendenbefra-
gungen mit dem Praxissemester in vielen Bundesländern ein dezidiert an der
Praxis orientiertes Element ins Studium integriert, das diesem Wunsch Rechnung trägt. Einen Effekt dieser Maßnahme findet man in den vorliegenden Befunden allerdings nicht. Vielleicht liegt das daran, dass besagtes Praxissemester
erst im letzten Studiendrittel angeboten wird. Gegen diese These spricht jedoch,
dass das Alter der Studierenden und damit auch deren Studienbiographie keinen
Einfluss auf den Wunsch nach Praxiselementen im Studium hat.

Wahrscheinlicher dürfte sich dieser Wunsch eher einer Studienstruktur
verdanken, die erst grundständig in die Theologie einführt, um diese Kenntnisse
dann religionsdidaktisch (und/oder pastoraltheologisch) aufzubereiten. Die theologischen Grunddisziplinen werden während des Studiums vor allem in ihrer
Eigenlogik erschlossen. Wer exegetische Veranstaltungen belegt, lernt, die verschiedenen Schriften mit Hilfe historisch-kritischer oder literaturwissenschaft-
licher Methoden auszulegen und kontextuell einzuordnen. Wer Kirchenge-
schichte studiert, lernt die verschiedenen Epochen kennen und, angemessen mit
den verschiedenen Quellen dieser Disziplin umzugehen etc. Alles das entspricht
der wissenschaftlichen Rationalität der jeweiligen theologischen Grunddisziplin
– weist in der Regel aber keinen Bezug zur späteren Praxis der Studierenden auf,
unabhängig davon, ob diese in der Gemeinde oder in der Schule ihren Ort hat. In
diesem Umstand könnte der stetig vorgetragene Wunsch nach mehr Praxiselementen im Theologiestudium herrühren.

Eine mögliche Reaktion darauf liegt nicht offen auf der Hand. Zuerst geht es im Studium der Theologie um Bildung, nicht um Ausbildung. Die Studierenden sollen zu kompetentem theologischen Reflektieren befähigt werden, um später eigenverantwortlich und angemessen auf die vielfältigen Herausforderungen in ihrer jeweiligen Praxis reagieren zu können. Es geht nicht um das Erlernen einer Praxis, sondern um die Befähigung zu theologisch kompetenter Praxis. Weiterhin bleibt die Theologie als akademische Disziplin konstitutiv forschungsbezogen, muss also ihre jeweilige Eigenlogik auch in der Lehre pflegen. Auch wenn die Grenzen zunehmend durchlässiger werden, kann die Zukunft der Theologie kaum in einer Lösung liegen, die ein dezidiert fachhochschulpädagogisches Profil aufweist. Denkbar wäre aber, die spezifischen Fragestellungen der eigenen Veranstaltung von einem praktischen Problem her aufzuziehen (Stichwort: Anforderungssituationen), wie es im Konzept der Kompetenzorientierung angedacht ist. Exegetische Veranstaltungen bleiben dann nicht bei der Auslegung der Texte stehen und überlassen Fragen der Applikation praktisch-theologischen Veranstaltungen. Kirchengeschichtliche Veranstaltungen würden dann nicht nur Zusammenhänge, die in der Vergangenheit liegen, herausarbeiten, sondern auch deren Bedeutung für die Gegenwart erhellen. Systematische Veranstaltungen würden dann nicht nur theologische Konzepte darlegen und deren historische Bedingtheit aufzeigen, sondern auch erarbeiten, inwiefern sie aktuell das Leben und den Glauben prägen – oder worin das Problem liegt, sollten sie das aktuelle Leben und den aktuellen Glauben nicht mehr prägen.

Diesem Umstand könnte bei zukünftigen Studienreformen auch dadurch Rechnung getragen werden, dass einerseits fächerverbindende Veranstaltungen mit der praktischen Theologie bzw. der Religionspädagogik angeboten werden, andererseits auch in fachwissenschaftlichen Veranstaltungen die didaktische Frage im Blick ist. Dafür ist es natürlich hilfreich, wenn auch die universitären Lehrkräfte selbst didaktische Kompetenzen in Bezug auf die späteren Berufsfelder haben und selbst ausreichend Praxiserfahrung mitbringen.

Dringlich wird eine derartige Reform des Studiums auch dadurch, dass sich viele Studierende konkrete Praxis durch Aushilfsstellen selbst suchen. In einigen Bundesländern (z.B. Hessen, Rheinland-Pfalz oder Nordrhein-Westfalen) ist es seit einigen Jahren üblich geworden, fehlende Deputatsanteile für evangelische und katholische Religionslehre in allen Schularten durch Verträge mit Studierenden teilweise schon im Bachelorstudiengang abzudecken.[5] Ohne abgeschlossenes Studium und ohne praxisbezogene Ausbildungsphase (Referendariat bzw. Vikariat) fehlt es den Studierenden in der Regel an didaktischer Kompetenz und Reflexionsfähigkeit. Eine solche Praxis führt zur Minderung der didaktischen und fachlichen Qualität des Unterrichts, selbst wenn dieser Usus sich mit dem

---

[5]   Die Verfasserin hat als Mitglied der FK II und Vorsitzende der GWR federführend an der Erstellung des Positionspapiers mitgewirkt, das hier teils wörtlich aufgenommen wird.

Wunsch der Studierenden nach mehr Praxis im Studium deckt. Da der Unterricht unbegleitet stattfindet und auch keine Rückmeldung auf Planung und Durchführung erfolgt, eignen sich die Studierenden in nicht unerheblichem Maße problematische Routinen an. Die Trägheit eines so erworbenen „professionellen" Habitus hat zur Folge, dass diese falschen Routinen z.B. im Referendariat nur noch schwer zu korrigieren sind.

Erfahrungsgemäß führt diese Form verfrühter Professionalisierung auch zu einer Vernachlässigung des wissenschaftlichen Studiums, insofern die Studierenden aus der subjektiven Empfindung heraus, jetzt doch schon alles zu können, was man zum Unterrichten braucht, das Studium als lästige Pflicht sehen und es möglichst schnell beenden wollen. Die Studierenden sind bei dieser anspruchsvollen Aufgabe, Religionsunterricht adäquat vorzubereiten und durchzuführen, nicht nur mit der Aufbereitung schwieriger theologischer Themen, sondern erst recht mit persönlichen Problemen der Schüler*innen, die angesichts sensibler Fragen (z.B. Sterben, Familienkonflikte) explizit werden, in der Regel überfordert. Infolgedessen fühlen sich Schüler*innen allein gelassen und unverstanden; daraus resultierende nachhaltige Prägungen im Blick auf Religion und Religionsunterricht sind in hohem Maße problematisch.

Begegnen könnte man einem solchen Praxisbedürfnis eher dadurch, dass universitäre religionspädagogische Seminare in Kooperation mit Schulen z.B. zum Thema Theologisieren mit Kindern oder Jugendlichen geplant und durchgeführt werden, sodass frühzeitig eine Laientheologie bzw. -ethik wahrgenommen, analysiert und mit theologischen Deutungen der Tradition ins Gespräch gebracht werden kann und damit für die Studierenden deutlich ist, wie notwendig und hilfreich die wissenschaftliche Auseinandersetzung mit (konfessionellen und interreligiösen) Glaubensfragen in der und für die Praxis ist. Die in NRW im Rahmen des Praxissemesters eingeführten Studienprojekte im Rahmen forschenden Lernens gehen hier in die richtige Richtung und verbinden Praxisbedürfnis und den wissenschaftlichen Zugriff auf die konkrete Schulpraxis.

4.6.6 Religionslehrkräfte der Zukunft und kirchliche Begleitung Studierender

In unserer Befragung mahnen die Studierenden zudem den Wunsch nach mehr Möglichkeiten an, die eigene Spiritualität zu entwickeln. Das ist insofern beachtenswert, als die befragten Studierenden solche spirituellen Elemente im späteren Religionsunterricht im Gegensatz zu Schulleitungen, Eltern und Lehrkräften (vgl. Riegel & Zimmermann, 2021a, S. 24; 2021b, S. 35; 2021c, S. 36) für eher verzichtbar erachten. Vielleicht kommt dabei eine Unsicherheit mit der eigenen Spiritualität zum Ausdruck, sodass die Ablehnung spiritueller Elemente wie Gebet, Segen u.a. nicht unbedingt nur Ausdruck einer didaktischen Problemanzeige der Verwendung performativer Elemente ist, sondern verdeutlicht, dass ein emotional-spirituelles Bedürfnis vorhanden ist, das allerdings im Sinne einer spirituellen Kompetenz weder praktisch noch theoretisch entsprechend bearbeitet wurde (vgl. Zimmermann, 2019). Dass es dann bisher auf evangelischer Seite nur an knapp zwei Dritteln der Standorte (Zimmermann, 2020a, S. 330) ein landeskirchliches Programm zur Begleitung Studierender gibt, dürfte kirchlicherseits als zu niedrig einzustufen sein. Außerdem kann das Ergebnis auch hinsichtlich der Ausrichtung der Programmplanung inhaltliche Hinweise geben.

Der Wunsch nach spiritueller Entwicklung stellt auch die Befunde zur individuellen Religiosität der Studierenden in ein neues Licht. Erwartungsgemäß liegen sie über dem Durchschnitt der Gesamtbevölkerung, wahrscheinlich aber auch unterhalb dessen, was man für eine idealtypische Seelsorgerin oder den typischen Religionslehrer erwarten würde: 70 % der befragten Theologiestudierenden glauben an Gott, was impliziert, dass sich knapp ein Drittel der Studierenden hier mindestens nicht sicher sind und 7 % explizit angeben, eher nicht an Gott zu glauben. Eine ausgeprägte Gebets- oder Gottesdienstpraxis trifft man bei weniger als der Hälfte der Befragten an: Die Präsenz Gottes im eigenen Leben erfahren 11 % sehr oft, 26 % aber auch gar nicht. Wenn Kirche ein Leitbild für Religionslehrkräfte der Zukunft entwerfen will, könnte sie gegen den hier erfassten Status quo der zukünftigen Religionslehrkräfte z.B. durch Aktionen im Kontext der kirchlichen Begleitung oder durch das Aufbauen von einer expliziten kirchlichen Erwartungshaltung (Missio/Vocatio) anarbeiten. Allerdings zeigen die jahrelangen Erfahrungen innerhalb der katholischen Kirche mit dem sog. Mentorat, dass die Effekte derartiger Initiativen bescheiden ausfallen dürften.

Alternativ könnte man die obigen Befunde auch positiv wenden. So kennzeichnet z.B. aus der Perspektive der Schüler*innen im Religionsunterricht eine gute Religionslehrkraft weniger deren Glaube oder deren regelmäßige kirchliche Praxis, sondern ein guter Religionslehrer bzw. eine gute Religionslehrerin ist ein guter Lehrer bzw. eine gute Lehrerin (Euteneuer & Zimmermann, 2019). Es geht den Lernenden somit zuerst um eine pädagogisch-didaktische Professionalität. Dieses scheint sich langsam auch bei den Idealbildern in kirchlichen Dokumenten niederzuschlagen. So sprechen aktuelle Verlautbarungen katholischer Bischöfe z.B. nicht mehr von einem Vorbild im Glauben, sondern von „Brückenbauern" (Die Deutschen Bischöfe, 2005). Wer aber Brücken baut, muss nicht selbst Ufer sein. Wünscht Kirche (zusätzlich) ein deutlich konfessionell-positionell-profilierteres Rollenprofil, könnte sie auf Schulpfarrer*innen ebenso zurückgreifen wie auf Pastoralreferent*innen, die dieses Rollenprofil – zumindest idealtypisch gedacht – klarer ausfüllen (vgl. Baden, 2021). Dann müsste Kirche aber auch Sorge tragen, dass die notwendige pädagogische Professionalität für den Religionsunterricht dieser Personen gewährleistet ist.

Die Ergebnisse verweisen eher darauf, dass es nötig ist, dass solche grundlegenden Glaubensfragen und Fragen zur eigenen Spiritualität Inhalt der Auseinandersetzung im Studium sind und im Rahmen der kirchlichen Begleitung im bewertungsfreien Raum auch praktisch vertieft werden.

4.6.7   Bewertung und Zukunft des Religionsunterrichts

Es ist der kirchlich rückgebundene Glaube, der ein Theologiestudium attraktiv erscheinen lässt (s.o.). Dennoch sind es genau die zwei Items, denen die Studierenden eine Eignung als Ziel des Religionsunterrichts absprechen, die eben das als Zielperspektive zum Ausdruck bringen: das Einüben von Formen gelebter Religion und die Beheimatung in der Kirche. Dieser anscheinende Widerspruch könnte darauf verweisen, dass die Beheimatung vieler Studierender zwar über die kirchliche Jugendarbeit stattgefunden hat, sie aber klar zwischen schulisch-religiöser und gemeindlicher Sozialisation unterscheiden. Letzteres wird bestärkt durch die Tatsache, dass diejenigen Bildungsziele des Religionsunterrichts, die auch ohne konfessionellen Hintergrund plausibel erscheinen (Wertevermittlung, Unterstützung in der Persönlichkeitsentwicklung), stärker präferiert werden als diejenigen mit konfessionellem Hintergrund.

Stellt man dieses Ergebnis in eine Reihe damit, dass die von den Befragten präferierten Rollenbilder die Lehrperson eher nicht als Vermittlerin des christlichen Glaubens bzw. als Vertreterin der Kirche sehen und Gemeinsamkeiten zwischen Konfessionen und Religionen ihnen viel wichtiger sind als Unterschiede, wird verständlich, warum solche Organisationsformen des Religionsunterrichts von angehenden Religionslehrkräften präferiert werden, die Kinder und Jugendliche unterschiedlicher Konfessionen und Religionen zusammenlassen bzw. -führen und nicht trennen und somit eher einen informierenden Zugang wählen. So sind die Zustimmungswerte zum konfessionell-kooperativen, zum interreligiösen und religionskundlichen Modell erstaunlich hoch, wenn man bedenkt, dass für die befragten Gruppen der religionskundliche Unterricht u.U. kein möglicher Arbeitsplatz sein würde. Selbst Studien zu aktiven Religionslehrkräften kommen zu ähnlichen Ergebnissen (Zimmermann, 2021c). Am aktuell praktizierten konfessionellen Modell scheiden sich schon in der Gruppe der Studierenden die Geister; erste Ergebnisse im Kontext einer kokoRU-Studie zu Eltern (Riegel & Zimmermann, 2021b) und Schulleitungen (Riegel & Zimmermann, 2020a) gehen in eine ähnlich kritische Richtung. In der Zukunft wird sich erweisen müssen, welche Organisationsform sich als angemessen durchsetzen kann. Praktische Schritte in Richtung eines konfessionell-kooperativen Religionsunterrichts in Bundesländern wie Baden-Württemberg und NRW, die geplante Einführung eines christlichen Religionsunterrichts in Niedersachsen oder das schon erprobte interreligiöse Modell in Hamburg weisen in die Richtung einer interkonfessionellen bzw. interreligiösen Öffnung.

Literatur

Ahme, M. & Beintker, M. (Hg.) (2005). Theologische Ausbildung in der EKD: Dokumente und Texte aus der Arbeit der Gemischten Kommission/Fachkommission I zur Reform des Theologiestudiums (Pfarramt und Diplom) 1993–2004. Leipzig: Evangelische Verlagsanstalt.

Albrecht, M., Nestler, E. & Ritter, W. H. (2008). Religionslehrer-Bilder. Die Sicht von Lehramtsstudierenden. In: H. Hanisch, C. Gramzow, H. Liebold & M. Sander-Gaiser (Hg.). Lernen wäre eine schöne Alternative. Religionsunterricht in theologischer und erziehungswissenschaftlicher Verantwortung (S. 169–193). Leipzig: Evangelische Verlagsanstalt.

Barz, St. (2013). Wie halten es angehende Religions- und Philosophielehrer mit der Religion? Eine kleine Stichprobe der Ruhr-Universität Bochum. In: Th. Heller & M. Wermke (Hg.). Universitäre Religionslehrerbildung zwischen Berufsfeld- und Wissenschaftsbezug (S. 69–80). Leipzig: Evangelische Verlagsanstalt.

Bauer, J. (2019). Religionsunterricht für alle: Eine multitheologische Fachdidaktik. Stuttgart: Kohlhammer.

Beintker, M. & Wöller, M. (Hg.) (2014). Theologische Ausbildung in der EKD: Dokumente und Texte aus der Arbeit der Gemischten Kommission/Fachkommission I zur Reform des Theologiestudiums (Pfarramt, Diplom und Magister Theologiae) 2005–2013. Leipzig: Evangelische Verlagsanstalt.

Boll, S. (2017). Umgang mit religiöser Vielfalt in der Grundschule – Interreligiöses Lernen im Kontext schulischer Wirklichkeit in Schleswig-Holstein. Flensburg. https://www.zhb-flensburg.de/fileadmin/content/spezial-einrichtungen/zhb/dokumente/dissertationen/boll/stefanie-boll-interreligio-ses-lernen-im-religionsunterricht-002-.pdf.

Brieden, N. (2018). Studienmotivationen und Studienerwartungen von StudienanfängerInnen im Fach Katholische Theologie. In: N. Brieden & O. Reis (Hg.). Glaubensreflexion – Berufsorientierung – theologische Habitusbildung. Der Einstieg ins Theologiestudium als hochschuldidaktische Herausforderung (S. 15–58). Berlin: Lit.

Bucher, A. (1990). Die Kenntnisse von Theologiestudenten über alttestamentliche Erzählungen. Ergebnisse einer explorativen schriftlichen Befragung. Religionspädagogische Beiträge, 26, 115–126.

Bucher, A. (2001). Religionsunterricht zwischen Lernfach und Lebenshilfe: Eine empirische Untersuchung zum katholischen Religionsunterricht in der Bundesrepublik Deutschland. Stuttgart: Kohlhammer.

Bucher, A. & Arzt, S. (1999). Vom Katecheten zur Religionspädagogin. Eine empirische Untersuchung über die Studienmotive, die religiöse Sozialisation und die Studienerwartungen von jungen TheologInnen. Religionspädagogische Beiträge, 42, 19–41.

Callegaro, M., Lozar Manfreda, K. & Vehovar, V. (2015). Web survey methodology. London: Sage Publications.

Caruso, C. (2019). Das Praxissemester von angehenden Lehrkräften. Ein Mixed-Methods-Ansatz zur Exploration ausgewählter Effekte. Wiesbaden: Springer.

Cramer, C. (2013). Zusammenhänge von Religiosität, Zufriedenheit mit dem Unterrichtsfach Religion und Offenheit für konfessionelle Kooperation unter examinierten Theologie-Lehramtsstudierenden. In: Th. Heller & M. Wermke (Hg.). Universitäre Religionslehrerbildung zwischen Berufsfeld- und Wissenschaftsbezug (S. 81–102). Leipzig: Evangelische Verlagsanstalt.

Die Deutschen Bischöfe (Hg.) (2005). Der Religionsunterricht vor neuen Herausforderungen. Bonn: DBK.

Die Deutschen Bischöfe (Hg.) (2011). Kirchliche Anforderungen an die Religionslehrerbildung an den Universitäten der Länder in der Bundesrepublik Deutschland. Bonn: DBK.

Die Deutschen Bischöfe (Hg.) (2016a). Kirchliche Anforderungen an die Modularisierung des Studiums der Katholischen Theologie (Theologisches Vollstudium) im Rahmen des Bologna-Prozesses. Bonn: DBK.

Die Deutschen Bischöfe (Hg.) (2016b). Die Zukunft des konfessionellen Religionsunterrichts: Empfehlungen für die Kooperation des katholischen mit dem evangelischen Religionsunterricht. Bonn: DBK.

DZA – Deutsches Zentrum für Altersfragen (2021). Freiwilliges Engagement in Deutschland. Der Deutsche Freiwilligensurvey 2019. Berlin: BMFSFJ.

Englert, R., Hennecke, E. & Kämmerling, M. (2014). Innenansichten des Religionsunterrichts: Fallbeispiele – Analysen – Konsequenzen. München: Kösel.

Euteneuer, N. & Zimmermann, M. (2019). Die gute Religionslehrkraft aus Sicht der Protagonisten des Religionsunterrichts. Braunschweiger Beiträge, 156 (1), 3–11.

Feige, A., Dressler, B., Lukatis, W. & Schöll, A. (2000). ‚Religion‘ bei ReligionslehrerInnen. Religionspädagogische Zielvorstellungen und religiöses Selbstverständnis in empirisch-soziologischen Zugängen. Münster: Lit.

Feige, A. & Tzscheetzsch, W. (2005). Christlicher Religionsunterricht im religionsneutralen Staat? Ostfildern: Schwabenverlag.

Feige, A., Köllmann, M. & Friedrichs, N. (2007). Religionsunterricht von morgen? Studienmotivationen und Vorstellungen über die zukünftige Berufspraxis bei Studierenden der ev. und kath. Theologie/Religionspädagogik. Ostfildern: Schwabenverlag.

Fuchs, M. E. (2013). Studienmotivation von Lehramtsstudierenden im ersten Semester. Qualitative Erhebung zu Beginn des Wintersemesters 2009/10. In: Th. Heller & M. Wermke (Hg.). Universitäre Religionslehrerbildung zwischen Berufsfeld- und Wissenschaftsbezug (S. 103–121). Leipzig: Evangelische Verlagsanstalt.

Gärtner, C. (2015). Religionsunterricht – ein Auslaufmodell? Begründungen und Grundlagen religiöser Bildung in der Schule. Paderborn: Schöningh.

Glock, C. & Stark, R. (1965). Religion and Society in Tension. Chicago: Rand McNally.

Göcke, B. & Ohler, L. (Hg.) (2019). Katholische Disziplinen und ihre Wissenschaftstheorien. Münster: Aschendorff.

Göle, N. (2016). Europäischer Islam: Muslime im Alltag. Frankfurt: Wagenbach.

Gramzow, C. (2008). Weltreligionen, Ethik und Bibelkunde. Der Religionsunterricht aus der Sicht von Studierenden. In: H. Hanisch, C. Gramzow, H. Liebold & M. Sander-Gaiser (Hg.). Lernen wäre eine schöne Alternative. Religionsunterricht in theologischer und erziehungswissenschaftlicher Verantwortung (S. 149–168). Leipzig: Evangelische Verlagsanstalt.

Grethlein, C. (2015). Wo steht die Religionslehrer/innenausbildung? Anspruch und Realität. Theo-Web. Zeitschrift für Religionspädagogik, 14 (2), 15–30.

Gröschner, A., Jähne, M. & Klaß, S. (2020). Attitudes towards dialogic teaching and the choice to teach: The role of preservice teachers' perceptions on their own school experience. In: N. Mercer, R. Wegerif & L. Major (Hg.). Routledge international handbook series. The Routledge international handbook of research on dialogic education (S. 269–285). London: Routledge.

Güth, R. (2000). Wie hältst Du es mit der Theologie? Einblicke in Studienbiographien. In: R. Güth & B. Porzelt (Hg.). Empirische Religionspädagogik. Grundlagen, Zugänge, aktuelle Projekte (S. 105–118). Münster: Lit.

Gutmann, D. & Peters, F. (2020). German Churches in Times of Demographic Change and Declining Affiliation: A Projection to 2060. Comparative Population Studies, 45, 3–34.

Harmsen, R. (2002). Warum Theologie studieren? Umfrage der Uni München. Sonntagsblatt. Evangelische Wochenzeitung für Bayern, 22, 1.

Heger, J. (2021). Lehrpersonen als Vertreterin und Vertreter der Kirche. In: U. Kropač & U. Riegel (Hg.). Handbuch Religionsdidaktik (S. 144–150). Stuttgart: Kohlhammer.

Heller, Th. (2009). Zwischen Kirchbank und Hörsaal. Empirische Befunde zur Religiosität von Studienanfängern der evangelischen Theologie. Jena: Edition Paideia.

Heller, Th. (2011). Studienerfolg im Theologiestudium. Exemplarische Befunde einer deutschlandweiten Panelstudie zur Identifizierung und Quantifizierung persönlicher Bedingungsfaktoren des Studienerfolgs bis zum fünften Semester bei Studierenden der Evangelischen Theologie (Pfarr-/Lehramtsstudiengänge). Jena: IKS.

Hilpert, K. (2015). Beobachtungen über Theologiestudierende heute: Was kommt nach? Herder Korrespondenz, 5, 243–248.

Huber, S. (2003). Zentralität und Inhalt: Ein neues multidimensionales Messmodell der Religiosität. Weinheim: VS Verlag für Sozialwissenschaften.

Huber, S. & Huber, O. W. (2012). The Centrality of Religiosity Scale (CRS). Religions, 3 (3), 710–724.

Hütte, S., Mette, N., Middelberg, R. & Pahl, S. (2003). Religion im Klassenverband unterrichten: Lehrer und Lehrerinnen berichten von ihren Erfahrungen. Münster: Lit.

Jung, M. H. (2004). Einführung in die Theologie. Darmstadt: WBG.

Karle, I. (2005). Modularisierung des Studiums – ein Modell für die Theologie? Praktische Theologie, 40 (2), 94–101.

Kenngott, E. (2021). Religionskunde. In: U. Kropač & U. Riegel (Hg.). Handbuch Religionsdidaktik (S. 205–211). Stuttgart: Kohlhammer.

Kießling, K., Günter, A. & Pruchniewicz, S. (2018). Machen Unterschiede Unterschiede? Konfessioneller Religionsunterricht in gemischten Lerngruppen: Ansichten – Einsichten – Aussichten. Göttingen: Vandenhoeck & Ruprecht.

Kirchenamt der EKD (Hg.) (2015). Zur Weiterentwicklung von Lehramtsstudiengängen Evangelische Religionslehre: Empfehlungen der Gemischten Kommission zur Reform des Theologiestudiums. Hannover: EKD.

Kirchenamt der EKD (Hg.) (2008). Theologisch-Religionspädagogische Kompetenz. Professionelle Kompetenzen und Standards für die Religionslehrerausbildung. Empfehlungen der Gemischen Kommission zur Reform des Theologiestudiums. Hannover: EKD.

Klinge, H. & Vos, C. de (2020). Theologiestudium, evangelisch. Wissenschaftlich-Religionspädagogisches Lexikon. https://www.bibelwissenschaft.de/fileadmin/buh_bibelmodul/media/ wirelex/pdf/Theologiestudium_evangelisch__2020-04-29_08_25.pdf.

KMK – Sekretariat der Ständigen Konferenz der Kultusminister der Länder in der Bundesrepublik Deutschland (Hg.) (2007). Eckpunkte für die Studienstruktur in Studiengängen mit Katholischer oder Evangelischer Theologie/Religion. https://www.kmk. org/fileadmin/Dateien/veroeffentlichungen_beschluesse/2007/2007_12_13-Eckpunkte-Studienstruktur-Theologie.pdf.

KMK – Sekretariat der Ständigen Konferenz der Kultusminister der Länder in der BRD (Hg.) (2008). Ländergemeinsame inhaltliche Anforderungen für die Fachwissenschaften und Fachdidaktiken in der Lehrerbildung. https://www.kmk.org/fileadmin/veroeffentlichungen_ beschluesse/2008/2008_10_16-Fachprofile-Lehrerbildung.pdf.

KMK – Sekretariat der Ständigen Konferenz der Kultusminister der Länder in der Bundesrepublik Deutschland (Hg.) (2019). Die Mobilität der Studienanfänger/-innen und Studierenden in Präsenzstudiengängen an Hochschulen in Trägerschaft der Länder in Deutschland 2017. https://www.kmk.org/fileadmin/Dateien/pdf/Statistik/2019-08-06_Text_Mobi.pdf.

Köhler, Th. W. & Schwaiger, B. (1996). Wer studiert heute Theologie? Studienbeweggründe und Studienverläufe bei Theologiestudierenden. Eine Langzeitstudie. Kampen: Kok.

Krieger, G. (Hg.) (2017). Zur Zukunft der Theologie in Kirche, Universität und Gesellschaft. Freiburg i.Br.: Herder.

Kropač, U. (2018). Konfessionslosigkeit: Religionsunterricht vor einer unterschätzten Herausforderung. Religionspädagogische Beiträge, 79, 33–44.

Kropač, U. (2021). Formen des Religionsunterrichts in Deutschland und Europa. In: U. Kropač & U. Riegel (Hg.). Handbuch Religionsdidaktik (S. 179–190). Stuttgart: Kohlhammer.

KThF 2021 – Katholisch-Theologischer Fakultätentag (2021). Beschluss zur Pressemitteilung des Ständigen Rats der Deutschen Bischofskonferenz Nr. 012. http://kthf.de/2021/01/beschluss-zur-pressmitteilung-des-staendigen-rats-der-deutschen-bischofskonferenz-nr-012/.

Kunze, K. & Stelmaszyk, B. (2004). Biographien und Berufskarrieren von Lehrerinnen und Lehrern. In: W. Helsper & J. Böhme (Hg.). Handbuch der Schulforschung (S. 795–812). Weinheim: VS Verlag für Sozialwissenschaften.

Lachmann, R. (2006). Einführung in den Beruf der Religionslehrkraft. In: R. Lachmann, R. Mokrosch & E. Sturm (Hg.). Religionsunterricht – Orientierung für das Lehramt (S. 13–49). Göttingen: Vandenhoeck & Ruprecht.

Lück, Ch. (2012). Religion studieren. Eine bundesweite empirische Untersuchung zu der Studienzufriedenheit und den Studienmotiven und -belastungen angehender Religionslehrer/innen. Berlin: Lit.

Lukatis, W. & Lukatis, I. (1985). Dogmatismus bei Theologiestudenten. Zusammenhänge mit anderen Persönlichkeitsmerkmalen, Umweltwahrnehmung und Zukunftsvorstellungen. In: K.-F. Daiber & M. Josuttis (Hg.). Dogmatismus. Studien über den Umgang des Theologen mit Theologie (S. 119–184). München: Kaiser.

Meckel, Th. (2011). Religionsunterricht im Recht. Perspektiven des katholischen Kirchenrechts und des deutschen Staatskirchenrechts. Paderborn: Schöningh.

Möller, L. (2005). Wege der Überlieferung. Eine Untersuchung zur Weitergabe christlicher Überlieferung bei Studierenden der Religionspädagogik an der Universität Kassel. Göttingen: V & R unipress.

Orth, G. (2002). „Ich glaube an Gott" oder daran, dass „jeder sein eigener Gott sein sollte". Was Anfängerinnen und Anfänger des Studiums der evangelischen Theologie und Religionspädagogik in Braunschweig glauben. Braunschweiger Beiträge, 2, 31–34.

Pemsel-Maier, S., Weinhardt, J. & Weinhardt, M. (2011). Konfessionell-kooperativer Religionsunterricht als Herausforderung. Eine empirische Studie zu einem Pilotprojekt im Lehramtsstudium. Stuttgart: Kohlhammer.

Pickel, G. (2019). Weltanschauliche Vielfalt und Demokratie. Wie sich religiöse Pluralität auf die politische Kultur auswirkt. Gütersloh: Bertelsmann-Stiftung.

Plasger, G. & Pemsel-Maier, S. (2016). Theologie. Wissenschaftlich-Religionspädagogisches Lexikon. https://www.bibelwissenschaft.de/fileadmin/buh_bibelmodul/media/wirelex/pdf/ Theologie_2017-10-10_11_43.pdf.

Platzbecker, P. (2018). Der konfessionell-kooperative Religionsunterricht in NRW. ‚Kokolores' oder ‚Modell der Zukunft'? Religionspädagogische Beiträge, 78, 33–44.

Pohl-Patalong, U., Boll, S., Dittrich, T., Lüdtke, A. E. & Richter, C. (2017). Konfessioneller Religionsunterricht in religiöser Vielfalt II: Perspektiven von Schülerinnen und Schülern. Stuttgart: Kohlhammer.

Pohl-Patalong, U., Woyke, J., Boll, S., Dittrich, T. & Lüdtke, A. E. (2016). Konfessioneller Religionsunterricht in religiöser Vielfalt: Eine empirische Studie zum evangelischen Religionsunterricht in Schleswig-Holstein. Stuttgart: Kohlhammer.

Pollack, D. & Rosta, G. (2017). Religion and modernity: An international comparison. Oxford: University Press.

Positionspapier – Schulreferentinnen und Schulreferenten der evangelischen Kirchen und katholischen Bistümer in Niedersachsen (Hg.) (2021). Gemeinsam verantworteter christlicher Religionsunterricht. Ein Positionspapier der Schulreferentinnen und Schulreferenten der evangelischen Kirchen und katholischen Bistümer in Niedersachsen. Hannover.

Quaing, Ch. & Schepers, Ch. (2003). Wie Studierende über ihr Studium denken. Zu den Ergebnissen einer Umfrage von Theologiestudierenden unter Theologiestudierenden an der Hochschule Vechta. In: R. Lachner (Hg.). Qualitätsmanagement in der Theologie. Chancen und Grenzen einer Elementarisierung im Lehramtsstudium (S. 81–102). Kevelaer: Butzon & Bercker.

Rat der Evangelischen Kirche in Deutschland (Hg.) (2014). Religiöse Orientierung gewinnen. Evangelischer Religionsunterricht als Beitrag zu einer pluralitätsfähigen Schule. Gütersloh: Gütersloher Verlagshaus.

Rechnungshof Baden-Württemberg (2005). Auslastung der theologischen Fakultäten an den Universitäten des Landes. https://www.rechnungshof.baden-wuerttemberg.de/media/974/ B025_2005.pdf.

Riegel, U. (2018). Wie Religion in Zukunft unterrichten? Zum Konfessionsbezug des Religionsunterrichts von (über-)morgen. Stuttgart: Kohlhammer.

Riegel, U. & Faix, T. (2019). Disaffiliation Motives as Indicator to Better Understand the Relationship between Religious Institutions and Individuals in Modern Western Society. In: U. Riegel, S. Heil, B. Kalbheim & A. Unser (Hg.). Understanding religion: Empirical perspectives in practical (S. 179–193). Münster: Waxmann.

Riegel, U., Kröck, Th. & Faix, T. (2018). Warum Menschen die katholische Kirche verlassen. Eine explorative Untersuchung zu Austrittsmotiven im Mixed-Methods Design. In: M. Etscheid-Stams, R. Laudage-Kleeberg & T. Rünker (Hg.). Kirchenaustritt oder nicht – wie Kirche sich verändern muss (S. 125–207). Freiburg i.Br.: Herder.

Riegel, U. & Mendl, H. (2011). Studienmotive fürs Lehramt Religion. Zeitschrift für Pädagogik und Theologie, 63 (4), 344–358.

Riegel, U. & Mendl, H. (2013). Fachdidaktische Perspektiven protestantischer Lehramtsstudierender auf den Religionsunterricht. In: Th. Heller & M. Wermke (Hg.). Universitäre Religionslehrerbildung zwischen Berufsfeld- und Wissenschaftsbezug (S. 192–213). Leipzig: Evangelische Verlagsanstalt.

Riegel, U. & Mendl, H. (2014). What should religious education in Germany be about and how does religiosity fit into this picture? An empirical study of pre-service religious education teachers' beliefs on the aims of RE. Journal of Beliefs & Values, 35 (2), 165–174.

Riegel, U. & Zimmermann, M. (2021a). Evaluation des konfessionell-kooperativen Religionsunterrichts in Nordrhein-Westfalen. Erfahrungen – Einstellungen – Effekte. Forschungsbericht zur Befragung der Schulleitungen. Siegen. https://www.uni-siegen.de/phil/eval _kokoru_nrw/eval_kokoru_nrw-forschungsbericht_schulleitungen.pdf.

Riegel, U. & Zimmermann, M. (2021b). Evaluation des konfessionell-kooperativen Religionsunterrichts in Nordrhein-Westfalen. Erfahrungen – Einstellungen – Effekte. Forschungsbericht zur Befragung der Eltern. Siegen. https://www.uni-siegen.de/phil/eval_kokoru_nrw/ eval_kokoru_nrw_forschungsbericht-eltern.pdf.

Riegel, U. & Zimmermann, M. (2021c). Evaluation des konfessionell-kooperativen Religionsunterrichts in Nordrhein-Westfalen. Erfahrungen – Einstellungen – Effekte. Forschungsbericht zur Befragung der Lehrpersonen. Siegen. https://www.uni-siegen.de/phil/eval_ koko ru_nrw/eval_kokoru_nrw-forschungsbericht_lehrpersonen.pdf.

Riess, R. (1986). Pfarrer werden? Zur Motivation von Theologiestudenten. Göttingen: Vandenhoeck & Ruprecht.

Rothgangel, M., Lück, C. & Klutz, P. (2017). Praxis Religionsunterricht. Einstellungen, Wahrnehmungen und Präferenzen von ReligionslehrerInnen. Stuttgart: Kohlhammer.

Roy, O. (2006). Der islamische Weg nach Westen: Globalisierung, Entwurzelung und Radikalisierung. München: Pantheon-Verlag.

Sajak, C. P. (2018). Theologiestudium, katholisch. Wissenschaftlich-Religionspädagogisches Lexikon. https://www.bibelwissenschaft.de/fileadmin/buh_bibelmodul/media/wirelex/pdf/Theologiestudium_katholisch_2018-09-20_06_20.pdf.

Schäfer, R. (1969). Die Einheit der Theologie. Zeitschrift für Theologie und Kirche, 66 (3), 369–386.

Schambeck, M. (2013). Religiöse Welterschließung – mehr als ein mäanderndes Phänomen: Plädoyer für eine positionelle Auseinandersetzung mit Religion. Religionspädagogische Beiträge, 69, 53–64.

Schambeck, M. (2020). Das Konzept eines positionell-religionspluralen Religionsunterrichts im Klassenverband. Eine Modellidee in der Debatte um einen zukunftsfähigen Religionsunterricht. In: Th. Knauth & W. Weiße (Hg.). Ansätze, Kontexte und Impulse zu dialogischem Religionsunterricht (S. 31–50). Münster: Waxmann.

Schlag, Th. (2016). Rezension zu Ch. Clarke & L. Woodhead: A New Settlement: Religion and Belief in Schools. 2015 & A. Dinham, M. Shaw: RE for REal. The Future of Teaching and Learning about Religion and Belief. 2015. Zeitschrift für Pädagogik und Theologie, 68 (2), 257–260.

Schmidtchen, G. (1975). Umfrage unter Priesteramtskandidaten. Studien- und Lebenssituation, Amtsverständnis, Berufsmotive, Einstellung zu Kirche und Gesellschaft. Freiburg i.Br.: Herder.

Schneekloth, U. (2019). Entwicklungen bei den Wertorientierungen der Jugendlichen. In: Shell Deutschland Holding (Hg.). Jugend 2019. Eine Generation meldet sich zu Wort (S. 103–131). Weinheim: Beltz.

Schröder, B. (2013). Befragung von Studienanfängern – Perspektiven der Datenerhebung – Rückschlüsse auf Reformen. Das Beispiel einer quantitativen Befragung unter Studienanfängern religionsaffiner Studiengänge in Göttingen im Wintersemester 2011/12. In: Th. Heller & M. Wermke (Hg.). Universitäre Religionslehrerbildung zwischen Berufsfeld- und Wissenschaftsbezug (S. 214–222). Leipzig: Evangelische Verlagsanstalt.

Schulte, A. & Wermke, M. (2006). Studienmotive und Studienerwartungen bei Studierenden der Evangelischen Theologie an der Universität Jena und Erfurt – erste Beobachtungen und Anfragen. In: H. Leewe & R. Neuschärfer (Hg.). Zeit-Räume für Religion. 15 Jahre Religionsunterricht in Thüringen (S. 120–146). Jena: Garamond.

Schulz, C. & Plüss, D. (2019). Evangelikalismus und die Vielfalt der Frömmigkeitsprofile unter Studierenden. Einblicke in eine unübersichtliche Landschaft. Praktische Theologie, 54 (2), 113–118.

Schwartz, S. (1992). Universals in the Content and Structure of Values: Theoretical Advances and Empirical Tests in 20 Countries. In: M. P. Zanna (Hg.). Advances in Experimental Social Psychology. Volume 25 (S. 1–65). Amsterdam: Elsevier.

Schwöbel, C. (2005). Theologie. In: H.-D. Betz, S. Browning, B. Janowski & E. Jüngel (Hg.). Religion in Geschichte und Gegenwart. 4. Aufl.: VIII (S. 225–306). Darmstadt: Wissenschaftliche Buchgesellschaft.

Spier, T. (2012). Parteimitglieder in Deutschland. Wiesbaden: VS Verlag für Sozialwissenschaften.

Tausendpfund, M. (2018). Quantitative Methoden in der Politikwissenschaft: Eine Einführung. Lehrbuch. Berlin: Springer VS.

Taylor, C. (2007). A secular age. Cambridge: Harvard University Press.

Traupe, G. (1990). Studium der Theologie. Studienerfahrungen und Studienerwartungen. Stuttgart: Kohlhammer.

Verburg, W. (2018). Missio canonica (zur Erteilung von Religionsunterricht). Wissenschaftlich-Religionspädagogisches Lexikon. https://www.bibelwissenschaft.de/fileadmin/buh_bibelmodul/media/wirelex/pdf/Missio_canonica_zur_Erteilung_von_Religionsunterricht__2018-09-20_06_20.pdf.

Wagner-Schelewsky, P. & Hering, L. (2019). Online-Befragung. In: N. Baur & J. Blasius (Hg.). Handbuch Methoden der empirischen Sozialforschung (S. 787–800). Wiesbaden: Springer Fachmedien.

Weiß, S., Braune, A., Steinherr, E. & Kiel, E. (2010). Berufswunsch Religionslehrer/in. Motive und Selbstbild. Katholische Bildung, 111 (1), 18–30.

Winter-Pfändler, U. (2015). Wie steht es um den Ruf und das Ansehen der katholischen Kirche? Eine Studie gibt Antwort. https://www.feinschwarz.net/wie-steht-es-um-den-ruf-und-das-ansehen-der-katholischen-kirche-eine-studie-gibt-antwort/.

Wolfes, M. (2000). Theologiestudium und Pfarramt. Eine kirchensoziologische Studie zum Verhältnis von universitärer Theologenausbildung und pfarramtlicher Berufstätigkeit. Untersucht anhand einer statistischen Datenerhebung unter Pfarrerinnen und Pfarrern der Evangelischen Kirche in Berlin-Brandenburg. Hannover: Lutherisches Verlagshaus.

Woppowa, J. (2017). Perspektivenverschränkung als zentrale Figur konfessioneller Kooperation. In: K. Lindner, E. Naurath, M. Schambeck & H. Simojoki (Hg.). Zukunftsfähiger Religionsunterricht. Konfessionell – kooperativ – kontextuell (S. 174–192). Freiburg i.Br.: Herder.

Ziebertz, H.-G., Schlöder, B., Kalbheim, B. & Feeser-Lichterfeld, U. (2001). Theologiestudierende im religiösen Suchprozess. In: W. Fürst, W. Neubauer & U. Feeser-Lichterfeld (Hg.). Theologiestudierende im Berufswahlprozess. Erträge eines interdisziplinären Forschungsprojektes in Kooperation von Pastoraltheologie und Berufspsychologie (S. 97–118). Münster: Lit.

Zimmer, V., Ceylan, R. & Stein, M. (2017). Religiosität und religiöse Selbstverortung muslimischer Religionslehrer/innen sowie Lehramtsanwärter/innen in Deutschland. Theo-Web. Zeitschrift für Religionspädagogik, 16 (2), 347–367.

Zimmermann, M. (2019). Was bedeutet ‚spirituell kompetent‘? Spiritualität als Gegenstand religiöser Bildung im Praxissemester. In: C. Caruso & J. Woppowa (Hg.). Praxissemester (Religion) in NRW: Bilanz und Perspektiven (S. 116–137), Paderborn. http://dx.doi.org/10.17619/UNIPB/1-603.

Zimmermann, M. (2020a). Zur Situation der Lehramts(aus-)bildung Evangelische Theologie / Religionspädagogik an deutschen Fakultäten und Instituten – Ergebnisse einer Befragung. Theo-Web. Zeitschrift für Religionspädagogik, 19 (1), 301–333.

Zimmermann, M. (2020b). In der (konfessionellen) Selbstauflösung? Zum Berufsverständnis von Religionslehrerinnen und Religionslehrern in religionspädagogischen Handlungsfeldern – Betrachtungen aus der Innen- und Außenperspektive. In: B. Schröder & T. Schlag (Hg.). Zum Verhältnis von Praktischer Theologie und Religionspädagogik (S. 377–411), Leipzig: Evangelische Verlagsanstalt.

Abbildungsverzeichnis

Tabellenverzeichnis